JÜRGEN KOCKA

KAMPF UM DIE MODERNE

Das lange 19. Jahrhundert in Deutschland

Klett-Cotta

Zweite Auflage, 2022

Klett-Cotta
www.klett-cotta.de

Cover: Rothfos & Gabler, Hamburg. Unter Verwendung der Lithographie
von Gustav Kraus »Eröffnung der Eisenbahnlinie München–Augsburg 1839«
© Münchner Stadtmuseum, München
Gesetzt von Dörlemann Satz, Lemförde
Gedruckt und gebunden von GGP Media GmbH, Pößneck
ISBN 978-3-608-98499-6
E-Book ISBN 978-3-608-11712-7

Bibliografische Information der Deutschen Nationalbibliothek
Die Deutsche Nationalbibliothek verzeichnet diese Publikation in der
Deutschen Nationalbibliografie; detaillierte bibliografische
Daten sind im Internet über http://dnb.d-nb.de abrufbar.

INHALT

VORWORT

Aus heutiger Perspektive ist das 19. Jahrhundert weit entfernt, es erscheint uns fremd und bisweilen exotisch. In ihm lebte viel aus den vorangehenden Jahrhunderten weiter, was mittlerweile völlig verschwunden ist. Andererseits ist es in der deutschen Geschichte das Jahrhundert, das der klassischen Moderne zum Durchbruch verhalf, bevor sie in den Diktaturen, Kriegen und Katastrophen des 20. Jahrhunderts in eine tiefe Krise geriet und sich danach nur noch in gebrochener Gestalt und zugleich im Modus der Selbstkritik weiterentwickelte.

Das 19. Jahrhundert legte Grundlagen, die auch noch unsere Gegenwart tragen: Mit der Industrialisierung wurde der Kapitalismus zur maßgeblichen Ordnung der Wirtschaft und – teilweise – der Gesellschaft; das ist er trotz grundsätzlicher Infragestellungen und tiefgreifender Transformationen geblieben. Der Verfassungs-, der National- und der Sozialstaat sind Errungenschaften des 19. Jahrhunderts. Seitdem haben sie sich verändert, doch sie sind auch prägende Bestandteile der Gegenwart. Im 19. Jahrhundert fand ein fulminanter Aufstieg der Wissenschaften statt, der sich bis heute fortsetzt und die Welt verändert, sei es mit segensreichen, sei es mit zerstörerischen Folgen. Das 19. Jahrhundert war ein Jahrhundert der Emanzipation, in dem die Sache der Freiheit enorme Fortschritte machte und die Demokratisierung begann. Zugleich war es ein Jahrhundert sich tief eingrabender Ungleichheiten und neuer Abhängigkeiten. Beides wirkt bis heute weiter. Zwar war das 19. Jahrhundert, innerhalb Europas, friedlicher als das 18. zuvor und das 20. danach. Aber es begann in den Kriegen, mit denen Napoleon den Kontinent seit dem späten 18. Jahrhundert überzog, und es endete in der Katastrophe des Ersten Weltkriegs. Das 19. Jahrhundert war das

Jahrhundert Europas, und das hieß auch: Europäische Mächte griffen weit aus in die Welt und machten sich große Teile davon untertan, durch Kolonialisierung und Imperialismus. Das 1871 gegründete Deutsche Reich hatte seinen Anteil daran. Der Fortschritt und seine Kosten, zivilisationsgeschichtliche Errungenschaften und Abstürze zugleich, die tiefen Widersprüche der sich durchsetzenden klassischen Moderne – sie sind unübersehbar, wenn man deutsche Geschichte im 19. Jahrhundert betrachtet.

In dieses 19. Jahrhundert führt das vorliegende Buch kurz und knapp ein. Es klärt die wichtigsten Grundbegriffe. Es bietet einen gerafften Überblick über die Grundlinien der deutschen Geschichte im 19. Jahrhundert, und zwar in vergleichender Perspektive, um ihre Eigenarten zumindest ansatzweise erkennen zu können. Das Buch bringt das 19. Jahrhundert als Epoche zur Darstellung, ihren inneren Zusammenhang und ihre Besonderheiten im Vergleich zur Zeit davor und danach; als Epoche, in der sich die Grundzüge der klassischen Moderne in Spannung und Konflikt mit mächtig weiterwirkenden älteren Strukturen und Traditionen allmählich durchsetzten. Es präsentiert wichtige Zahlenreihen im Überblick. Es ist ein analytischer Essay, keine detaillierte Erzählung einzelner Ereignisse. Die wichtigsten Daten, Entscheidungen, Ereignisse und Personen werden jedoch in einem chronologischen Anhang stichwortartig aufgelistet. Das Buch fußt auf intensiver Auswertung der einschlägigen Literatur der letzten Jahrzehnte und spiegelt den neuesten Forschungsstand. Nicht jeder Leser und jede Leserin wird diesen Forschungsstand genauer erkunden wollen. Aber wer sich für ihn im Detail interessiert, kann ihn sich in den ausführlichen Anmerkungen und im inhaltlich gegliederten Verzeichnis der Quellen und Literatur erschließen. Das vorliegende Buch ist die stark erweiterte, gründlich überarbeitete und auf den neuesten Stand gebrachte Fassung der Einführung in die deutsche Geschichte des 19. Jahrhunderts, die erstmals 2001 als Band 13 des »Gebhardt« erschien. Die Form, die Tiefe und die Ausführlichkeit der Literaturerschließung wurden beibehalten.[1]

Das Buch nimmt den Zeitraum vom späten 18. Jahrhundert bis zum Ersten Weltkrieg in den Blick, also ein »langes 19. Jahrhundert«. Es zeigt, wie alte feudale, ständische und absolutistische Mächte und Formen weiter existierten und das Leben mitprägten, wenngleich zunehmend geschwächt. Aber es betont, was das Jahrhundert an Neuem brachte. Es begreift das 19. Jahrhundert als das Jahrhundert der Industrialisierung und des sich durchsetzenden Kapitalismus; als ein Jahrhundert des beschleunigten Bevölkerungswachstums und der großen Wanderungen; als Teil des Zeitalters sich durchsetzender Säkularisierung; als das Jahrhundert der aufsteigenden Nationalstaaten und des Nationalismus. Gleichzeitig brachte es transnationale Verflechtungen und schließlich auch Globalisierung in einem Ausmaß mit sich, das in der Zeit der Weltkriege wieder verloren ging und erst seit den 1970er Jahren wieder erreicht wurde. Auch in Deutschland war das neunzehnte das Jahrhundert des Bürgertums und der allmählich dominant werdenden bürgerlichen Kultur, ein bürgerliches Jahrhundert, das jedoch von vorbürgerlichen Kraftlinien durchzogen blieb. Es war von Klassenkonflikten und Geschlechterungleichheit durchfurcht, legte aber trotzdem die Fundamente einer Zivilgesellschaft, die in den Diktaturen des 20. Jahrhunderts fast zu Grunde ging, aber in den letzten Jahrzehnten erneuert und gefestigt wurde, wenngleich ihr Versprechen noch immer nicht voll eingelöst ist. Die Bürgerlichkeit, ihre Grenzen und die Entstehung einer zukunftsträchtigen Zivilgesellschaft sind zentrale Merkmale des 19. Jahrhunderts in Deutschland, die dieses Buch zur Darstellung bringt.

Im 19. Jahrhundert wurde auch Deutschland zum Rechts- und Verfassungsstaat mit Ansätzen beginnender Demokratisierung und sehr früher Sozialstaatlichkeit. Aber eine parlamentarisch-demokratische Regierungsform erreichte das Kaiserreich erst im Moment seines Untergangs. Bis dahin widerstanden seine Institutionen, Herrschaftseliten und Mentalitäten dem Druck des Wandels in bemerkenswerter Starrheit. Diese und andere Besonderheiten Deutschlands sind unter der Fragestellung »Sonderweg – ja oder nein?« jahrzehntelang diskutiert worden. Sie werden auch in diesem Buch thematisiert, das aber die deutsche Entwicklung als eine Variante der variantenreichen europäischen Entwicklung deutet. Die vorherrschenden Vorstellungen vom 19. Jahrhundert haben sich in den letzten Jahrzehnten und Jahren gründlich verändert. Damit beginnt die Darstellung.

KAPITEL 1

BILDER VOM 19. JAHRHUNDERT IM WANDEL

Als chronologische Spanne ist das 19. Jahrhundert zunächst nur ein kalendarisches Artefakt: nach äußerlichen Kriterien aus der überwältigenden Vielfalt des historischen Geschehens herausgeschnitten und ohne gemeinsamen Nenner in inhaltlicher Hinsicht, denn ein solcher wird weder durch Gleichzeitigkeit und zeitliche Abfolge an sich noch durch die Suggestion der runden Zahlen gestiftet. Doch die Rede vom 19. Jahrhundert zielt häufig auf mehr, nämlich auf einen Epochenzusammenhang, der durch Gemeinsamkeiten und Wechselwirkungen verknüpft und aufgrund besonderer Merkmale von den Epochen davor und danach zu unterscheiden sei. Jede Vorstellung vom 19. Jahrhundert als Epoche muß sich, soweit sie wissenschaftliche Ansprüche erhebt, der Überprüfung an den Erfahrungen der Zeitgenossen, den Tatsachen der Vergangenheit und den Ergebnissen der Geschichtswissenschaft stellen; insofern unterscheidet sie sich von Erfindungen oder Fiktionen. Aber die Deutung der Vergangenheit als Geschichte ergibt sich eindeutig weder aus den in den Quellen überlieferten Spuren noch aus den Verfahren der Historiker. Vielmehr ist jede Vorstellung vom 19. Jahrhundert als Epoche durch die sich im Laufe der Zeit ändernden und selten einheitlichen Gesichtspunkte, Erfahrungen und Erwartungen der jeweiligen Gegenwart mitbedingt, die die Beobachtung leiten und die Darstellung prägen. Deshalb ändern sich die Vorstellungen vom 19. Jahrhundert, seinem Inhalt, seiner Bedeutung, seinem Anfang und Ende kontinuierlich. Deshalb besteht auch heute kein einheitliches Bild vom 19. Jahrhundert. Deshalb ist das 19. Jahrhundert immer auch ein Konstrukt.[1] Wie hat es sich im Laufe der Zeit verändert, und wie stellt es sich jetzt, im frühen 21. Jahrhundert, dar?

a) *Vorstellungen vom 19. Jahrhundert bis 1945*

Wer sich im 19. Jahrhundert als Historiker auf die Geschichte der eigenen Zeit, auf Zeitgeschichte, einließ, hatte in der Regel wenig Grund, sich zum 19. Jahrhundert als Ganzem zu äußern. Tat man es dennoch, dann begriff man es – auch im deutschsprachigen Bereich, aber in der Regel mit Blick auf Europa – meist von der tiefen Zäsur an seinem Anfang her, in Erinnerung an die Französische Revolution und ihre europaweiten Folgen, an Befreiung, Umwälzung, Gewalt und Krieg. Man dachte es unter Bezugnahme auf eine tiefe Umbrucherfahrung, die das 18. vom 19. Jahrhundert, »Alteuropa« (Burckhardt) von der Moderne trennte und vielen präsent war, so unterschiedlich man sie im übrigen auch bewertete und interpretierte.

Daß in der Folge der »furchtbaren« Französischen Revolution die Nationalitäten Europas in den Staat mit Bewußtsein eintraten und ihn damit auf eine neue Grundlage stellten, darin sah der Konservative Leopold von Ranke jedenfalls 1833 das wichtigste Ereignis, das sein Jahrhundert vom vorangehenden unterschied. Im übrigen betonte er die neue Ordnung Europas im Zeichen der Restauration als eigentlichen Beginn des Jahrhunderts. Allerdings habe diese die Ergebnisse der Revolution in ihrem Wesen nicht angetastet, sondern konsolidiert. Auch für den Liberalen Georg Gottfried Gervinus änderte sich mit der Französischen Revolution die Struktur der Politik, denn von nun an seien es die Völker, die Massen, ihre Bewegungen und ihr Freiheitsverlangen, die Geschichte machten. »Von hier an bildet die Geschichte des 19. Jahrhunderts einen geraden Gegensatz gegen die Zeit des 18. Jahrhunderts, wo jene fürstlichen Reformen eine übereinstimmende Bewegung in dem ganzen Weltteile hervorgerufen hatten.« Das schrieb er nach dem Scheitern der Revolution von 1848/49 auch mit der Absicht, »manches erschütterte Vertrauen auf unsere Zukunft wieder zu befestigen«.

Und als der skeptische Jacob Burckhardt über die besondere Befähigung des 19. Jahrhunderts für das historische Studium nachdachte, kam er auf das »Schauspiel der Französischen Revolution«, die »gewaltigen Änderungen seit dem Ende des 18. Jahrhunderts« und die Erfahrung der Beschleunigung zu sprechen, die zur Betrachtung und Erforschung des Früheren und Seitherigen gebieterisch zwängen. »Eine bewegte Periode wie diese 83 Jahre Revolutionszeitalter«, so formulierte er 1872, »wenn sie nicht alle Besinnung verlieren soll, muß sich ein solches Gegengewicht schaffen.«[2]

Als das 19. Jahrhundert zu Ende ging und als Ganzes in den Blick genommen werden konnte, verschwand zwar die Erinnerung an seinen revolutionären Beginn nicht ganz, doch überwogen nun Charakterisierungen im Hinblick auf seinen Verlauf insgesamt, die großen Ereignisse in seiner zweiten Hälfte und seine Erfolge. Die bei Ranke, Gervinus und Burckhardt noch vorherrschende europäische Perspektive machte zunehmend einer nationalgeschichtlichen Platz – Konsequenz fortschreitender Nations- und gelungener Nationalstaatsbildung, die gleichzeitig zum bevorzugten Gegenstand historischer Erinnerung wurden. Zwar fehlte es den Jahrhundertrückblicken der Historiker um 1900 nicht ganz an Ambivalenz und Kritik. Sie drückten Unsicherheit und Krisengefühl aus, beispielsweise mit Blick auf die zerklüftete Gesellschaft, die »soziale Frage« und die Herausforderung des Sozialismus, aber auch unter dem Eindruck der intellektuellen und künstlerischen Kulturkritik des Fin de siècle, die fundamentale Zweifel an der europäischen Moderne aufwarf und die ihr innewohnenden Momente der Selbstzerstörung bloßlegte. Eine Umfrage bei Berliner Bürgern fand 1899 heraus, daß man vom neuen Jahrhundert nichts sehnlicher erhoffte als die Sicherung des Weltfriedens; selbstverständlich und ungefährdet war dieser offenbar in jenen Jahren zunehmender imperialistischer Spannung auch im Bewußtsein der Bevölkerung nicht. In Theobald Zieglers aufschlußreichem Rückblick auf das Jahrhundert las man: »Wo Arbeit ist, ist auch Kampf; und so werden uns Kämpfe – draußen im Wettbewerb um unseren Anteil an der Erde und ihren Gütern und innen im Ringen der Stände und der Parteien, der Geister und Richtungen – auch fernerhin nicht erspart bleiben.« Doch insgesamt herrschte um 1900 ein positiv-optimistischer Grundton vor: Stolz auf Errungenes, Lust auf Neues, Zuversicht für die Zukunft, Erwartung von Fortschritt, eine Stimmung der Jugendlichkeit und der Kraft – ganz im Gegensatz zum Eindruck allgemeiner Erschöpfung und Müdigkeit, von der Gervinus 1852 geschrieben hatte.

Im Rückblick von seinem Ende her wurde die deutsche Geschichte des 19. Jahrhunderts vor allem als zunächst scheiternder und verzögerter, dann glücklich gelingender, wenngleich noch nicht vollendeter Nationsbildungsprozeß rekonstruiert – mit Genugtuung und Stolz, oft in betonter Absetzung von Frankreich. In ihrer »Bilanz des Jahrhunderts« fand die »Berliner Illustrirte Zeitung« 1898/99 heraus, daß ihre Leser mit großer Mehrheit die »Einigung und Wiederaufrichtung des deutschen Reiches« für das größte historische Ereignis und Fürst Bismarck für den bedeutendsten Mann Deutschlands im 19. Jahrhundert hielten. Als unglücklichste Periode des Jahrhunderts galt rückblickend »die Franzosenzeit 1806–1812«, als glücklichste dagegen »die Zeit nach dem französischen Krieg bis zur Gegenwart«. Sicher kann diese Momentaufnahme aus einem nationalliberalen, protestantischen, bürgerlichen, großstädtischen Milieu nicht einfach verallgemeinert werden; doch untypisch war sie nicht. In elaborierter Form und anderer Sprache finden sich Elemente dieses Bildes vom deutschen 19. Jahrhundert auch bei den Geschichtsschreibern der Zeit, z.B. bei dem Neurankeaner Max Lenz. Für ihn bestand das Besondere des Jahrhunderts in der Verbindung von Nation und Staat, im »Einströmen der die Nationen in ihren Tiefen bewegenden Elemente in die überlieferten Formen des Staates«. »Wo der populäre Andrang gegen die Staatsgewalt einsetzt, der Wille der Masse, die allgemeinen Angelegenheiten den in ihr lebenden Instinkten gemäß entscheidend zu beeinflussen, da beginnt das neue Jahrhundert … Fortab war kein Aufhalten mehr: Umfang, Stärke, Wesen und Begriff der Macht wurden aus der Tiefe verwandelt: Nation um Nation mußte auf den Bahnen nachfolgen, auf denen die französische vorangegangen war.«[3]

Die Versuchung, das Jahrhundert mit einer Formel zu erfassen, war mächtig. Die gewählten Beinamen streuten breit. Vom »philosophischen Jahrhundert« hatte Schopenhauer gesprochen, »weil es zur Philosophie reif und eben deshalb ihrer durchaus bedürftig ist«. »Das reichste der neuen Geschichte« nannte es Heinrich von Treitschke, denn es »erntet die Saat des Zeitalters der Reformation«. »Ein Jahrhundert der Kritik« sah Kuno Fischer in ihm, weil es »Mythen zerstört, freilich auch wieder welche schafft«. Man sprach vom »historischen Jahrhundert«, vom »sozialen Jahrhundert«, vom Zeitalter der Naturwissenschaften und der Technik. Für »das Jahrhundert der Erfindungen« entschieden sich die Leser der »Berliner Illustrirten«, und als »wohltätigste Erfindung des Jahrhunderts« erschien ihnen die Eisenbahn, noch vor der Elektrizität. Andere beschrieben das 19. Jahrhundert als das Jahrhundert Europas und seiner weltweiten Ausstrahlung, Geltung und Macht. Charles Seignobos sprach 1896 von einer »Zeit des europäischen Friedens«, denn im Vergleich zum 18. Jahrhundert habe das 19., das für ihn 1814 begann, zwar mehr Revolutionen, Bürgerkriege und innere Umwälzungen, aber weniger zwischenstaatliche Kriege gekannt.[4]

Unterschiedliche Autoren hoben unterschiedliche säkulare Prozesse hervor: außer der Nationalstaatsbildung den Übergang vom Absolutismus zur konstitutionellen Monarchie; die Veränderung der Politik durch die zunehmende Teilnahme der breiten Bevölkerung; die beginnende Emanzipation des Proletariats und – zuletzt auch – der Frauen; die weltweite Verflechtung der Kommunikation, den »lebendigen Wechselverkehr« und die »merkwürdige Internationalität« des Jahrhunderts;[5] den Aufstieg der kapitalistischen Ökonomie als entscheidender Lebensmacht und den Übergang vom Agrar- zum Industriestaat.

Sozialökonomische Veränderungen rückten mit der Zeit ins Zentrum der Jahrhundertrückblicke. Die klassischen Analysen stammten von Marx und Engels. Als es 1848 erschien, war das »Manifest der Kommunistischen Partei« intellektuell und politisch ein Minderheitsphänomen. Bis in die 1890er Jahre hatte sich aber die Vorstellung vom 19. Jahrhundert als einem Jahrhundert des siegreichen Kapitalismus, der sich durchsetzenden Industrialisierung und der sich verschärfenden Klassenkämpfe weit verbreitet, über den Marxismus und die sich an ihm orientierende, schnell wachsende Arbeiterbewegung hinaus. Der Klassenkonflikt prägte die Kategorien zutiefst, mit denen die Zeitgenossen ihre Gesellschaft wahrnahmen und über ihre Geschichte nachdachten. Während aber das »Manifest« eine triumphale Zukunft für die Bourgeoisie antizipiert hatte (bis zu ihrer späteren Ablösung durch das Proletariat), war es interessanterweise um 1900 in Deutschland nicht allzu üblich, vom 19. Jahrhundert rückblickend als einem Jahrhundert der Bourgeoisie oder des Bürgertums zu sprechen. Dessen Versagen hatten von ihren Maßstäben aus nicht nur Marx und Engels in ihren späteren Schriften gegeißelt. Den mangelnden Sinn des Bürgertums für die Macht und sein geringes Gewicht relativ zu Adel, Militär und Obrigkeitsstaat beklagten im Wilhelminischen Reich auch viele andere, wie z.B. Max Weber. Dagegen nahm der Staat, nahm die Politik auch in den sozialökonomischen Interpretationen des 19. Jahrhunderts in Deutschland eine zentrale Stelle ein, so bei Ernst Troeltsch 1913. Eindringlich setzte er die »moderne Kultur« des 19. Jahrhunderts von der Aufklärung und vom Idealismus des 18. Jahrhunderts ab. Im Aufstieg und in der Spezialisierung der Wissenschaften, im Relativismus und Historismus des geistigen Lebens glaubte er entscheidende Eigenarten des 19. Jahrhunderts zu erkennen, auch im weltweiten Vordringen der europäischen Kultur, die sich »nicht in der Auflösung« befinde. »Über alledem aber steigt seit dem zweiten Drittel des Jahrhunderts sein eigentlicher Hauptcharakter empor, der sich nach der wirtschaftlich-sozialen Seite als Kapitalismus, nach der politischen als demokratisch gefärbter Imperialismus darstellt.« Den Folgen dieses Prozesses spürte Troeltsch im einzelnen nach, bis hinein in den Aufstieg der sozialen Klassen und ihrer Konflikte, die zunehmende Verflechtung von Wirtschaft und Staat, sich verändernde Familienbeziehungen, die Erzeugung immer neuer Bedürfnisse und die wachsende Nervosität der Zeit. Das war ein sehr moderner Blick auf das 19. Jahrhundert, der auch heute noch Geltung beanspruchen kann. Der Individualismus des 18. Jahrhunderts sei endgültig vorbei, »und ein gewisser Staatssozialismus mit schwankender Mischung von Demokratie und Imperialismus scheint das Los der Zukunft zu sein.«[6]

Der Erste Weltkrieg veränderte das Bild des 19. Jahrhunderts. Er wurde europaweit, aber besonders in den Ländern der Kriegsverlierer, als fundamentaler Einschnitt erfahren, als Bruch und Zusammenbruch, als »tiefer Trennungsstrich« und »wahrer Abgrund« (Benedetto Croce), als Untergang einer Zivilisation, bald auch: als das eigentliche Ende des 19. Jahrhunderts. Erst jetzt, da viele glaubten, das Bürgertum sei endgültig untergegangen, setzte sich als Beiname für das 19. Jahrhundert »das bürgerliche« durch; er sollte sich halten.[7] Im kriegerischen 20. beschwor man die relative Friedlichkeit des 19. Jahrhunderts. In der Konfrontation mit neuen post-liberalen Bewegungen und Systemen erschien das 19. Jahrhundert im Rückblick als liberal, das »alte Europa« als geordnet und reich, »mit all seinem blühenden Verkehr, mit all seinem Überfluß und seiner Sicherheit«.[8] Aus dem Blickwinkel der Differenz gewann das Profil des Jahrhunderts seine eigenständige Schärfe.

Andererseits wußte man nun – oder erfuhr es Schritt für Schritt –, wie das Jahrhundert geendet hatte: in Erschütterung, Krieg und Katastrophe. Deren Vorgeschichte im 19. Jahrhundert galt es nun auch zu begreifen, denn für Franz Schnabel etwa, der 1929 schrieb, war es trotz des dazwischenliegenden, trennenden Weltkriegs doch auch die »Zeit, die uns unmittelbar vorausgegangen ist – die Zeit unserer Väter und Großväter«. So rückten jetzt die düsteren Seiten des 19. Jahrhunderts in den Blick, seine Hybris und seine Zerklüftung, seine Zerstörungskraft und seine Dynamik, die »bald ahnungslos und bald widerwillig die Bedingungen seiner eigenen Überwindung geschaffen« hatte. Kein großes

Jahrhundert sei es gewesen, kein Jahrhundert der neuen Gedanken und großen Menschen, schrieb Schnabel. »Die Anreger und Beweger der Entwicklung stehen jenseits … Die erstaunliche Produktivität der ihm vorangegangenen Zeiten hat dieses Jahrhundert nur auf wenigen Sondergebieten erreicht; aber was ihm an Einheit und Tiefe abging, hat es ersetzt durch die Breite der Wirkung, durch die bunte Vielgestaltigkeit seiner Motive und durch den Reichtum seiner Formen, seiner Massen und Wandlungen, durch die Rastlosigkeit seines schaffenden Willens. Tiefer als jemals in früheren Tagen nahm jetzt das Volk in seiner Gesamtheit teil am geschichtlichen Leben … Während der abendländische Geist erst jetzt sich siegreich über die ganze Erde dehnte und seiner Vorherrschaft sich freuen wollte, begann die abendländische Einheit im Individualismus der Menschen, der Völker, der Klassen sich aufzulösen. Eine tiefe historische Notwendigkeit lag in dieser widerspruchsvollen Entwicklung, die des Jahrhunderts Größe und Tragik in sich enthält.«[9] Bemerkenswerterweise bezogen sich die meisten Deutungen der Eigenarten des 19. Jahrhunderts bereits auf Strukturen, Prozesse und Ereignisse grenzüberschreitend-transnationalen Charakters, nicht aber auf Phänomene, die für Deutschland oder andere Länder spezifisch waren.

Croce und Schnabel stimmten mit anderen darin überein, daß das 19. Jahrhundert, das für sie mit dem Abgang Napoleons begann, erst mit dem Ersten Weltkrieg endete. Diese Datierung des Jahrhundertendes hat sich weitgehend durchgesetzt.[10]

b) Das 19. Jahrhundert nach 1945

Die Erfahrung der Diktaturen und des Zweiten Weltkriegs, der Unterdrückung, Verfolgung und Vernichtung in den 30er und 40er Jahren hat das Denken über Geschichte, die historische Erinnerung und die Geschichtswissenschaft erneut verändert und damit auch das vorherrschende Bild vom 19. Jahrhundert. Vor allem in Deutschland waren der Nationalstaatsgedanke und die auf den Nationalstaat konzentrierte Geschichte nun zutiefst diskreditiert. Die Europäisierung des Blicks war eine der möglichen Antworten darauf. Deutsche Geschichte sei nur »eine Verdichtung Europas, eine von vielen«, schrieb Golo Mann und folgerte: »Deutsche Geschichte schreiben kann heute nur sein: europäische Geschichte mit deutscher Akzentuierung schreiben.« Faktisch blieb aber die in Deutschland geschriebene Geschichte des 19. Jahrhunderts auch in den folgenden Jahren dem nationalgeschichtlichen Paradigma verpflichtet.[11] Aber die großen Themen, über die man mit Bezug auf »Deutschland im 19. Jahrhundert« zunehmend schrieb – die Geschichte der Verfassung, das Vordringen der Demokratie, die mit dem wirtschaftlichen Wandel verbundenen sozialen Prozesse und Konflikte, auch die nationalstaatliche Bewegung selbst und die imperialistische Expansion, dann die Geschichte des Bürgertums, die Säkularisierung, die Kulturkämpfe und die moderne Kultur – waren durchweg nicht auf Deutschland oder andere einzelne Länder begrenzt, sondern grenzüberschreitend und übernational, bei ausgeprägten internationalen Unterschieden. Für diese interessierte sich die seit den 1980er Jahren im Aufschwung befindliche Komparatistik, die einen ihrer Schwerpunkte in der Beschäftigung mit dem 19. Jahrhundert fand und oft nach besonderen Eigenarten der deutschen Entwicklung im internationalen Vergleich fahndete. In den an Zahl beständig zunehmenden Darstellungen, die über Europa im 19. Jahrhundert verfasst wurden, hat sich dagegen die Tendenz durchgesetzt, die deutsche Entwicklung als eine europäische Variante unter anderen und als Teil der vielgestaltigen europäischen Normalität zu betrachten. Zuletzt hat der Aufschwung der Globalgeschichte das deutsche 19. Jahrhundert in noch breitere Zusammenhänge gerückt, dabei die Abhängigkeit der deutschen Entwicklungen von transnationalen Prozessen betont und etwa den deutschen Erfahrungen mit Kolonialismus und imperialer Expansion sehr viel mehr Gewicht eingeräumt als traditionell üblich.[12]

Eine zweite Antwort auf die Infragestellung des am Aufstieg und Sieg des Nationalstaats orientierten Paradigmas bestand darin, die Politik- und Staatengeschichte, die in der Historiographie zum 19. Jahrhundert vorgeherrscht hatte, auf neue Art mit der Sozial-, Wirtschafts- und schließlich Kulturgeschichte zu verknüpfen und dadurch zu relativieren. Das 19. Jahrhundert wurde jedenfalls in der westdeutschen Geschichtswissenschaft zum hervorgehobenen Erprobungsfeld für neue, oft sozialwissenschaftlich inspirierte Zugriffe der Geschichtswissenschaft, wie sie besonders seit den 60er Jahren ausprobiert und durchgesetzt wurden. In der DDR-Geschichtswissenschaft führte die obligatorische Anwendung des historisch-materialistischen Ansatzes im Prinzip ebenfalls zu einer gesellschaftsgeschichtlichen Interpretation des 19. Jahrhunderts, wenn auch realiter die Politikgeschichte weiterhin dominierte und die politisch vorgegebenen, oft teleologischen Grundannahmen des Marxismus-Leninismus die Experimentier- und Innovationsfähigkeit der Historiker empfindlich einschränkten. In der Folge dieser Perspektivenänderungen trat das 19. Jahrhundert als Zeitalter der Industrialisierung bzw. des Industriekapitalismus hervor, als Jahrhundert der sich durchsetzenden bürgerlichen Gesellschaft und der für sie typischen Konflikte, Kosten und Errungenschaften, das frühe 19. Jahrhundert als Ära von Revolution und Reform, das späte als Epoche des Imperialismus, der Arbeiterbewegung und der beginnenden Demokratisierung, das Jahrhundert insgesamt als Zeitalter der Modernisierung von Wirtschaft, Gesellschaft, Staat und Kultur, so sehr auch ältere Strukturen fortwirkten.[13] Damit wurde das 19. Jahrhundert als Vorgeschichte der Gegenwart im umfassenden Sinne gedacht, und zwar ohne nationalgeschichtliche Verengung: als Epoche des Durchbruchs der Modernisierung und als Grundlegung der »industriellen Welt«, die auch das 20. Jahrhundert noch prägte, obwohl sie sich zunehmend postindustriell veränderte. »In der materiellen Zivilisation wie in der Organisation von Gesellschaft und Staat, in den Strukturen des wirtschaftlichen Lebens wie in den Kategorien und Bestimmungsgründen von Kultur und Wissenschaft, in Weltansicht und Lebensgefühl stehen wir überall auf den Grundlagen des 19. Jahrhunderts.«[14]

Von triumphalistischem Fortschrittsdenken war die modernisierungshistorische Sicht des 19. Jahrhunderts allerdings weit entfernt. Davor schützte das Wissen vom Anfang und Ende des Jahrhunderts in Krieg und Gewalt. Dagegen feite die Kenntnis seiner vielfältigen dunklen Seiten. Dagegen stand schließlich die fundamentale Erfahrung des »Zivilisationsbruchs«, der die deutsche und große Teile der europäischen Geschichte zwischen 1933 und 1945 getroffen hatte, der im kollektiven Gedächtnis der Gegenwart bis heute sehr präsent geblieben ist, ja sogar an Präsenz gewonnen hat und danach verlangte, auch historisch-langfristig gedeutet zu werden. Daraus entstanden neue, kritische Fragen an das 19. Jahrhundert, nämlich nach seinem Beitrag zur Vorbereitung der Katastrophen des 20. Jahrhunderts.

In der Konsequenz lag es – zum einen – nahe, die Bedrohungs- und Zerstörungspotentiale auszuleuchten, die auch der Modernisierung des 19. Jahrhunderts eigentümlich, wenn auch seinen Menschen nicht notwendig bewußt gewesen waren: Modernisierungsgeschichte als Verlust- und Gefährdungsgeschichte, als Dialektik und Ambivalenz.[15] Während die zivilisationskritische Sicht, die sich daraus ergab, den Blick der deutschen Geschichtswissenschaft zunächst nur wenig geprägt hat, gewinnt sie mittlerweile, vor allem als zunehmende Sorge um die gefährdeten natürlichen Grundlagen der Menschheitsgeschichte, auch für die Interpretation des 19. Jahrhunderts deutlich an Boden.[16]

Als lange Zeit prägender für die Geschichtsschreibung über Deutschland im 19. Jahrhundert erwies sich – zum anderen – die nationalgeschichtlich zugespitzte, jedoch implizit komparative Frage nach den spezifisch deutschen Ursachen der Katastrophen des 20. Jahrhunderts, nämlich die Frage nach dem »deutschen Sonderweg«, der »German divergence from the West«, die mit besonderer Dringlichkeit in bezug auf das 19. und frühe 20. Jahrhundert gestellt wurde. Im Kern ging es um die Frage, welche Eigenarten der modernen deutschen Geschichte dazu beigetragen haben, daß Deutschland – anders als andere Länder des Westens – in der allgemeinen Krise der 1920er und 30er Jahre zur Beute des Faschismus wurde, und zwar in seiner totalitärsten, aggressivsten und inhumansten Variante. Die Antworten auf diese Frage sind kontrovers geblieben, doch hat sie seit den 1960er Jahren einen erheblichen Teil der historischen Forschung zum 19. Jahrhundert mitmotiviert. Sie hat dazu geführt, daß Deutschland im 19. Jahrhundert als Land der »verspäteten Nation« und der bürokratischen »Reformen von oben«, als Ort verspätet einsetzender, dann aber besonders heftiger Industrialisierung, als Gesellschaft von eigenartiger, defizitärer Bürgerlichkeit, als Regierungssystem mit verhinderter Parlamentarisierung und als Kultur in den Blick geriet, die sich von der Zivilisation des Westens durch antipluralistische, illiberale, obrigkeitsstaatliche und un-zivile Momente unterschied. Seit den 1980er Jahren haben allerdings die theoretische Kritik, die Ergebnisse gründlicher Forschung, die Erweiterung der von Historikern angewandten Vergleichsperspektiven und die allmähliche Verschiebung der erkenntnisleitenden Gesichtspunkte dazu beigetragen, daß diese Sichtweise in wesentlichen Punkten revidiert wurde und insgesamt in den Hintergrund getreten ist, ohne jedoch völlig widerlegt worden und überholt zu sein.[17]

Immer häufiger wurde das 19. Jahrhundert als das Jahrhundert der soziopolitischen, sozioökonomischen und soziokulturellen Modernisierung gedeutet, mit Hilfe von Richtungsbestimmungen wie: vom Feudalismus zur bürgerlichen Gesellschaft mit Klassenstruktur und Klassenkonflikten; von der ständisch gebundenen Ökonomie, oft auf hauswirtschaftlicher Basis, zur kapitalistischen, zunehmend industrialisierten Marktwirtschaft mit tendenzieller Trennung von Haus und Betrieb; vom Absolutismus und Ständestaat der Frühneuzeit zum nationalen Rechts- und Verfassungsstaat mit parlamentarischen Institutionen, professionell-bürokratischer Verwaltung und zunehmender Demokratisierung; vom christlich geprägten, kulturell segmentierten »Alteuropa« zur säkularisierten, pluralistischen und tendenziell selbstreflexiven Kultur der Moderne (oder wie immer die Leitbegriffe heißen, über die keine volle Einigkeit besteht). Je mehr dies geschah, desto deutlicher geriet das 19. Jahrhundert als ein europäischer Prozeß mit globalen Interdependenzen in den Blick, der allerdings in den verschiedenen Regionen und Ländern Europas in sehr unterschiedlicher Ausprägung und zu unterschiedlichen Zeiten stattfand und meist doch im nationalgeschichtlichen Rahmen dargestellt wird.[18]

Mit dieser Sicht verbreitete sich erneut die Neigung, das 19. Jahrhundert als Epoche nicht erst mit Napoleons Abgang beginnen zu lassen, sondern mit den Revolutionen des späten 18. Jahrhunderts, wobei je nach gewählter Perspektive unterschiedlich entschieden wurde und wird, ob nur die Französische Revolution mit ihren Auswirkungen seit 1789 oder auch die Amerikanische Revolution seit 1776 einbezogen werden soll. Bisweilen wurde von der industriellen und soziopolitischen »Doppelrevolution« (Hobsbawm, Wehler) oder auch von der »Sattelzeit« als Beginn der Moderne (Koselleck) gesprochen, d.h. von Anfangsperioden, die im kalendarischen 18. Jahrhundert begannen und ins 19. Jahrhundert hineinreichten. Die Details variieren, und voller Konsens besteht nicht. Vielmehr existieren konkurrierende Periodisierungen, etwa wenn vorgeschlagen wird, den Zeitraum von den 1880er Jahren bis in die 1970er Jahre, die tiefe Zäsur des Ersten Weltkriegs allzu sehr relativierend, als eine Phase der »Hochmoderne« zusammenzufassen, das 20. Jahrhundert also bereits im 19. Jahrhundert beginnen zu lassen und somit eher von einem »langen 20.« als von einem »langen 19. Jahrhundert« zu sprechen.[19] Es sind immer mehrere Periodisierungen möglich, sie variieren mit den jeweiligen Erkenntniszielen, Argumentationskontexten und Orientierungsbedürfnissen. Jede Periodisierung enthält ein Stück Deutung und damit auch Setzung, Selektion und Interpretation. Doch, wie gezeigt, ist die Neigung nicht unbegründet und weit verbreitet, vom »langen 19. Jahrhundert« zu sprechen, das sich von den 1770er oder 1780er Jahren bis zum Ersten Weltkrieg erstreckte.[20] Dem folgt auch dieses Buch.

c) Das 19. Jahrhundert heute

Der zeitliche Abstand zum 19. Jahrhundert wächst. Für Franz Schnabel gehörte das 19. Jahrhundert 1929 noch zur Zeitgeschichte, für die Autoren seit 1950 nicht mehr, denn für diese begann Zeitgeschichte meist mit dem Ersten Weltkrieg – genauer: mit 1917 –, und im Laufe der Jahrzehnte ist die Neigung gewachsen, sie erst 1945 beginnen zu lassen. Was folgt daraus?

Die Historisierung des 19. Jahrhunderts schreitet voran. Das Urteil wird distanzierter, ambivalenter, gelassener und bisweilen unsicherer. Des Jahrhunderts »manchmal fast naiv anmutende Selbstsicherheit und seine Selbsteinschätzung als Gipfel der historischen Entwicklung ... war ein Phänomen, das die Epoche selbst nicht überdauert hat« (Theodor Schieder). Umgekehrt galt später das Jahrhundert oftmals als rückständig. Es stand, so Sternberger, für »stickige Zimmer und unterdrückte Lüste, Gußeisen und Fischbein, falsche Fassaden und Fabriken, in denen Frauen und Kinder sich zu Tode arbeiteten«. Lange dominierte ein sehr kritisches Bild vor allem vom Kaiserreich, das aufgrund seiner weiterlebenden vorindustriellen und vorbürgerlichen Züge als ungewöhnlich verkrustet, entwicklungsunfähig und – trotz moderner Ökonomie – als partiell anachronistisch galt: eine langfristige Belastung und mitverantwortlich für die katastrophale Entwicklung Deutschlands in der Zeit der Krisen und Kriege in der ersten Hälfte des 20. Jahrhunderts.

Diese Beurteilung ist nicht verschwunden, für sie spricht weiterhin manches. Doch immer häufiger ist in jüngster Zeit die Modernität des 19. Jahrhunderts und besonders des Kaiserreichs herausgearbeitet worden. Und wer ihm weiterhin vor allem Traditionalität und Beharrungskraft bescheinigt, seinen Eklektizismus und seine Behäbigkeit betont, meint dies oft weniger kritisch als früher. Das Pendel schlägt manchmal ins andere Extrem aus: Die Verluste, Probleme und Selbstunterminierungen des 19. Jahrhunderts werden seiner »Modernität«, seiner »Fortschrittlichkeit« angelastet – eine melancholische, bisweilen ironische Kehre. Mit dem bröckelnden Selbstbewußtsein der Moderne im späten 20. und frühen 21. Jahrhundert geraten die Maßstäbe für die Beurteilung des 19. ins Wanken. Auch die These vom »deutschen Sonderweg«, deren modernisierungshistorischer Kern unbestreitbar ist, wird davon tangiert. Und man entdeckt immer wieder empirisch Neues. Je besser das 19. Jahrhundert erforscht ist, desto sperriger erweist es sich gegenüber eindeutigen Urteilen. Auch umgekehrt gilt: Je distanzierter und vorsichtiger das Urteil übers 19. Jahrhundert wird, desto mehr erfährt man über seinen Verlauf.[21]

Die Versuche, das Jahrhundert in einer knappen Formel zu fassen, sind selten geworden.[22] Vielmehr wird immer wieder sein Misch-, Übergangs- und Durchgangscharakter betont.[23] Dagegen spricht, daß vermutlich jede historische Epoche so charakterisiert werden kann und damit die Charakterisierung wenig besagt. In dieser Allgemeinheit kann sie nicht falsch sein. Für diese Sichtweise spricht, daß sie implizit an dem Ziel festhält, das die modernisierungshistorischen Ansätze explizit verfolgen: das 19. Jahrhundert in langfristigen Entwicklungsprozessen zu verorten, im Hinblick auf ein Vorher und Nachher, zwischen Frühneuzeit und Zeitgeschichte, zwischen Alteuropa und Spät- bzw. Postmoderne. Das Mischungsverhältnis zwischen überlebendem Alten und zukunftsträchtigem Neuen wird empirisch weiterhin unterschiedlich bestimmt. Arno Mayers Versuch, das 19. Jahrhundert noch ganz der alteuropäischen Seite zuzurechnen, die »Resistenz der alten Ordnung« zu betonen und die Moderne erst mit der »Katharsis« des Ersten Weltkriegs beginnen zu lassen, hat sich nicht durchgesetzt. Joachim Radkaus Versuch, das Kaiserreich schon ganz dem modernen »Zeitalter der Nervosität« zuzurechnen, spitzt in die andere Richtung zu.[24] Wie sich Herkömmliches und Modernes im 19. Jahrhundert mischten, wird Autoren auch in Zukunft beschäftigen: ein Streit, der seinen Reiz nicht verliert, weil er sich mit den sich verschiebenden Wertungen und Perspektiven der Gegenwart immer wieder erneuert.

Oft geht die Historisierung des Jahrhunderts noch weiter. Schon Theodor Schieders Versuch ist hier zu nennen, das Jahrhundert nicht mehr in polaren Entwicklungsbegriffen nach dem Muster »von … bis« einzufangen, sondern nur noch in Antinomien, die das spannungsvolle Nebeneinander von gegensätzlichen Momenten beschreiben, ohne diese zu verzeitlichen und damit in Langzeitprozessen mit Vergangenheit und Zukunft einzuordnen. Die unbestreitbare »Mehrschichtigkeit« der Epoche wird damit betont, ihre bisweilen paradox anmutende Vielfalt, ihre »mangelnde Stileinheit« – trotz vorhandener »Epocheneinheit«, an der Schieder festhält, ohne sie aber begrifflich eindeutig zu bestimmen.[25] Die Vorstellung von der Einheit des Jahrhunderts wird in jüngeren Darstellungen ganz aufgegeben, so in der »Politischen Theorie für das 19. Jahrhundert«, die Wilfried von Bredow und Thomas Noetzel unter der Überschrift »Lehren des Abgrunds« und »Luftbrücken« vorlegten: kritische Vignetten, Einzelfunde, Kombinationen aus postmoderner Sicht, mit Anregungen und Überraschungen, in ausdrücklicher Absetzung von den überkommenen »großen Erzählungen« und in Abwendung von jeder Form teleologischen oder linear konstruierenden Denkens. Man sieht sich auf der fröhlichen Suche nach dem Müll statt dem Sinn der Geschichte.[26]

Vielleicht gelingt es damit, dem lange allzu vertraut erscheinenden 19. Jahrhundert ein Stück Fremdheit zurückzugeben, seine Eigenständigkeit zu respektieren und es für eine neue Generation interessant zu machen, die dieses Jahrhundert nicht mehr als die eigene Vorgeschichte empfindet und an der Erklärung des Zivilisationsbruchs der 1930er und 40er Jahre (und der deutschen Rolle dabei) weniger interessiert ist als an der Krise des Fortschrittsdenkens und der Gewinn- und Verlustrechnung der Moderne überhaupt. Aber der Gegenstand des Nachdenkens – das 19. Jahrhundert – geht dabei verloren. Er zerfällt in seine Teile und wird aus seiner Verbindung zum Vorher und Nachher gelöst. Wenn Geschichte auch synchrone und diachrone Zusammenhangserkenntnis erstrebt – in aufklärerischer Absicht, zur Beantwortung verbreiteter Deutungsbedürfnisse, im Interesse an intellektueller Kohärenz oder auch nur aus ästhetischen Gründen –, kann dies jedenfalls nicht das letzte Wort sein.

Das braucht es auch nicht. Jetzt, im 21. Jahrhundert, läßt sich das 19. klarer als früher erfassen. Die Darstellung kann auf der Arbeit von Historikergenerationen fußen und von ihren Deutungen weiterführend aufnehmen, was gegenwärtig als sinnvoll erscheint. Die Fortschritte der Geschichtswissenschaft sind immens; sie haben Dimensionen der Wirklichkeit erschlossen, die früheren Historikern unzugänglich waren: neben und in Verbindung mit Entscheidungen, Akteuren und Mustern der Politik auch soziale Strukturen und Prozesse, wirtschaftliche Wachstumserfolge und -krisen, Mentalitäten, Einstellungen, Emotionen, Verarbeitungsmuster und symbolische Praktiken. Vor allem lassen sich die Langzeitfolgen des 19. Jahrhunderts heute umfassender erkennen und würdigen als jemals zuvor: nicht nur die Kriege und Krisen, in die es in der ersten Hälfte des 20. Jahrhunderts führte, auch die vergleichsweise friedliche, aufbauende und innovative Periode, die jedenfalls in großen Teilen der westlichen Welt in der zweiten Hälfte des 20. Jahrhunderts folgte. Nicht nur den Aufstieg der großen diktatorischen Bewegungen und Systeme des 20. Jahrhunderts kann man rückblickend als Folgen des 19. erkennen, auch ihren teils blutigen, teils friedlichen Niedergang bis hin zum großen Umbruch von 1989–91; nicht nur die zunehmende Fragmentierung Europas und der Welt bis 1945, sondern auch ihr zunehmendes Zusammenwachsen in den folgenden Jahrzehnten; nicht nur das bedrückende Erbe von Kolonialismus und Imperialismus, sondern auch Dekolonisierung, und nicht nur die tiefen Zivilisationsbrüche der Weltkriegszeit, für die Deutschland so große Verantwortung trägt, sondern auch die erfolgreichen Lernprozesse in den Jahrzehnten danach. Umfassender erkennen und würdigen läßt sich allerdings auch die fortdauernde Krisenhaftigkeit der Moderne, die sich in der zunehmenden Wahrscheinlichkeit ökologischer Katastrophen, in der fortbestehenden Gefahr menschlicher Selbstauslöschung sowie in problematischen sozialen und kulturellen Folgen des Kapitalismus zeigt, dessen Aufstieg und Ausbreitung dem 19. Jahrhundert zu verdanken ist. Auch wird zu berücksichtigen sein, daß das »kurze 20. Jahrhundert«, das vom Ersten Weltkrieg bis 1989/91 dauerte, das »lange 19. Jahrhundert« nur scheinbar radikal zu Ende gebracht, teilweise nur vorübergehend überlagert und lediglich unvollkommen ausgelöscht hat. In den letzten Jahrzehnten deutete sich jedenfalls in Europa eine partielle Rückkehr zu neu-alten Mustern an, die schon vor dem Ersten Weltkrieg entstanden.[27]

Allerdings ist an eine Einsicht von Ernst Troeltsch aus dem Jahr 1913 zu erinnern. Er beklagte die hoch spezialisierte, teilweise fragmentierende Betriebsamkeit der Geschichtswissenschaft und brachte sie mit der Perspektivlosigkeit seiner Gegenwart, mit der verbreiteten Relativierung fester Normen und leitender Zukunftsvorstellungen zusammen. »Wo diese Zukunftsrichtung wegfällt, da wird die Historie zum reinen Historismus, zur völlig relativistischen Wiedererweckung beliebiger vergangener Bildungen, mit dem lastenden und ermüdenden Eindruck historischer Aller-Welts-Kenntnis und skeptischer Unproduktivität für die Gegenwart.«[28] Zu Recht wird jeder darauf bestehen, für Zukunftsvorstellungen zunächst einmal selbst und individuell zuständig zu sein. Gleichwohl mag es lohnen, in ausgiebigen Diskussionen zu prüfen, wieweit über Perspektiven der zukünftigen Entwicklung im Licht der historischen Erfahrung Verständigung zu erzielen ist. Nach dem großen Umbruch von 1989/91 wird man sie am ehesten im Umkreis weiterzuentwickelnder Gedanken zur überlebenden und gestärkten Utopie der Zivilgesellschaft finden, die allerdings mit einem allzu hohen Maß sozialer und ökonomischer Ungleichheit auf Dauer nicht vereinbar ist; in verträglichen Strategien der wirtschaftlichen Entwicklung, die den Markt nicht beseitigen, aber auf globaler Ebene zu zivilisieren suchen, wie dies seit dem späten 19. Jahrhundert innerhalb einiger Gesellschaften durch den Sozialstaat gelang; in übernationalen Koordinations- und Herrschaftsmechanismen in Ergänzung der Nationalstaaten, deren Leistungsfähigkeit auf dem heutigen Stand internationaler Verflechtung nicht mehr ausreicht; beim Versuch, die Zukunftsfähigkeit in ökologischer Hinsicht wiederzugewinnen, und zwar weltweit. Gegenwärtig – 30 Jahre nach dem Mut machenden großen Umbruch von 1989/91 – wird man die Realisierungschancen solcher Zukunftsziele eher skeptisch beurteilen. Fortschritte erfolgen nur langsam, Gegenbewegungen haben in den letzten Jahren an Kraft gewonnen. Aber Geschichte ist in die Zukunft hinein offen. Und die Kraft zur historischen Synthese ist letztlich von der Fähigkeit zur überzeugenden Zukunftsperspektive abhängig, die allerdings ihrerseits ohne »historische Selbsterkenntnis«, so Troeltsch, nicht zu erreichen ist.

Wenn auch das 19. Jahrhundert in weitere Ferne gerückt ist und die Geschichtswissenschaft in Forschung, Lehre und Publikationen heute viel weniger beschäftigt als früher[29], steht doch auch das 21. Jahrhundert noch fest auf Grundlagen, die das 19. legte: in der materiellen Zivilisation wie in der Organisation von Gesellschaft und Staat, in den Strukturen des wirtschaftlichen Lebens wie in der Welt der Wissenschaften, in Bezug auf Nationalstaat und Verfassung, Freiheit und Emanzipation. Aus intellektuellen wie aus politischen Gründen ist es unerlässlich, die jeweilige Gegenwart auch historisch zu begreifen, d.h. als eine Konstellation, die entstanden ist, sich wandelt und vermutlich langfristig wieder vergehen wird. Wer das hier und heute versucht, kommt um das 19. Jahrhundert nicht herum.[30]

Fortschritt ist in der Geschichtswissenschaft nicht unumstritten. Die neuesten Untersuchungen zu einem historischen Thema sind den älteren zum selben Thema nicht notwendig überlegen. Methodisch hat sich in den letzten Jahrzehnten sehr viel verändert. Zu den unbestreitbaren Gewinnen gehört zweifellos die stark gewachsene Fähigkeit zu transnationalen und globalen Sichtweisen, die auch nationalgeschichtlich gepolte Darstellungen bereichern, aber keineswegs überflüssig machen. Groß sind die Fortschritte in den Bereichen der Kultur- und Mentalitätengeschichte wie in der historisch-anthropologischen Forschung. Dagegen tendieren neuere Arbeiten zum 19. Jahrhundert manchmal zur Vernachlässigung der doch so wichtigen sozialökonomischen Dimension.[31] Überdies führt die oft beobachtbare Ablehnung von »Meisternarrativen« (beispielsweise von modernisierungstheoretischen Sichtweisen) bisweilen zur Abwendung von analytischen Zugriffen überhaupt und damit zur Geringschätzung von Zusammenhangserkenntnis. Die hier vorgelegte Einführung ins 19. Jahrhundert versucht, die neuen und neuesten Forschungsergebnisse aufzunehmen und zum Beispiel von den Fortschritten der Kultur- und Wissensgeschichte zu profitieren. Sie behandelt klassische Themen wie die Krisen des Vormärz, die Besonderheiten der deutschen Nationalstaatsbildung und die Kolonialgeschichte des Wilhelminischen Reichs. Zugleich steht sie in der Tradition der Historischen Sozialwissenschaft mit ihrem besonderen Interesse für sozialgeschichtliche Themen und für die Analyse umgreifender Strukturen und fundamentaler Prozesse.[32] Das Ziel ist die Synthese.

Die Darstellung erfolgt in vier analytischen Schnitten durch den gesamten Zeitraum, die nacheinander das Jahrhundert – in Deutschland, jedoch in europäischer Perspektive – als Epoche der kapitalistischen Industrialisierung, als historischen Ort rasant beschleunigten Bevölkerungswandels und massenhafter Wanderungen, als Jahrhundert der sich gegen Widerstände durchsetzenden bürgerlichen Gesellschaft mit ihrer Kultur und ihren sozialen Konflikten sowie als Zeit der Nationsbildung und der aufsteigenden Nationalstaaten im internationalen Kontext begreifbar machen. Von hier aus werden weitere charakteristische Merkmale der Geschichte Deutschlands im 19. Jahrhundert erschlossen: Verfassungskämpfe, soziale Bewegungen, Ansätze zur Demokratisierung und die Grundlegung des Sozialstaats; der Aufstieg von Bildung und Wissenschaften, Veränderungen der Denkgewohnheiten und Mentalitäten; Urbanisierung, Land-Stadt-Unterschiede und -Beziehungen, der beginnende Massenkonsum, eine spezifische Mischung von Frieden und Krieg, Technik und Künste, die Ausbreitung des Kapitalismus und Kapitalismuskritik, Herrschaft und Unterwerfung, Eliten und Außenseiter. Was hielt Gesellschaften und Staaten zusammen, was trieb sie auseinander, was bewegte sie schließlich – konträr zu den großen Hoffnungen und Zukunftserwartungen des Jahrhunderts – in die Katastrophe des Ersten Weltkriegs hinein? Was lernt man daraus?

Jedes der vier Kapitel ist in sich chronologisch strukturiert: von den einschneidenden Reformen zum Jahrhundertbeginn über die scheiternde

Revolution von 1848/49 und das Reichsgründungsjahrzehnt bis in die Zuspitzung des Imperialismus und die »Urkatastrophe« des Ersten Weltkriegs. In jedem werden Politik-, Wirtschafts-, Kultur- und Sozialgeschichte verbunden (und gerade nicht auf einzelne Kapitel verteilt). Es geht um deutsche Geschichte,[33] doch wird sie mit Hilfe vieler grenzüberschreitender Blicke als Variante europäischer Geschichte verstanden, wenn auch weder den grenzüberschreitenden Verflechtungen noch den internationalen Vergleichen intensiv nachgegangen werden kann. Die Argumentation enthält zahlreiche globalgeschichtliche Implikationen, doch werden diese nicht ausgeführt. Es geht um Grundlinien der Entwicklung. Immer wieder wird auf offene Fragen und Wege weiterer Forschung verwiesen. Das letzte Kapitel führt die verschiedenen Entwicklungslinien ein Stück weit zusammen und begreift das 19. Jahrhundert als das Jahrhundert, in dem sich die klassische Moderne durchsetzte.

Diese Einführung stellt die deutsche Geschichte des 19. Jahrhunderts nicht als »Sonderweg« und Abweichung vom Muster »des Westens« dar. Aber Eigenarten der deutschen Entwicklung werden abschließend identifiziert, wobei auf Motive und Ergebnisse der Sonderweg-Diskussion zurückgegriffen und nicht ausgeblendet wird, daß es in Deutschland, härter und geschichtsmächtiger als anderswo, schon wenige Jahre nach dem Ende des langen 19. Jahrhunderts, durch Nationalsozialismus, Zweiten Weltkrieg und Holocaust, zu einem beispiellosen zivilisatorischen Zusammenbruch kam, der auch durch langfristig wirkende Bedingungen ermöglicht worden ist.

KAPITEL 2

DAS JAHRHUNDERT DER INDUSTRIALISIERUNG

a) Das Grundmuster des Wachstums

Der Blick auf die sozialökonomische Geschichte des 19. Jahrhunderts verändert sich. Wenn es – trotz unterschiedlicher Sichtweisen im einzelnen – eine Standardinterpretation gab, dann war dies jahrzehntelang ihre Betrachtung als eine Geschichte der Industrialisierung. Diese Interpretation hat ihre Überzeugungskraft nicht verloren. Aber sie erfährt in jüngster Zeit erhebliche Ergänzungen, Akzentverschiebungen und Umwertungen, so daß ein neues Gesamtbild entsteht. Diese Revisionen sind noch im Gange.

Gemäß dieser seit den 1950er Jahren zumindest in der westlichen Wirtschaftsgeschichte dominanten Interpretation stellte die Industrialisierung einen fundamentalen Wachstums- und Strukturwandlungsprozeß dar, durch den sich das 19. Jahrhundert in Deutschland wie in vielen anderen Ländern deutlich vom 18. Jahrhundert unterscheiden, aber mit dem 20. verknüpfen läßt; eine im Kern sozialökonomische Entwicklung, die aber in so gut wie alle Lebensgebiete ausstrahlte und in begrenzter Zeit die Welt dramatisch veränderte, so daß einzelne Autoren von der »gründlichsten Umwälzung menschlicher Existenz, die jemals in schriftlichen Quellen festgehalten worden ist« (Hobsbawm) oder der größten menschheitsgeschichtlichen Zäsur seit der Seßhaftwerdung im Neolithikum (Cipolla, Gehlen, Conze) gesprochen haben;[1] sie stellte danach einen Prozeß dar, der in England in der zweiten Hälfte des 18. Jahrhunderts begann, in der ersten Hälfte des 19. Jahrhunderts in Nordamerika und auf dem westlichen Kontinent (so auch in Deutschland) Fuß faßte, in späteren Jahrzehnten auch im östlichen Europa und in Japan begann und im 20. Jahrhundert in anderen Teilen der Welt zur Wirksamkeit kam, ein international vielfach zusammenhängender, aber äußerst ungleicher und bis heute nicht flächendeckender Prozeß mit nationalen und regionalen Verdichtungen, die sich nicht nur nach dem »timing«, sondern, damit verknüpft, auch nach Inhalt und Form unterschieden und dennoch als unterschiedliche Ausprägungen eines vom westlichen Europa ausgehenden und sich mittlerweile weltweit erstreckenden Gesamtprozesses verstanden werden sollten.

Zunächst und vor allem stellte die Industrialisierung einen konjunkturell zwar schwankenden und durch Krisen unterbrochenen, aber langfristigen (»sich selbst erhaltenden«) und umfassenden *Wachstumsprozeß* dar, wie er in der Menschheitsgeschichte bis dahin unbekannt war. Obwohl die Bevölkerung (auf dem Territorium des Deutschen Reichs von 1871) von 1780 bis 1914 auf mehr als das Dreifache wuchs, stieg das Sozialprodukt pro Kopf ebenfalls fast auf das Dreifache an, weil sich das Sozialprodukt insgesamt – die Summe der Produkte und Leistungen aller Wirtschaftssektoren, in konstanten Preisen ausgedrückt – im selben Zeitraum fast verzehnfachte, dank einer rasanten Expansion vor allem seit der Mitte des 19. Jahrhunderts (Tab. 1).

Jahr	Insgesamt (in Mrd. Mark)	Zahl der Einwohner (in Mio)	Pro Einwohner (in Mark)
1780	5,0	21	240
1800	5,7	23	250
1825	7,3	28	260
1850	9,4	35	265
1875	17,7	43	427
1900	33,2	56	593
1914	49,0	68	728

Tab. 1: Das geschätzte Nettosozialprodukt in Deutschland insgesamt und je Einwohner, 1780–1914 (in Preisen von 1913)

(Quelle: HENNING, Handbuch [wie 7b], 683, 772)

Das sind grobe Schätzungen, deren begriffliche Entscheidungen sehr debattierbar sind und deren statistische Grundlage besonders für die erste Hälfte des Zeitraums recht unzuverlässig ist, so daß manche Wirtschaftshistoriker auf solche Langzeitreihen lieber ganz verzichten. Auch verdecken diese hoch aggregierten Zahlen die ausgeprägten Unterschiede, die auch in bezug auf die Wirtschaftskraft zwischen früh gewerbestarken Regionen wie Sachsen, Hamburg und dem Rheinland und langfristig agrarisch bleibenden Gegenden, z.B. im deutschen Osten, bestanden.[2] Neue Berechnungen werden laufend angestellt, das Bild ändert sich in Einzelheiten, aber insgesamt wird es – auf der hier interessierenden Generalisierungsebene – immer wieder bestätigt.[3]

Dieses Wachstum resultierte aus einer Vielzahl ökonomischer, sozialer, kultureller und politischer Veränderungen, die sich wechselseitig bedingten. Zweifellos spielten dabei *technisch-organisatorische Neuerungen* – zunehmend auf wissenschaftlicher Grundlage – eine zentrale Rolle: von der Verbesserung der landwirtschaftlichen Anbaumethoden über die Einführung von Kraft- und Werkzeugmaschinen und die Nutzung chemischer Prozesse im produzierenden Gewerbe bis zur Revolutionierung des Verkehrswesens durch Straßenbau, Eisenbahnen und Dampfschiffahrt, von der arbeitsteiligen Organisation der Werkstätten über die Spezialisierung des Handels bis hin zur Revolutionierung der Kommunikation durch Telegraphen und Telefon. Viele dieser Neuerungen mußten, wenn sie denn zu Produktivitätssteigerung und damit letztlich – im sich durchsetzenden System der Märkte und Preise, der Konkurrenz und der Profitorientierung – zum privatwirtschaftlichen Vorteil der sie betreibenden und durchsetzenden Personen und Institutionen, der Unternehmer und Firmen, ausschlagen sollten, ihren Niederschlag in *dauerhaften* Einrichtungen finden, in Drainagen und Forsten, Kanälen, Straßen und Eisenbahnschienen, in Gebäuden, Vorrichtungen, Verkehrs- und Transportmitteln und insbesondere in Maschinen – anders ausgedrückt: in *Investitionen* von Sachkapital. Dies geschah in der Erwartung, daß sich der damit verbundene Verzicht auf sofortige Nutzung bald oder später, kurz- oder langfristig auszahlen werde, im Sinne größerer Gewinne und steigender Rentabilität in späterer Zeit: eine der Industrialisierung eigene Mediatisierung der Gegenwart im Interesse an einer erhofften und geplanten Zukunft, die sich im Anstieg der *Investitionsquote*, d.h. im Wachstum des Teils des Sozialprodukts, der nicht konsumiert, sondern investiert wird, zeigte. Die Netto-Investitionsquote stieg – für Deutschland trifft es wohl wirklich zu – von deutlich unter 10 Prozent vor 1850 auf deutlich über 10 Prozent nach 1850, und mit ihr wuchs der akkumulierte Kapitalstock erheblich an, auch pro Kopf.[4]

Unter den technisch-organisatorischen Neuerungen des Industrialisierungszeitalters ragte die Erfindung und Verbreitung der *Maschinen* hervor – von der Dampfmaschine und den ersten mechanischen Spinnereien des 18. Jahrhunderts bis hin zu den komplexen elektrotechnischen, mit Kraftwerken verbundenen Großanlagen und chemotechnischen Verfahren des frühen 20. Jahrhunderts. Die Dampfmaschine und andere Kraftmaschinen ermöglichten die Ausbeutung *neuer Energiequellen* (zunächst vor allem Kohle) und die ungemein gesteigerte Ausnutzung von Rohstoffen (vor allem Eisenerz) und damit einen qualitativen Sprung in der sozialökonomischen Geschichte der Menschen, der nicht nur für einen erheblichen Anteil des geschilderten Wachstums, sondern auch für eine langfristige Veränderung des Verhältnisses der Menschen zu ihrer natürlichen Umwelt verantwortlich werden sollte. Die arbeitssparende, produktivitätserhöhende und Konkurrenzvorteile verschaffende Durchsetzung von Kraft- und Werkzeugmaschinen trieb die auch aus anderen Motiven gespeiste, Spezialisierung und Koordination erfordernde Reorganisation der menschlichen Arbeit voran, vor allem ihre Zentralisation in größeren Betrieben, in den *Fabriken* zumal. Die Fabrik, der größere, zentralisierte, arbeitsteilige Produktionsbetrieb auf zunehmend maschineller Grundlage, wurde zur typischen Produktionsform der Industrialisierung, und erst mit ihr setzte sich die in Handwerk und Heimgewerbe noch kaum vorhandene Trennung von Leitung und Ausführung durch; erst mit ihr wurde die (an sich viel ältere) Lohnarbeit zum dauerhaften Massenphänomen, und erst mit ihr etablierte sich die räumliche Trennung von Haushalt und Erwerbsarbeit als Regel: Voraussetzung einer Neudefinition von Arbeit im Leben der einzelnen und im Zusammenhang der Gesellschaft. Tabelle 2 gibt einen Überblick über den Aufstieg der Fabrikindustrie relativ zu Handwerk und Heimgewerbe, die den gewerblichen Sektor bis zum Beginn der Industrialisierung quantitativ dominierten, sich auch in der Folge hielten, aber dann doch teilweise verdrängt wurden (so das Heimgewerbe) oder langsamer wuchsen (Handwerk) als die rasch an Verbreitung gewinnende »große Industrie«.

	(1) Verlag		(2) Manufaktur, Fabrik, Bergbau		(3) Handwerk		(4) Gewerbe insgesamt
	Mio	%	Mio	%	Mio	%	Mio
1800	1,0	45	0,1	5	1,1	50	2,2
1835	1,4	44	0,3	9	1,5	47	3,2
1850	1,5	39	0,6	16	1,7	45	3,8
1873	1,2	22	1,8	33	2,4	44	5,4
1900	0,7	7	5,7	60	3,1	33	9,5
1913	0,7	6	7,2	62	3,8	32	11,7

Tab. 2: Die Beschäftigten des gewerblichen Bereichs in Deutschland, 1800–1913, nach Betriebsformen

(Quelle: HENNING, Die Industrialisierung [wie 7b], 130; mit der Modifikation bei KOCKA, Arbeitsverhältnisse [wie 10a], 73, 603f.)

Die Produktivitätszuwächse traten in allen *Wirtschaftssektoren* auf, auch und gerade in der Landwirtschaft, sonst hätte nicht ein immer kleinerer Anteil aller Erwerbstätigen eine rasch wachsende Bevölkerung – seit den 1860er Jahren zudem immer besser – ernähren können. Doch am größten waren die Produktivitätsfortschritte im sekundären, im gewerblichen Sektor. Dessen Anteil an der Wertschöpfung insgesamt und an der Gesamtbeschäftigung wuchs kontinuierlich an: durch das ganze 19. Jahrhundert hindurch, vor allem auf Kosten des landwirtschaftlichen Bereichs, der zwar nach der absoluten Zahl der in ihm Beschäftigten ebenfalls wuchs, jedoch anteilmäßig zurückging, während die Zahl der im Dienstleistungsbereich Beschäftigten ebenfalls wuchs, jedoch zunächst nur langsam und auf insgesamt tieferem Niveau, aber mit deutlicher Beschleunigung seit dem Ende des 19. Jahrhunderts. Im 20. Jahrhundert setzte sich dieses Muster in den Grundzügen fort. Erst seit den 1970er Jahren schrumpft der gewerblich-industrielle Bereich und übernimmt der tertiäre Sektor eindeutig die Führung – was als Indiz für das Ende des Industrialisierungszeitalters gedeutet werden kann. Die definitorischen und empirischen Zuordnungs- und Abgrenzungsprobleme sind wiederum erheblich, doch gibt Tabelle 3 einen im Umriß zutreffenden Überblick.

	Landwirtschaft (%)	Gewerbe und Industrie (%)	Handel und Dienstleistungen (%)	Gesamtzahl der Beschäftigten (Mio)
1800	62	21	17	11
1849	56	24	20	15
1875	50	29	21	19
1907	35	40	25	28
1939	25	41	34	36
1970	8	46	45	27
1990	4	37	59	30
2020	1	24	75	45

Tab. 3: Beschäftigte nach Wirtschaftssektoren in Deutschland, 1800–2020 (ausgewählte Jahre)

(Quelle: Kocka, The Difficult Rise of a Civil Society: Societal History of Modern Germany, in: German History since 1800 [wie 6b], 493–511, hier 503; für 1970–2019: https://www.destatis.de/DE/Themen/Wirtschaft/Konjunkturindikatoren/Lange-Reihen/Arbeitsmarkt/lrerw13a.html)

Anmerkung: »Landwirtschaft« enthält auch Forsten und Fischerei. »Gewerbe und Industrie« umschließt auch Bergwerk und Bauwesen. »Handel und Dienstleistungen« schließt auch Transport und Verkehr ein. Die Zahlen für 1800 und 1849 beziehen sich auf die Bevölkerung auf dem Territorium des Deutschen Reichs von 1871. Alle anderen Zahlen beziehen sich auf das Deutsche Reich und die Bundesrepublik Deutschland in den jeweiligen Grenzen. In der DDR waren 1970 13 Prozent in der Landwirtschaft, 49 Prozent in Gewerbe und Industrie und 38 Prozent in »Handel und Dienstleistungen« beschäftigt (Gesamtzahl der Beschäftigten: 8 Millionen).

In einem engen Verständnis ist Industrialisierung also durch folgende Merkmale definiert: durch erhebliches, dauerhaftes, wenngleich schwankendes und kurzfristig oftmals unterbrochenes Wachstum des Sozialprodukts, und zwar – trotz gleichzeitig rasch wachsender Bevölkerung – auch pro Kopf; durch den Anstieg der Investitionsquote; durch technisch-organisatorische Neuerungen (zunehmend auf wissenschaftlicher Grundlage), die zur Erschließung neuer Energiequellen und zur Verbesserung der Zweck-Mittel-Relation in allen Wirtschaftssektoren führten; durch die Anwendung von Maschinen, die Durchsetzung der Fabrik und das Wachstum der Fabrikindustrie relativ zu Handwerk und Heimgewerbe im sekundären Sektor; durch eine typische Verschiebung des Gewichts zwischen den Wirtschaftssektoren auf dem Weg vom »Agrarland« zum »Industriestaat«, wie es um 1900 in Deutschland hieß.[5]

b) Drei Phasen

Auf dieser Grundlage hat sich eine wirtschaftsgeschichtliche Gliederung des Jahrhunderts in drei Phasen durchgesetzt, wenngleich Einzelheiten, Datierungsentscheidungen und Bezeichnungen uneinheitlich bleiben.

Da waren (1) die noch weitgehend vorindustriellen Jahrzehnte mit proto- und frühindustriellen Elementen vom späten 18. Jahrhundert bis in die 1840er Jahre; man spricht auch von »Frühindustrialisierung«[6]. Die Wirtschaft wuchs nur langsam, das Gewerbe war fast durchweg noch handwerklich und heimgewerblich-hausindustriell organisiert. Doch die durch Französische Revolution und napoleonische Herrschaft vorangetriebenen, in der Regel von den Regierungen der Staaten und ihren Beamten geleiteten Modernisierungsreformen in großen Teilen Deutschlands haben im ersten Drittel des 19. Jahrhunderts die rechtlich-politischen, institutionellen Grundlagen für die spätere Industrialisierung gelegt. Sie bedeuteten einen Sprung vorwärts auf dem in Deutschland fast überall Jahrzehnte dauernden Weg der Beendigung von Feudal- und Zunftordnungen, der Herstellung von Gewerbe-, Niederlassungs- und Wanderfreiheit, der Überwindung staatlicher Kleinteiligkeit zugunsten größerer Zollgebiete und damit der Herausbildung von überregionalen Märkten. Gleichzeitig liefen die Reformen auf eine Zähmung des Absolutismus und eine Limitierung fürstlich-staatlicher Eingriffswillkür hinaus, mit der Folge verbesserter Rechtssicherheit und erweiterter Spielräume der Privatleute für wirtschaftliche Entfaltung. Die Agrarreformen des Jahrhundertbeginns stießen eine lange Phase des Landesausbaus und der Verbesserung landwirtschaftlicher Anbaumethoden an. Die landwirtschaftliche Produktion wuchs nun schneller als die Bevölkerung, Erträge wurden teilweise exportiert. Zwischen 1800 und 1840 kam der Ausbau der Kanäle und der befestigten Straßen rasch voran, die Reisegeschwindigkeit der Pferdefuhrwerke soll sich verdoppelt haben. Die vornehmlich im Gewerbe tätige Bevölkerung wuchs rascher als die Bevölkerung insgesamt. Erste Fabriken entstanden seit den 1780er Jahren, indem man Impulse aus dem schon weiter entwickelten Westeuropa, besonders aus England und Belgien, aufnahm, zuerst im rheinischen und sächsischen

Textilgewerbe. Überhaupt fand die frühe Industrialisierung vor allem in einzelnen, zum Teil grenzüberschreitenden Regionen statt, die sich von anderen Regionen desselben Landes deutlich unterschieden. Der Textilbereich war dominant. Einzelne Dampfmaschinen wurden von mechanischen Werkstätten seit 1815 gebaut. Doch die erdrückende Mehrheit der im Gewerbe beschäftigten Personen arbeitete weiterhin mit herkömmlicher Technik in kleinen Werkstätten oder im Familienbetrieb, zum einen im für lokalen Bedarf produzierenden Handwerk, zum andern im traditionell ausgedehnten Heimgewerbe beziehungsweise in der Hausindustrie. In diesem Bereich waren die Produzenten längst daran gewöhnt, von Kaufleuten und »Verlegern« organisiert, für überlokale, ja internationale Märkte zu produzieren.[7]

Da war (2) die Durchbruchsphase der Industrialisierung, die Industrielle Revolution im engeren Sinn,[8] von den 1840er Jahren bis 1873. Die Frage, ob ihr Beginn wirklich genau festgelegt werden kann und wann er zu datieren sei, wird weiterhin unterschiedlich beantwortet. Doch in Abwägung aller Pro- und Contra-Argumente scheint doch unabweisbar zu sein, daß in Deutschland – und zwar eindeutiger als in Frankreich und England – tatsächlich und trotz aller Kontinuitäten zur vorangehenden Phase so etwas wie ein »take-off« (Rostow) stattfand, also eine auf wenige Jahre zusammengedrängte Beschleunigung der wichtigsten Wachstumsdimensionen, ein »Großer Spurt« (Gerschenkron), und zwar als der investitionsintensive Eisenbahnbau in den 1840er Jahren auf breiter Front in Gang kam, andere Branchen mitriß und dem Ausbau der Märkte eine neue Dynamik verschaffte.[9]

Im folgenden Vierteljahrhundert wurde nicht nur die rechtliche Grundlegung der Industrialisierung zu Ende gebracht. Die Reste feudaler und ständisch-zünftiger Einschränkungen, beispielsweise die zum Teil in den 1840er Jahren neu verstärkten Niederlassungs- und Wanderungsbarrieren, fielen in den 60er Jahren, ein industrialisierungsfreundliches Handels- und Wirtschaftsrecht entstand. Der Zollverein von 1834, der Norddeutsche Bund von 1866 und die Reichsgründung von 1871 brachten ein einheitliches Zollgebiet (ohne Österreich) hervor, das die Entwicklung großflächiger Märkte, anders als die frühere »Kleinstaaterei«, nicht mehr hemmte. Die landwirtschaftliche Produktion nahm trotz Rückgangs des Anteils (nicht der absoluten Zahl) der landwirtschaftlich Beschäftigten weiter kräftig zu, nun weniger durch Landesausbau als durch die Verbesserung der landwirtschaftlichen Methoden. Rasch kam die verkehrsmäßige Erschließung des Landes voran, durch den Bau der Eisenbahnen, aber auch neuer Straßen und Kanäle. Auch die Telegraphie rückte die einzelnen Teile des Landes näher zusammen. Im gewerblichen Sektor drang die Industrie rasch auf Kosten des nun erst schrumpfenden Heimgewerbes und schneller als das (ebenfalls expandierende) Handwerk vor, die Zahl der in Fabriken, Bergwerken und anderen zentralen Betrieben arbeitenden Personen nahm sprunghaft zu, auf das Sechsfache zwischen 1835 und 1873. Während der Textilbereich weiter die meisten Menschen beschäftigte, gewannen die bis dahin nur kleinen Branchen des Bergbaus, der Hüttenindustrie, der Metallverarbeitung rasch an Umfang und Gewicht. Sie waren, neben dem Eisenbahnbau, die Führungssektoren der Zeit, in denen die modernsten und größten Unternehmen entstanden und die die zukunftsgerichtete Vorstellungskraft der Zeitgenossen mehr als andere Sektoren anregten. »Wir leben jetzt in der Stahlzeit«, schrieb Alfred Krupp 1871 an Kaiser Wilhelm I.[10] Trotzdem waren zu dieser Zeit noch doppelt so viele Erwerbstätige in Handwerk und Kleingewerbe beschäftigt wie in der »großen Industrie« der Fabriken, Manufakturen und Bergwerke (Tabelle 2).

Die Phase der Industriellen Revolution endete mit einem beispiellosen Gründer-Boom seit 1866/67. Doch auch als diese Hochkonjunktur im Gründerkrach von 1873 zusammenbrach und einer tiefen Depression Platz machte, zeigte sich, daß die Industrialisierung damit nicht abbrach, daß das wirtschaftliche Wachstum sich bald wieder erholte und daß in den zweieinhalb Jahrzehnten zuvor »gleichsam die institutionelle Garantie seiner Fortsetzung« (Borchardt) geschaffen worden war.

(3) Die Phase von 1873 bis 1914 läßt sich mit dem Begriff der »Hochindustrialisierung« überschreiben. Nach einer Phase ungleichmäßig verlangsamten Wachstums und sinkender Preise 1873–1896 folgte 1896–1913 eine stürmische Aufstiegsphase mit leicht inflationärer Tendenz. Der industrielle Ausbau setzte sich fort, jetzt im Rahmen des deutschen Nationalstaats, unter maßgeblicher Beteiligung der an Zahl, Umfang und Bedeutung wachsenden Großunternehmen und mit kräftiger Tendenz zu neuen Formen der Organisation, so in der Rechtsform der Kapitalgesellschaften (Aktiengesellschaften und GmbH), in enger Zusammenarbeit von Industrie- und Handelsunternehmen mit Banken sowie mit einer zunehmenden Anzahl von Kartellen und Verbänden. Neue Industrien spielten nun eine Führungsrolle, insbesondere die Chemie-, die Elektro- und die Optische Industrie, daneben vor allem der

Werkzeug- und Maschinenbau. Die Rolle der Wissenschaft wurde immer wichtiger, die staatlichen Eingriffe in die Marktwirtschaft nahmen wieder zu, seit den 80er Jahren begann der Aufstieg des Sozialstaats. »Organisation« wurde zum Schlagwort der Zeit, sie verdrängte die Mechanismen des Marktes zwar nicht, ergänzte sie aber doch. Man hat von einer »zweiten industriellen Revolution« und von Ansätzen zum »Organisierten Kapitalismus« gesprochen. Schon in den 1870er Jahren verwandelte sich Deutschland – erstmals – aus einem Agrarexport- in ein Agrarimportland. Bis 1914 wurde Deutschland dann, nach Meinung vieler Zeitgenossen, eindeutig zum »Industriestaat«, der zudem den Vorsprung der westeuropäischen Staaten, die mit der Industrialisierung einige Jahrzehnte vorher begonnen hatten, durch schnelles Wachstum eingeholt hatte. 1913 überstieg die Zahl der Fabrik-, Manufaktur- und Bergarbeiter die der in Handwerk und Kleingewerbe Beschäftigten bei weitem. Doch darf man darüber nicht vergessen, daß auch am Vorabend des Ersten Weltkriegs in Deutschland noch ein Drittel aller Erwerbstätigen in der Landwirtschaft beschäftigt war und auch im gewerblichen Sektor nur eine Minderheit der gewerblichen Arbeiter und Angestellten Großbetrieben (1907 22 % in Betrieben mit 200 und mehr Beschäftigten), die allermeisten dagegen kleinen und mittelgroßen Betrieben angehörten.[11]

Nicht alle Wirtschaftshistoriker teilen die Industrialisierungsgeschichte in diese drei Phasen ein. Beispielsweise unterscheidet Dieter Ziegler zwischen einer leichtindustriellen Phase von 1770 bis 1840, einer schwerindustriellen Phase 1830 bis 1890 und einer Phase der »neuen« Industrien von 1880 bis 1914. Einflußreich bleibt die auf Joseph A. Schumpeter und Nikolai D. Kondratieff zurückgehende Theorie der Konjunkturzyklen oder »langen Wellen«, die zwischen einer Phase beschleunigten Wachstums von den 1840er Jahren bis 1873, einer Phase verlangsamten Wachstums 1873 bis 1895 und einer Phase erneuter Wachstumsbeschleunigung von der Mitte der 1890er Jahre bis 1913 unterscheidet.[12] Auch hier sind unterschiedliche Periodisierungen möglich. Unbestritten ist, daß die deutsche Wirtschaft ihren in den 1840er Jahren sehr deutlichen Entwicklungsrückstand gegenüber England und Frankreich bis 1913 aufgeholt hat und zum Teil sogar in einen Vorsprung verwandelte, etwa was die Arbeitsproduktivität und die Wachstumsgeschwindigkeit insgesamt anging.[13] Zweifellos hing der Optimismus, mit dem die meisten Deutschen das neue Jahrhundert begrüßten, mit dieser

Erfolgsgeschichte und dem nationalen Selbstbewußtsein zusammen, das sich in Deutschland immer auch ökonomisch begründete.[14]

c) Arbeit, Kultur, Wissen

Der Kern des Industrialisierungsparadigmas ist zweifellos wirtschaftsgeschichtlich. Doch in der Praxis vieler Historiker reicht sein Anspruch weiter, tief in die Sozial-, die Kultur- und selbst in die Politikgeschichte hinein. Möglich wird das durch die Zentralität der Prozesse, die es bezeichnet. Denn die Industrialisierung war mit einer Vielzahl anderer Entwicklungen, Lebensbereiche und Problemfelder wechselseitig verknüpft, die sich damit aus industrialisierungsgeschichtlichem Blickwinkel erschließen lassen. Das gilt für die Geschichte der Bevölkerung, der Wanderungen und der Verstädterung, der Einkommen und des Konsums, für die Geschichte der sozialen Schichten und Klassen, der sozialen Mobilität und Proteste, der sozialen Bewegungen und besonders der Arbeiterbewegung, für den Umbau des Erziehungswesens und den Abbau des Analphabetentums, die beginnende »Verwissenschaftlichung des Körpers«, die Geschichte des Sports und anderes mehr. Allzuoft ist Industrialisierung ausschließlich als sozialökonomischer Prozeß verstanden worden. Sie implizierte jedoch gleichzeitig eine kulturelle Umwälzung sondergleichen. So wie dem Wachstums- und Wandlungsprozeß, den wir Industrialisierung nennen, unzählige menschliche Entscheidungen, Anstrengungen und Handlungen zugrunde lagen, und zwar meist in dezentralisierter, nur indirekt koordinierter Weise, so brachte die Industrialisierung ihrerseits neue Erfahrungen und Orientierungen hervor, vor allem die Erfahrung rasanten, oft schwindelerregenden Wandels, der Beschleunigung der Zeit und der Schrumpfung des Raums. Mit Industrialisierung war bald die Lockerung herkömmlicher Bindungen, die Krise traditioneller Werte und die Infragestellung eingewurzelter Gewohnheiten verbunden sowie die – teils emphatische, teils katastrophisch gestimmte – Erwartung von Neuem. Davon bleibt weiterhin noch viel zu erforschen.[15]

Zwei Forschungsrichtungen seien hervorgehoben, die derzeit das industrialisierungsgeschichtliche Paradigma erweitern und dazu beitragen, das vorherrschende Bild von Deutschland im 19. Jahrhundert neu zu akzentuieren. Zum einen hat angesichts herausfordernder Gegenwartserfahrungen – geht der Arbeitsgesellschaft mit fortschreitender

Digitalisierung die Arbeit aus, hört die lebenslange Berufsarbeit auf, die verbreitet-normale Grundlage für individuelle Identitätsbildung, soziale Anerkennung und gesellschaftlichen Zusammenhalt zu sein, wie sind neue Formen prekärer Arbeit hierzulande und weltweit zu bewerten? – die Geschichte der Arbeit im Unterschied zur Geschichte der Arbeiter und Arbeiterbewegung erheblich an Interesse gewonnen. Die kulturelle Aufwertung der Arbeit als Folge christlicher, bürgerlicher und aufklärerischer Ideenbewegungen war in Europa zwar schon in den Jahrhunderten vor der Industrialisierung erfolgt. Doch erst mit der Industrialisierung, der für sie typischen Trennung von Arbeitsplatz und Haushalt/Familie und der damit verbundenen tendenziellen Herauslösung der Erwerbsarbeit aus der Einbettung in andere soziale Bezüge und Praktiken kam es zur Etablierung, Erfahrbarkeit und Diskutierbarkeit von Arbeit als Potenz sui generis und als zentrale Grundlage für individuelle Selbstanerkennung, soziale Statuszuschreibung, praktische Vergesellschaftung und politische Inklusion. Mit der Industrialisierung wurde Arbeit, zunehmend als Erwerbsarbeit verstanden, zu einer geschichtsmächtigen Potenz in der Wirtschaft, Gesellschaft und Kultur Deutschlands (und anderer europäischer Länder). Die zentrale Rolle von Arbeit für die Verteilung politischer und sozialer Rechte und Pflichten, für das Verhältnis der Klassen, Geschlechter und Generationen zueinander, für Ausbeutung und Emanzipation, aber auch für die aufsteigenden Sozialwissenschaften und – seit den 1880er Jahren – für den entstehenden Sozialstaat kann kaum überschätzt werden.[16]

Zum anderen hat der Aufstieg kulturgeschichtlicher Sichtweisen seit den 1980er Jahren die Industrialisierungsgeschichte nicht unbeeinflußt gelassen. Eindringlich erforschen Historiker die geistigen Strömungen und kulturellen Praktiken, die es vor allem im westlichen Europa ermöglicht haben, daß die Suche nach Neuem, das Streben nach Fortschritt und die Erfindung nützlichen Wissens eine wachsende Verbreitung und schließlich durchschlagende Wirkung im Anwendungsfeld »Wirtschaft« fanden. Damit wird die Geschichte der Industrialisierung in weiter zurückreichende Zusammenhänge gerückt und als Fortsetzung, auch als Einlösung der Aufklärung interpretiert.[17]

Mit dem Interesse an den kulturellen Bedingungen ökonomischer Entscheidungen und ihrer Ergebnisse erhalten die Unternehmen als Orte dieser Entscheidungen und die Unternehmer als wichtige Akteure neue Bedeutung. Ihre Motive, Ziele und Werte, ihre Kommunikationsnetze und Mentalitäten, ihre familiären und sozialen Beziehungen gewinnen an Bedeutung für eine Wirtschaftsgeschichte, die ein Stück weit als Kulturgeschichte betrieben wird. Zudem macht sich der Einfluß der Wissenschaftsgeschichte bemerkbar, die sich in Teilen zur Wissensgeschichte erweitert hat. Das Bild der Industrialisierung des 19. Jahrhunderts gewinnt an Schärfe, wenn man ihre kognitiven Dimensionen wiederentdeckt. Die wichtige Rolle, die die Ingenieursausbildung und der Aufstieg der Technischen Hochschulen für die deutsche Industrialisierung in den letzten Jahrzehnten vor dem Ersten Weltkrieg spielten, ist wohlbekannt. Doch mittlerweile wird den Einflüssen von Wissenschaft und Wissen auf Gewerbe und Industrie auch in weniger bekannten Zusammenhängen und früheren Abschnitten des 19. Jahrhunderts nachgespürt, etwa in bezug auf »Wissenschaftspopularisierung« als Teil der bürgerlichen Öffentlichkeit oder durch die Untersuchung des Zusammenspiels von Vereinen, Akademien, Museen und Innovationen, von Kunst, Technik und Gewerbe in der frühen Industrialisierung Berlins. Dadurch wird präsent, was eigentlich nie unbekannt, aber doch lange stark in den Hintergrund geraten war: daß die Industrialisierung auch eine intellektuelle Großtat gewesen ist. Die kultur- und wissensgeschichtlichen Akzente der jüngeren Forschung tragen dazu bei, die Industrialisierung nicht nur als Struktur und Prozeß, sondern auch als Handlungs-, Kommunikations- und Erfahrungszusammenhang verständlich zu machen.[18]

d) *Kapitalismus und Ungleichheit*

Die heute weitverbreitete Rede von »postindustriellen Gesellschaften« macht darauf aufmerksam, daß einige zentrale Dimensionen der Industrialisierung in einigen Ländern mit weit fortgeschrittenen Wirtschaftsverhältnissen mittlerweile nicht mehr existieren. Das gilt insbesondere für die Dominanz der gewerblichen Produktion, der Fabrik und der Fabrikarbeiterschaft, deren Anteil an allen Erwerbstätigen in Deutschland seit den 1970er Jahren abnimmt. Das gilt darüber hinaus für die gewerblich-industrielle Produktion überhaupt, die zwar die Landwirtschaft ganz und gar an den Rand gedrängt hat, aber mittlerweile von alten und neuen, rasch expandierenden Wirtschaftsbereichen, die unter der Überschrift »Dienstleistungen« nur oberflächlich zusammengefaßt werden, überholt wird. Was dagegen ganz und gar nicht ans Ende gekommen ist, ist die soziale Gestalt, in der sich alle Industrialisierungen des 19.

Jahrhunderts und die meisten Industrialisierungen des 20. und 21. Jahrhunderts abgespielt haben und die auch die postindustrielle Wirtschaft heute fast überall kennzeichnet: der Kapitalismus.

Er scheint auf dem Weg, allgegenwärtig zu werden: weltweit im Zuge der »Globalisierung« und, im Innersten von Kultur und Gesellschaft, durch den Siegeszug der Warenform in vielen Bereichen – allerdings konfrontiert mit verbreiteter, oft leidenschaftlicher Kapitalismuskritik, vor allem in Europa. »Kapitalismus« ist weiterhin ein kritischer, oft polemischer Streit- und Kampfbegriff in der ideologisch-politischen Auseinandersetzung. »Kapitalismus« dient aber ebenfalls wieder als Beschreibungs- und Analysebegriff der Sozial- und Geisteswissenschaften. Mit »Kapitalismus« ist zunächst einmal Marktwirtschaft gemeint, also etwa: die Individualisierung der Eigentumsrechte und die Individualisierung der Zuschreibung von Folgen ökonomischen Handelns; die prinzipiell dezentrale Wahrnehmung von ökonomischen Entscheidungen in den dafür zuständigen Unternehmen, die untereinander konkurrieren und kooperieren; die wichtige Rolle des Preismechanismus und des Gewinnmotivs; Investition und Akkumulation; zukunftsgerichtete Rentabilitätsorientierung und -kontrolle; die Ausdifferenzierung des wirtschaftlichen Handelns aus seiner traditionellen Einbettung in moralisches und politisches Handeln und andere gesellschaftliche Bereiche mit der Folge der Entstehung eines zunehmend autonomen, nach eigener »Logik« funktionierenden Teilsystems »Wirtschaft«, dessen vernünftige Einordnung in den Gesamtzusammenhang menschlichen Daseins auch nach dem weitgehenden Scheitern staatssozialistischer Alternativen ein großes und ungelöstes Problem darstellt. Damit ist schon angedeutet, daß der Begriff »Kapitalismus« auch ein spezielles Verhältnis der Ökonomie zu anderen Bereichen des Lebens meint: neben einer gewissen Selbständigkeit der Ökonomie auch ihre Kraft zur – historisch aber sehr variablen – Einwirkung auf soziale Verhältnisse, Kultur und politische Ordnung.[19]

Kapitalismus gab es – in kräftigen Ansätzen und wachsenden Teilbereichen der Wirtschaft – lange vor der Industrialisierung: im Fernhandel der Kaufleute; im spätmittelalterlichen und frühneuzeitlichen Finanzkapitalismus; im »protoindustriellen«, von Kaufleuten und Verlegern organisierten Heimgewerbe mit Exportorientierung; in der Großlandwirtschaft, die ihre Produkte nach kapitalistischen Gesetzen überregional vermarktete, wenngleich sie im Innern noch oft feudal strukturiert blieb;

im Plantagenkapitalismus in europäisch dominierten Kolonialgebieten Amerikas, Asiens und Afrikas, der oft auf der Ausbeutung von Sklavenarbeit und unfreier Arbeit in anderer Form fußte. Zum dominanten Steuerungsprinzip der Wirtschaft wurde der Kapitalismus aber meist erst mit der Industrialisierung, als Industriekapitalismus, im deutschsprachigen Bereich Europas also im 19. Jahrhundert. Es lohnt sich, die sozialökonomische Geschichte des langen 19. Jahrhunderts unter dem Gesichtspunkt der Durchsetzung des Kapitalismus zu erforschen und damit an ältere Literatur – etwa Werner Sombart, Max Weber, Fernand Braudel und Karl Polanyi – anzuknüpfen. Unter kapitalismushistorischen Gesichtspunkten richtet sich der Blick genauer auf die Geschichte der gesamtgesellschaftlichen Arbeitsteilung und Rollendifferenzierung (statt primär auf die Unternehmen), auf die Geschichte der Märkte und ihrer Institutionen (statt primär auf die Produktion), auf die häufig unterbelichtete Rolle der Kaufleute (statt primär auf die gewerblich-industriellen Unternehmer), auf Vertrieb und Konsum (statt primär auf Produktion), auf die Geschichte der Bedürfnisse, Kommerzialisierung und den Aufstieg der Konsumgesellschaft, die zwar erst das 20. Jahrhundert tiefgreifend prägte, aber schon im 18. (England) und 19. (Mitteleuropa) Jahrhundert entstand. Fragt man nach der konfliktreichen Durchsetzung des Kapitalismus, richtet sich der Blick auf oft übersehene soziale Proteste (Marktunruhen, Preisrebellionen, Subsistenzproteste), die auch in Deutschland häufig waren, vor allem in der ersten Hälfte des 19. Jahrhunderts; auf die Durchsetzung der Lohnarbeit, auf neue Formen der sozialen Ungleichheit,[20] auf Prozesse der Klassenbildung auch außerhalb des gewerblich-industriellen Bereichs, schließlich erneut auf die Arbeiterbewegung mit ihrer kapitalismuskritischen Stoßrichtung, aber auch auf Eigenarten und Widersprüche der »Kultur des Kapitalismus«.[21] Das Industrialisierungsparadigma wird nicht verdrängt, aber kräftig ergänzt und neu akzentuiert. Das Gesamtbild verändert sich, vieles bleibt zu erforschen.

e) Nicht intendierte Folgen

Die unter kapitalistischem Vorzeichen stattfindende Industrialisierung erscheint schließlich in anderem Licht, wenn sie aus längerer zeitlicher und ausgeweiteter räumlicher Perspektive betrachtet wird. In den letzten Jahren und Jahrzehnten haben Erfahrungen und Warnungen erheblich zugenommen, die von der drohenden Gefahr ökologischer Krisen, von der Erwartung einer Klimakatastrophe und von der Sorge um Zerfaserung, Fragmentierung und Desolidarisierung moderner Gesellschaften geprägt sind. Joseph Schumpeter hat es klassisch formuliert: Industrialisierung und Kapitalismus entstanden und triumphierten auf der Grundlage von Ressourcen, die sie selbst nicht geschaffen haben, aber zunehmend verzehren. So gefährden sie sich nicht so sehr durch ihre inneren Widersprüche, Krisen und Ungerechtigkeiten (wie Marx und Engels prognostizierten), sondern durch ihren Erfolg. Eine Radikalisierung dieses Gedankens bietet die Zauberlehrlingsmetapher: Die Menschheit habe mit der Industrialisierung Kräfte mobilisiert, die sich nun verselbständigen und gegen sie wenden. Die Übernutzung und der Verlust der begrenzten Ressourcen, die der Menschheit zur Verfügung stehen, sind zentrale Elemente in der – in den letzten Jahren an Fahrt gewinnenden – Debatte über das Anthropozän, ein erdgeschichtliches Zeitalter, in dem der Mensch zum wichtigsten Einflußfaktor in bezug auf die biologischen und atmosphärischen Prozesse auf der Erde geworden ist. Die kapitalistische Industrialisierung rückt damit in einen sehr langen zeitlichen Rahmen.[22]

In der Konsequenz solcher Zeiterfahrungen und Zukunftssorgen der Gegenwart entsteht ein neues Interesse an den vorgegebenen Bedingungen der Industrialisierung und ihren nachhaltigen Folgen. Zum einen kommt das Verhältnis der Menschen zur Natur verstärkt in den Blick. Man untersucht, wie prinzipiell und folgenreich die Industrialisierung dieses Verhältnis veränderte, indem sie – zunächst in Gestalt der Kohle – nicht erneuerbare, langfristig erschöpfbare natürliche Ressourcen in Anspruch nahm und schrittweise verzehrte. Man kann die Geschichte der Industrialisierung als Prozeß zunehmender Entfernung der Menschen von der Natur beschreiben, auch als Geschichte der Befriedigung alter und der Erfindung immer neuer Bedürfnisse. Man arbeitet heraus, wie das 19. Jahrhundert die Landschaft veränderte; sie wurde homogener, geometrischer, begradigter, durchzogen von immer schärfer definierten Abgrenzungen (etwa zwischen Wald, Feld und Weide, nicht aber zwischen Land und Stadt). »Unberührte Natur« gab es allerdings schon zu Beginn des 19. Jahrhunderts – außerhalb der unzugänglichen Bergregionen – in Deutschland kaum mehr, die Wildnis war längst gezähmt, als die Industrialisierung begann.

Das Interesse an den dunklen Seiten der Industrialisierung nimmt zu. Die Forschung zeigt längst, wie schon die Industrialisierung des 19. Jahrhunderts die mehr oder weniger natürliche Umwelt – und damit die Menschen – belastete: durch die Verschmutzung der Gewässer, durch Vergiftung oder Unterwühlung von Böden, durch Rauchemission und Lärm, durch den Müll in den Städten. Frühe, wenngleich schwach bleibende Kritik daran kommt in den Blick, zusammen mit Versuchen zur Abhilfe bis hin zur Entstehung von Initiativen, die rückblickend als Beginn einer Umweltbewegung gedeutet werden können (z.B. »Bund Heimatschutz«, 1904). Die meist konservative Kritik an Industrialisierung und Ökonomismus, Fortschritt und technischer Zivilisation – von den Romantikern und Wilhelm Heinrich Riehl (1854) bis zu Ludwig Klages' berühmter Rede auf dem Hohen Meißner von 1913 – wird ernster genommen als früher. Es wird deutlicher denn je, daß nicht nur Fortschrittsbewußtsein und Optimismus, sondern auch Fortschrittsangst und unglückliches Bewußtsein die Industrialisierung begleiteten; an den Bildern der Dichter von der Industrialisierung wird es offenbar. Es ist nicht zu erwarten, daß das lange dominierende (aber eigentlich nur selten verabsolutierte) Fortschrittsparadigma früherer Jahrzehnte durch ein »universales Niedergangs-Paradigma« ersetzt und die Industrialisierung primär als »Prozeß fortschreitender Naturzerstörung« (Radkau) beschrieben wird. Doch das Urteil wird insgesamt ambivalenter, die Nachhaltigkeit wird zum Problem, und die Industrialisierungsgeschichte gewinnt eine Dimension, die ihr früher meist fehlte.

Vorindustrielle, erschöpfbare und zunehmend knappe Ressourcen der Industrialisierung können auch in anderer Hinsicht in den Blick kommen: nicht als Natur, sondern als Kultur. Daß Religiosität zur Wurzel unternehmerischer Energie werden konnte, wird spätestens seit Max Webers These über das Verhältnis des Protestantismus zum Geist des Kapitalismus intensiv diskutiert. Die Unterrepräsentation von Katholiken unter den Unternehmern der deutschen Industrialisierung im 19. Jahrhundert wird von der Forschung immer wieder bestätigt. Daß die bürgerliche Familie ganz entscheidend geholfen hat, Probleme der Industrialisierung zu lösen, ist bekannt: durch Motivierung, Kapitalbildung, Lösung von Management-Problemen und Bereitstellung von sozialen Netzwerken, die die Unternehmer brauchten. Daran wird deutlich, wie sehr die Industrialisierung und der Kapitalismus des 19. Jahrhunderts Vertrauen und Sozialkapital voraussetzten, die sie selbst nicht geschaffen hatten. Verzehrten und zerstörten sie es schrittweise? Erneuerten sie es oder schufen sie es in anderer Form neu? Für beides finden sich Beispiele und Argumente, die weiterentwickelt werden und am Ende ein Bild von Industrialisierung und Kapitalismus mit neuen Akzenten ergeben dürften.[23]

Konventionellerweise wird Industrialisierung im nationalgeschichtlichen Rahmen behandelt. Die Vorstellung von einer deutschen im Unterschied zur englischen, französischen, russischen oder japanischen Industrialisierung liegt vielen Darstellungen zugrunde, auch vielen, die in international vergleichender Absicht geschrieben werden. Diese Vorstellung ist von zwei Seiten her scharf kritisiert worden. Zum einen ist auf die ausgeprägte regionale Heterogenität der Wirtschaftsverhältnisse verwiesen und die Region als angemessene Einheit für die Rekonstruktion der Industrialisierungsprozesse betont worden – so besonders nachdrücklich von Sidney Pollard. Auf der anderen Seite hat man darauf insistiert, die Industrialisierung der europäischen Regionen und Länder als integrierten, durch Wechselbeziehungen verknüpften europäischen Prozeß (Gerschenkron, Pollard, Landes, Berend) oder das Wachstum der Ökonomie in den Schwerpunktgebieten des Westens als Teil eines äußerst ungleichen globalen Prozesses zu analysieren (z.B. Wallerstein). Unter dem Einfluß der gegenwärtigen »Globalisierung« und des von postkolonialem Denken angereicherten Konstruktivismus in den Kulturwissenschaften liegt es nahe, den universalhistorischen Bedingungen und Implikationen nachzugehen und die Industrialisierung einzelner Länder als Teil und Produkt transnationaler Prozesse und Strukturen, Konfrontationen und Verflechtungen zu deuten. Transnationalisierung der wirtschafts- und sozialgeschichtlichen Paradigmen steht auf der Tagesordnung; auch das Bild der Industrialisierung Deutschlands im 19. Jahrhundert ändert sich damit. Sie erscheint, so das bisherige Zwischenergebnis, viel weniger als ausgeprägter Sonderweg als lange angenommen.[24]

KAPITEL 3

BEVÖLKERUNGSZUNAHME UND WANDERUNGEN – DIE NOT UND DER BEGINN IHRER ÜBERWINDUNG

a) Bevölkerungswachstum und generatives Verhalten

Von 1740/50 bis 1800 wuchs die Bevölkerung im Heiligen Römischen Reich Deutscher Nation um 40–50 Prozent, das lag über dem europäischen Durchschnitt von gut 30 Prozent. In den Grenzen von 1688 zählte Preußen um 1700 1,8 Mio Einwohner. Auf demselben Territorium lebten 1750 2,3 Mio, 1800 aber schon 3,2 Mio Menschen. Diese – nicht in allen Regionen zu beobachtende – Beschleunigung des Bevölkerungswachstums seit der Mitte des 18. Jahrhunderts war vor allem auf die leicht rückläufige Sterblichkeit (angesichts nachlassender Epidemien, zunehmend überlokal verknüpfter Märkte und gewisser hygienisch-medizinischer Verbesserungen im Zuge der absolutistischen Staatsbildung), weniger auf die steigende Geburtlichkeit zurückzuführen. Diese aber fehlte nicht ganz und signalisierte die nachlassende Wirkung sozialer Kontrollen: örtlich, z.B. in protoindustriellen Heimgewerbegebieten, nahm die Anzahl der Heiraten einerseits, die der unehelichen Geburten andererseits zu.

All dies spielte sich im Rahmen einer manchmal so bezeichneten »vorindustriellen Bevölkerungsweise« ab, die etwas Verschwenderisches an sich hatte: ihr war eine Neigung zur Vergeudung von Menschenleben eigen, zugleich mutete sie vielen Individuen großen Verzicht zu. Sie war durch eine relativ niedrige Eheschließungsquote (6–10 auf 1000 Einwohner pro Jahr), hohe Geburtlichkeit (30–45 auf 1000 Ein-

Jahr	In Mio	Menschen pro km^2
1780	21,0	38
1800	23,0	43
1820	26,1	47
1835	30,8	56
1850	35,3	64
1875	42,5	77
1900	56,0	102
1914	67,7	123

Tab. 4: Bevölkerung auf dem Territorium des Deutschen Reichs, 1780–1914 (Quelle: HENNING, Handbuch [wie 7b], 772)

wohner pro Jahr) und relativ dazu niedrige, aber im Vergleich zu später ebenfalls sehr hohe Sterblichkeit (20–35 auf 1000 Einwohner pro Jahr) gekennzeichnet, wobei die letztere vor allem aus hoher Säuglings- und Kindersterblichkeit resultierte und die sozialen Schichten in unterschiedlichem Ausmaß traf.[1]

Im 19. Jahrhundert beschleunigte sich das Bevölkerungswachstum erneut ganz erheblich, bevor es zu Beginn des 20. Jahrhunderts abzuflauen begann und ein säkularer Verlangsamungsprozeß seinen Anfang nahm, der bis heute nicht revidiert worden ist. Zwischen 1780 und 1914 nahm die Zahl der auf dem Territorium des Deutschen Reiches von 1871 lebenden Menschen auf mehr als das Dreifache zu (Tab. 4). Die Bevölkerung wuchs 1800–1835 um 8,56, 1835–1875 um 8,21 und 1875–1914 sogar um 11,44 Köpfe je 1000 Einwohner pro Jahr. Im europäischen Vergleich gehörte Deutschland zu den demographischen Spitzenreitern. Der starken Dynamik seiner Wirtschaftsentwicklung seit Mitte des 19. Jahrhunderts entsprach die überdurchschnittliche Geschwindigkeit seiner Bevölkerungsvermehrung, und beide Prozesse verstärkten sich wechselseitig.[2]

Blickt man auf die Komponenten des inneren Bevölkerungswachstums (Tab. 5), ergibt sich als erster Eindruck, daß die »vorindustrielle Bevölkerungsweise« im wesentlichen bis etwa 1870 fortexistierte. Bis dahin beobachtet man erhebliche Schwankungen der Geburten- und der Sterbeziffern: Fluktuationen, die mit Kriegen und dem »Nachholbedarf« danach, mit Seuchen und Epidemien wie mit konjunkturellen

	Auf je 1000 Einwohner entfielen pro Jahr (Fünfjahresdurchschnitte)			
Zeitraum	Eheschließungen	Lebendgeborene	Gestorbene	Geburtenüberschuß pro Jahr
1817–19	9,5	40,2	27,3	12,8
1820–24	8,4	39,6	24,9	14,6
1825–29	8,0	37,1	26,9	10,8
1830–34	8,2	35,8	28,9	6,9
1835–39	8,2	36,4	26,9	9,5
1840–44	8,2	36,2	26,2	10,0
1845–49	7,8	35,6	27,4	8,2
1850–54	7,9	35,9	26,8	9,1
1855–59	7,9	35,4	26,7	8,8
1860–64	8,3	36,9	25,3	11,6
1865–69	8,9	37,6	27,8	9,8
1870–74	9,1	38,5	27,2	10,3
1875–79	8,2	39,8	26,4	13,4
1880–84	7,6	37,1	25,8	11,3
1885–89	7,9	36,8	24,7	12,1
1890–94	7,9	36,2	23,8	12,5
1895–99	8,3	36,1	21,2	14,8
1900–04	8,1	34,8	20,4	14,5
1905–09	8,0	32,3	18,3	14,0
1910–13	7,8	28,6	16,0	12,5

Tab. 5: Komponenten des generativen Verhaltens in Deutschland, 1817–1913 (Quellen: Sozialgeschichtliches Arbeitsbuch I, Hg. FISCHER u.a. [wie 5], 25; Sozialgeschichtliches Arbeitsbuch II, Hg. HOHORST u.a., [wie 5], 29f.; HUBERT, Deutschland [wie 8], 336f.)

Schwankungen der Ernteerträge und Nahrungsmittelpreise erklärt werden können. Man findet – das wird hier nicht dokumentiert – die ausgeprägtesten regionalen Differenzen, die aus unterschiedlicher ökonomischer Ausstattung, unterschiedlicher Dichte staatlicher Regulierung und unterschiedlicher konfessioneller Prägung resultierten. Im übrigen blieben die Geburten- und Sterbeziffern im Vergleich zu später sehr hoch (noch ähnlich wie im 18. Jahrhundert); auch die Differenz zwischen ihnen blieb – jedenfalls nach den demographischen Boom-Jahren in der Folge der Agrarreformen und der Napoleonischen Kriege zu Beginn des Jahrhunderts – trotz aller Schwankungen im Grundmuster konstant. Trotz einer hohen, regional sehr variablen Rate nichtehelicher Geburten (durchschnittlich wurden im zweiten Drittel des 19. Jahrhunderts 10–12 Prozent aller Kinder außerhalb der Ehe geboren) entwickelten sich Heirats- und Geborenenziffern einigermaßen parallel; deutliche Veränderungen der innerehelichen Fruchtbarkeit fanden also nicht statt. Die hohen Sterbeziffern waren weiterhin in erster Linie auf hohe Säuglings- und Kindersterblichkeit zurückzuführen. Während die durchschnittliche Lebenserwartung bei der Geburt für Männer bei 27 und für Frauen bei 29 Jahren lag, stieg sie rasch, wenn man die ersten gefährlichen Jahre überlebt hatte: auf insgesamt 47 bzw. 48 Jahre wenn man 5, auf 53 bzw. 54 Jahre wenn man 15 Jahre alt geworden war; und wer das 60. Lebensjahr erreicht hatte, lebte im Durchschnitt noch weitere 11 Jahre. Die Zahlen beziehen sich auf Preußen im Durchschnitt der Jahre 1810–1860. Aber nur 5–7 Prozent der damaligen Bevölkerung waren älter als 60 Jahre (heute liegt die durchschnittliche geschätzte Lebenserwartung bei der Geburt für Frauen bei 84, für Männer bei 79 Jahren), ein gutes Drittel dagegen jünger als 15: eine rasch wachsende, sich schnell umschichtende und außerordentlich jugendliche Gesellschaft.[3]

Blickt man genauer hin, entdeckt man jedoch, daß die Industrialisierung auch schon in dieser Phase begann, das Muster des generativen Verhaltens zu verändern, jedenfalls seit der Mitte der 1850er Jahre. Während 1817–1830 noch eindeutig die norddeutsch-ostdeutschen Agrarregionen mit sich modernisierender Großlandwirtschaft und daraus folgendem Arbeitskräftebedarf die Hauptzentren des beschleunigten Bevölkerungswachstums gewesen waren, verloren sie ihre demographische Spitzenstellung in den folgenden Jahrzehnten an die industrialisierenden Regionen Mittel- und Westdeutschlands, die (neben den größeren Städten) spätestens 1860–1874 ganz in die Rolle der Hauptträger des

Bevölkerungswachstums eintraten, teils aufgrund zunehmenden Bevölkerungswachstums aus eigener Kraft (vor allem dank ansteigender Heiratsquoten und leicht wachsender Lebenserwartung), teils aufgrund gesteigerter Zuwanderung in diese neuen Zentren des wirtschaftlichen und demographischen Wachstums, die Arbeiter suchten und Arbeitsplätze anboten. Im Rahmen der im übrigen noch vorindustriell geprägten Bevölkerungsweise kündigte sich also ein Wandel vom primär agrarischen zum primär industriell generierten Wachstum an. Man spricht von einer ersten Phase des »Demographischen Übergangs«.[4]

Eine zweite Phase dauerte vom Anfang der 70er Jahre bis zur Jahrhundertwende und war durch eine sich öffnende »Schere« gekennzeichnet (vgl. Tab. 5). Während die Geborenenziffern auf ihrem bisherigen hohen Niveau verblieben und zeitweise (1870–1879) noch einmal leicht zulegten, begannen die Sterbeziffern nachhaltig zu sinken. In der Konsequenz beschleunigte sich das Bevölkerungswachstum ein weiteres und – wie sich zeigen sollte – letztes Mal. Die Sterbeziffer sank von 28 pro 1000 Einwohner (1871) auf 16 pro 1000 Einwohner (1913), sofern man die Totgeburten mitzählt, bzw. von 26 auf 15 ‰, wenn man die (ihrerseits von 4 auf 3 ‰ sinkende) Totgeburtenrate nicht einrechnet. Die Lebenserwartung (bei Geburt) stieg von 35,8 (Männer) und 38,4 Jahren (Frauen) im Durchschnitt der 1870er Jahre auf 47,4 (Männer) bzw. 50,7 Jahre (Frauen) am Vorabend des Ersten Weltkriegs.

Ursache dieses bedeutenden Anstiegs der durchschnittlichen (nach sozialem Status weiterhin äußerst ungleichen) Lebenserwartung war vor allem der rapide Rückgang der Säuglings- und Kindersterblichkeit. Zurückzuführen war der einerseits auf hygienisch-medizinische Fortschritte: Diese reichten von der Zunahme der Arztdichte, der Vermehrung der Krankenhäuser, der Sanierung der Trinkwasserversorgung und Abwässerentsorgung in den Städten, medizinischer Aufklärung und Innovationen bezüglich Narkose und Antiseptik (1846 und 1867) über die durch behördlich geleitete Impfungen implementierte »Bakterienrevolution« – Pasteurs und Kochs wichtigste Entdeckungen fallen in die Jahre zwischen 1870 und 1885 – bis hin zur gesteigerten Leistungskraft der chemisch-pharmazeutischen Industrie. Zum andern resultierte der Rückgang der Säuglings- und Kindersterblichkeit aus der allgemeinen Verbesserung der Lebensverhältnisse seit den 1860er Jahren und vielleicht auch schon ein wenig aus den Auswirkungen der staatlichen Sozialversicherung seit den 1880er Jahren. Während im 18.

und frühen 19. Jahrhundert die Sterblichkeit in den – oft ungesunden, demographisch, hygienisch und sozial überforderten – Gewerbe- und Großstädten eindeutig höher gelegen hatte als auf dem Land und das Wachstum der Städte eher aus Zuwanderung als aus endogener Bevölkerungszunahme gespeist worden war, sank jetzt die Sterblichkeit in den industriell geprägten Regionen und in den Städten (einschließlich vieler Industrie- und Großstädte) schneller als auf dem Lande, sicher teils dank der aus der Zuwanderung resultierenden Jugendlichkeit vieler Städte, aber auch weil die genannten Ursachen der rückläufigen Sterblichkeit – mit der Industrialisierung zusammenhängende medizinische, hygienische und soziale Fortschritte – die Stadt im großen und ganzen früher erreichten und prägten als das platte Land.

Die Heiratshäufigkeit schwankte zwar weiterhin mit der Konjunktur, jedoch weniger heftig als früher. Der Anteil der Ledigen in der deutschen Gesellschaft begann seit den 80er Jahren zu sinken. Bezüglich der Häufigkeit der Heiraten rangierten die industriellen Regionen seitdem deutlich vor den ländlichen, die Städte bald vor dem Land – aus verschiedenen Gründen, aber auch, weil die Verheiratetenquote, die »Familialität«, in der Arbeiterschaft wuchs, während herkömmlicherweise die erzwungene Ehe- und Familienlosigkeit ein typisches Kennzeichen der Unterschichten in Stadt und Land gewesen war. Die Rate der nicht-ehelichen Geburten sank ab, teils als Folge der nun definitiven Aufhebung der behördlichen Heiratsbeschränkungen im Jahrzehnt der Reichsgründung. Die nicht-ehelichen Geburten blieben übrigens im ländlichen Osten Preußens deutlich häufiger als im industriellen Westen. Im Hinblick auf alle Indikatoren des generativen Verhaltens muß man im Kaiserreich vor allem zwischen industrialisierenden und nicht industrialisierenden, zwischen stärker städtisch und stärker ländlich geprägten Regionen unterscheiden. Zwischen 1870 und 1900 begannen die ersten die zweiten eindeutig an demographischer Kraft zu überflügeln.[5] In einer dritten Phase des Demographischen Übergangs, die um 1900 begann, ging die Sterblichkeit weiter zurück, im Prinzip aus den bereits genannten Gründen. Doch nun begann auch die Geburtenrate zu sinken, und zwar bald schneller als die Zahl der Gestorbenen pro Jahr. Die Schere zwischen hoher Geburten- und fallender Sterberate begann sich also wieder zu schließen, die Geschwindigkeit des Bevölkerungswachstums nahm seit Beginn des 20. Jahrhunderts ab. Das setzte sich in den nächsten Jahrzehnten fort. Um 1970 wurde in Deutschland der

Punkt erreicht, an dem die Zahl der Gestorbenen die Zahl der Lebendgeborenen auch ohne Kriegseinfluß überstieg; seitdem verhindert nur die Zuwanderung, daß die Bevölkerung erheblich schrumpft.

Davon war jedoch die Bevölkerung am Vorabend des Ersten Weltkriegs noch sehr weit entfernt. Sie wuchs noch ausnehmend schnell, war noch außerordentlich jung und voll in Bewegung, jünger und dynamischer als etwa die Gesellschaft Frankreichs zur gleichen Zeit. Doch der Kulminationspunkt war überschritten, mit der Lebenserwartung begann der Anteil der älteren Jahrgänge allmählich zu wachsen. Die Zahl der Kinder pro Familie ging allmählich zurück, zunächst in den Städten und erst danach auf dem Land, in Berlin schon seit den 1880er Jahren; zunächst in den bürgerlichen Schichten und vor allem im Bildungsbürgertum, auch in der neuen, schnell wachsenden Schicht der Angestellten, später erst im selbständigen Mittelstand und zuletzt in der Arbeiterschaft. Das wäre ohne die zunehmende Kenntnis von Verhütungsmethoden und die wachsende Bereitschaft zu ihrem Gebrauch nicht möglich gewesen. Dahinter stand aber ein ganzes Syndrom komplexen sozialkulturellen Wandels: die abnehmende *ökonomische* Bedeutung einer Vielzahl von Kindern in Familien, die nicht mehr Produktionseinheiten waren und die als Orte sozialer Versicherung gegen die Risiken des Lebens relativ zu sozialstaatlichen Einrichtungen an Bedeutung verloren; die zunehmende Verbreitung eines (»bürgerlichen«) Familienmodells, in dem die intensive Erziehung einzelner Kinder – und die Zuwendung ihnen gegenüber – wichtiger waren als die extensive »Aufzucht« einer großen Zahl; die Vervielfachung der sozialen und kulturellen Möglichkeiten, der verfügbaren Bindungen und Prioritäten, zwischen denen mit fortschreitender Verstädterung und steigendem Lebensstandard im Alltag gewählt werden konnte und mußte. Hinzu kamen gewisse Tendenzen zur Säkularisierung des Lebens, zur Emanzipation aus der Tradition, zur Individualisierung innerhalb und außerhalb der Familien, sozial klar gestuft, für Männer und Frauen in unterschiedlichem Maß gültig, aber doch zunehmend verbreitet und wirksam. Das waren erste Ansätze einer neuen (spät- und zuletzt postindustriell zu nennenden) Bevölkerungsweise, die sich von der vorindustriellen wie von der des Industrialisierungszeitalters durch größere »Sparsamkeit« und weniger Dynamik unterschied: weniger Geburten und Tote pro 1000 Einwohner, ein geringerer demographischer »Umsatz«, größere Beständigkeit und längere Lebensdauer in einer insgesamt immer älteren Gesellschaft, wohl auch die Aufwertung des immer reicheren und immer weniger in der eigenen Reproduktion aufgehenden einzelnen Lebens, auch unterhalb einer kleinen Oberschicht, für die das immer gegolten hatte, nicht nur für Männer, sondern allmählich auch für Frauen. Das demographische Signum des 20. war am Ende des 19. Jahrhunderts im Ansatz präsent.[6]

b) Auswanderung zwischen Pauperismus und Industrialisierung

Am Ende des 18. Jahrhunderts hatte der schottische Pastor und Ökonom Thomas Robert Malthus festgestellt, »daß sich die Bevölkerung, wenn sie nicht gehemmt wird, alle fünfundzwanzig Jahre verdoppelt oder in geometrischer Reihe zunimmt«. Dagegen könne man »in Anbetracht des gegenwärtigen Durchschnittszustandes der Erde die Lebensmittel auch unter den dem menschlichen Fleiße günstigsten Umständen nicht dahin (bringen), sich schneller als in arithmetischer Reihe zu vermehren«. Malthus sagte Hungersnöte und soziale Katastrophen für den Fall voraus, daß es nicht gelänge, die Bevölkerungsvermehrung zu verlangsamen, was er durch Heiratsverbote und andere Maßnahmen zu tun empfahl.[7]

Malthus' Katastrophenprognose kam in den 1840er und 50er Jahren der Verwirklichung nahe, nicht nur in der großen irischen Hungersnot 1845 bis 1849, sondern auch im mitteleuropäischen Pauperismus. Daß seine Prognose letztlich doch fehlging, lag nicht an den wenig wirksamen, halbherzig bleibenden Heiratsverboten, wie sie die meisten deutschen Staaten außer Preußen zwischen 1820 und 1840 wieder eingeführt oder verschärft hatten, sondern an zwei säkularen Entwicklungen, die er nicht recht bedacht hatte: langfristig an der Industrialisierung und kurzfristig an der Auswanderung. Insgesamt sind zwischen 1820 und 1913 5,42 Mio Personen aus Deutschland ausgewandert, das entspricht etwa 10 Prozent der deutschen Gesamteinwohnerzahl um 1900. Während in früheren Jahrhunderten deutsche Auswanderer sich vor allem in Ost- und Südosteuropa angesiedelt hatten, zogen sie jetzt fast vollständig nach Übersee, vor allem in die Vereinigten Staaten von Amerika, die über 90 Prozent aller deutschen Auswanderer des 19. Jahrhunderts aufnahmen. Während noch in den 20er Jahren in der Regel nur 1000–3000 Personen pro Jahr das Land verließen, stieg die Zahl auf 239000 im Jahr 1854 und auf 221000 im Jahr 1882, d.h. von unter 0,1 ‰ auf ca. 7 ‰ bzw. 5 ‰ der jeweiligen Bevölkerung (Tab. 6). Die erste große Auswanderungswelle fiel in die Jahre 1845–1854, mit einer durchschnittlichen Auswanderer-

	Fünfjahres-Durchschnitte	
Jahr	insgesamt	nach den Vereinigten Staaten von Amerika
1820–24	2,0	
1825–29	2,5	
1830–34	10,2	
1835–39	18,8	17,1
1840–44	22,1	20,1
1845–49	61,7	57,0
1850–54	145,6	130,8
1855–59	74,4	64,4
1860–64	45,2	40,8
1865–69	108,5	103,9
1870–74	96,9	90,2
1875–79	29,3	24,0
1880–84	172,9	159,6
1885–89	99,6	90,5
1890–94	92,4	85,7
1895–99	28,5	24,0
1900–04	28,2	25,7
1905–09	27,1	24,7
1910–13	23,2	18,6

Tab. 6: Auswanderung aus Deutschland, 1817–1913 (in Tausend)
(Quellen: Sozialgeschichtliches Arbeitsbuch I, Hg. FISCHER u.a., [wie 5], 34f.; Sozialgeschichtliches Arbeitsbuch II, Hg. HOHORST u.a., [wie 5], 38f.; Bevölkerung, Hg. Statistisches Bundesamt [wie 5], 115)

zahl von rund 100000 pro Jahr. Das war nicht nur die erste Phase der Industriellen Revolution in Deutschland, es war auch die Talsohle des Pauperismus, als die Not in großen Teilen der ländlichen und städtischen Unterschicht – vor allem in der Landwirtschaft, im Heimgewerbe und im Handwerk – außerordentlich drückend und weit verbreitet war und als die gewerblichen Lohneinkommen (vgl. Tab. 7) ihren Tiefstand erreichten.

Jahr	Nominal-einkommen absolut in Mark	Nominal-einkommen Index (1913 = 100)	Index der Lebenshal-tungskosten (1913 = 100)	Real-einkommen Index (1913 = 100)
1810–14	279,4	26,0	48,2	54,2
1815–19	285,4	26,4	66,6	41,6
1820–24	288,4	27,0	44,0	61,6
1825–29	285,2	26,2	43,6	60,6
1830–34	292,4	27,0	49,0	55,2
1835–39	299,6	27,6	50,0	55,4
1840–44	304,6	28,0	52,4	53,8
1845–49	310,6	28,8	54,4	54,2
1850–54	319,8	29,6	57,2	52,8
1855–59	372,6	34,6	59,0	56,4
1860–64	404,6	37,4	63,8	58,6
1865–69	446,0	41,0	65,4	63,0
1870–74	588,6	54,6	85,6	63,8
1875–79	582,2	53,8	87,8	61,0
1880–84	571,0	52,6	83,2	63,4
1885–89	606,0	56,2	80,0	70,2
1890–94	658,2	60,6	82,0	74,0
1895–99	730,6	67,4	80,0	84,0
1900–04	807,8	74,4	84,2	88,2
1905–09	915,2	84,4	92,0	91,8
1910–13	1031,75	95,25	99,5	95,75

Tab. 7: Durchschnittliche Nominal- und Reallöhne von Gesellen und Arbeitern in Handwerk und Industrie, Deutschland 1810–1913

(Quelle: GÖMMEL, Realeinkommen [wie 8], 27–29; dort 19–26 zu den benutzten Quellen und Berechnungsmethoden. Für 1810–1849 liegen Einkommen von Gesellen des Baugewerbes und Arbeitern der Baumwollindustrie in mehreren Städten zugrunde. Die Angaben für 1850–1870 fußen auf den Erhebungen von W. G. Hoffmann und Mitarbeitern, die Angaben für 1870–1913 auf den Berechnungen von A. Desai. Der Lebenshaltungsindex wurde vor allem auf der Grundlage von Nürnberger Material neu berechnet.)

Die zweite Auswanderungswelle erfolgte – mit einem jährlichen Durchschnitt von 104 000 – in den Jahren 1864–1873, also in einer Phase beschleunigten ökonomischen Wachstums mit vielen Boom-Jahren, als die durchschnittlichen Löhne schon ein Stück aus der Talsohle der 40er und 50er Jahre herausgeklettert waren und die Klagen über verbreiteten Hunger und epidemische Unterbeschäftigung bereits stark nachgelassen hatten.

Eine dritte Auswanderungswelle folgte in den Jahren 1880–1893, mit durchschnittlich 127 000 Auswanderern pro Jahr, also in der Phase der Hochindustrialisierung, wenngleich in Jahren gestörten Wachstums und schleppender Konjunktur, als die Arbeitslosigkeit noch einmal hoch und die Lohneinkommen gegenüber 1864–73 zwar deutlich angestiegen waren, aber ihren entscheidenden Anstieg (1895–1913 um 25 %, inflationsbereinigt) noch vor sich hatten.

Nach 1893 fielen die Auswanderungszahlen radikal ab und pendelten sich auf tiefem Niveau zwischen 37 000 (1895) und 12 000 Personen pro Jahr (1913) ein, mit fallender Tendenz. Dagegen nahm die Einwanderung aus den europäischen Nachbarländern (vor allem Rußland, dem Habsburgerreich und Italien) erheblich zu: 1895 hielten sich 186 000, 1900 rund 774 000, 1905 etwa 1 028 000 und 1910 bereits 1 260 000 Ausländer in Deutschland auf. In den letzten zwanzig Jahren vor dem Großen Krieg wurde aus dem Auswandererland Deutschland ein Einwandererland.[8]

Push- und Pull-Faktoren – die Krisen und Beschwernisse in der Heimatregion, die Aufnahmebereitschaft und die vorgestellte Attraktion des Ziellandes – wirkten auf komplizierte Weise zusammen, um die Auswanderung an- und abschwellen zu lassen. Darauf ist hier nicht im einzelnen einzugehen. Lediglich drei grundsätzliche Punkte seien hervorgehoben.

Erstens: Es gab im 19. Jahrhundert religiös und politisch motivierte Auswanderung. Aber die ganz überwiegende Zahl der Auswanderungsentscheidungen des 19. Jahrhunderts war ökonomisch motiviert: als Ausweg aus einer wirtschaftlich bedrückenden oder doch nicht mehr akzeptierten Situation der Enge, der Not und der Beschäftigungslosigkeit, des Hungers und der Bedrängnis in der Heimat sowie als gezielte, begründete Suche nach verbesserten Arbeits- und Lebensmöglichkeiten in der Fremde.

Zweitens: Insgesamt wogen Auswanderer aus nicht- oder kaum industrialisierten Gegenden vor, so anfangs aus Südwestdeutschland, bald aus den bevölkerungsreichen Agrarregionen des Ostens, vor allem aus bäuerlichen, zunehmend auch unterbäuerlichen Schichten, aus dem niedergehenden Heimgewerbe und aus dem bedrängten Handwerk in Land und Stadt. An Auswanderern aus dem sozialen Kernbereich der sich durchsetzenden Industrialisierung – beispielsweise aus der gewerblichen Arbeiterschaft – fehlte es nicht ganz, insbesondere nicht in den späteren Jahren, doch blieben diese eine Minderheit. Als die Industrialisierung schließlich in voller Breite griff, flaute die Auswanderung rasch ab und wurde durch Einwanderung ersetzt. Es spricht daher alles dafür, den größten Teil der Massenauswanderung des 19. Jahrhunderts als eine – mit der europäischen Inbesitznahme und Durchdringung des wenig besiedelten nordamerikanischen Kontinents möglich gewordene – Antwort auf die malthusianische Dauerkrise zu deuten, die im Kern aus der Diskrepanz zwischen rasch wachsender Bevölkerung und nicht rasch genug wachsenden Arbeits- und Ernährungsmöglichkeiten resultierte. Es brauchte fünf Jahrzehnte fortschreitender Industrialisierung, um jene Diskrepanz im Lande selbst zu beheben. Bis dahin trat die Auswanderung in die Lücke. Daß ohne dieses »Sicherheitsventil« von Malthus' düsteren Prognosen sehr viel mehr Wirklichkeit geworden wäre, ist wahrscheinlich. Auch in dieser Hinsicht stand die Geschichte der deutschen Industrialisierung von Anfang an in internationalen, hier sogar interkontinentalen Verflechtungen.

Drittens: Auswanderung war kein Vergnügen. Sicher mischten sich Hoffnung und Besserungserwartung in die Entscheidungen der Millionen, die als Familien und Einzelpersonen ihre Bekannten und Freunde hinter sich ließen und den mühsamen Weg über den Atlantik wählten. Doch sie wußten, wie beschwerlich, riskant und entwurzelnd die Passage, wie unsicher die Zukunft und wie hart das Leben in der Neuen Welt sein würden. Es gab natürlich Chancenwanderung von Jüngeren über den »Großen Teich«, aber in aller Regel setzte die Emigrationsentscheidung Erfahrungen von Not, Enge, Bedrückung und Aussichtslosigkeit im bisherigen Leben voraus, die – anders als früher – nicht mehr als unabwendbar akzeptiert wurden. Die lange Dauer der Massenauswanderung zeigt, wie sehr und wie lange das 19. Jahrhundert – trotz Industrialisierung, Wachstum und Fortschritt vielfältiger Art – ein *Jahrhundert der Not* gewesen ist.

Diese Not hatte viele Gesichter. Sie war ungleich verteilt, und die innergesellschaftliche Ungleichheit nahm im Lauf des 19. Jahrhunderts, so scheint es, zu. Sie hatte materielle und psychische Dimensionen. Hier sei nur folgendes betont: Die Not – als existenzbedrohende Armut – entstand nicht erst mit der oder durch die Industrialisierung. Trotz mancher Gegentendenzen verschärfte sie sich – jedenfalls im deutschsprachigen Mitteleuropa – schrittweise in den letzten Jahrzehnten des 18. und den ersten Jahrzehnten des 19. Jahrhunderts, und sicher traf Malthus' Diagnose eine zentrale Dimension des Geschehens: die bisweilen zunehmende, bisweilen gemilderte, in den 1840er/50er Jahren noch einmal verschärfte Diskrepanz zwischen schnellem Bevölkerungswachstum und nicht rasch genug wachsender Wirtschaftskraft und Nahrungsgrundlage. Diese Diskrepanz war der Kern des mitteleuropäischen Pauperismus mit seiner Zuspitzung im zweiten Jahrhundertviertel, die die unteren Schichten in Land und Stadt mit Armut, Hunger und Elend bedrohte und die von Zeitgenossen wie von Historikern ausgiebig und kontrovers diskutiert worden ist. Nicht zuletzt führte sie zu einer Woge von Hunger- und Nahrungsunruhen, von Protesten gegen Marktungerechtigkeit und Ungleichheit, von Tumulten und Rebellionen, die in den 1840er Jahren ihr höchstes Niveau erreichten und die Revolution von 1848/49 mit vorbereiteten.

Langfristig war es dann die sich voll durchsetzende Industrialisierung, die diese Diskrepanz abbaute und die Krise überwand. Kurzfristig aber wirkte die Industrialisierung viel ambivalenter. Sie trug zwar schon um die Jahrhundertmitte durch die Bereitstellung von Arbeit und Verdienstmöglichkeiten dazu bei, daß Armut, Unterbeschäftigung und Elend nicht noch bedrückendere Ausmaße annahmen. Andererseits verschärfte sie aber die Krise des Pauperismus: Beispielsweise eroberten die viel billigeren Produkte der vor allem in Westeuropa bereits erfolgreich etablierten Textilfabrikindustrie den Markt und entzogen auch in Mitteleuropa den Textilhandwerkern, die im exportorientierten Heimgewerbe arbeiteten, vollends die Grundlage ihrer schon vorher prekären Existenz. Die Heimarbeiter in Land und Stadt gehörten am klarsten zu den Opfern des Pauperismus.

Vor allem aber ließen die positiven Wirkungen der Industrialisierung auf sich warten. Ihr Durchbruch, die damit verbundene Modernisierung der Wirtschaft, das beschleunigte, allerdings schwankende und ungleiche Wachstum der Ökonomie, all das beobachtet man als zurückblickender Historiker zwar schon seit den 1840er Jahren. Aber als klare Überwindung der Unterbeschäftigung und als Hebung des Lebensstandards der breiten Bevölkerung wirkte sich dieser säkulare Prozeß zunächst noch nicht aus. Sicher, der weitere Abstieg in noch größere Armut fand in den 50er Jahren nicht statt. Die 60er Jahre brachten erste Verbesserungen. In den 70er Jahren war das Schlimmste an Armut und Elend überwunden, das damalige Modewort »Pauperismus« verschwand aus der Diskussion. Doch die Beschäftigungs- und Einkommenssituation für das Gros der Bevölkerung blieb äußerst prekär, schwankend und eng. Nur ganz allmählich, erst im letzten Viertel des Jahrhunderts und eigentlich erst in den gut zwei Jahrzehnten vor dem Ersten Weltkrieg, stieg die Kaufkraft der breiten Bevölkerung klar und eindeutig an (Tab. 7). Erst jetzt trug die innere Wirtschaftsentwicklung die sich weiterhin rasch vermehrende Bevölkerung voll und ganz.[9]

c) Binnenwanderung und der Beginn der Verstädterung

Die massenhafte Auswanderung aus Deutschland begann in den 1840er Jahren und endete Anfang der 90er Jahre. Die massenhafte Binnenwanderung begann in den 1850er Jahren, hielt bis in den Ersten Weltkrieg hinein an und flaute danach rasch ab. Die Auswanderung großen Umfangs wurde durch die Industrialisierung beendet, die Binnenwanderung großen Stils kam durch die Industrialisierung in Gang. In gewisser Hinsicht setzte die Binnenwanderung die Entlastungsleistung der Auswanderung fort. Während der Kleinbauer, Landarbeiter oder die Familie des proletarisierten Heimgewerbetreibenden der 1840er Jahre nach Bordeaux, Le Havre, Hamburg oder Bremen ging, um sich nach Amerika einzuschiffen, reihten sich Abwandernde gleichen Typs in den 90er Jahren vermutlich in den vielfältigen Strom der innerdeutschen Land-Stadt-Wanderung ein, die sie oft über mehrere Stationen aus dem landwirtschaftlichen Bereich in den gewerblich-industriellen führte.

Wanderungen gab es lange vor der Industrialisierung, insbesondere in der breiten, aus Not sehr mobilen Unterschicht, aber auch unter Beamten, Unternehmern und Experten aller Art. Auch in vorindustrieller Zeit waren Städte gewachsen. Doch mit der Industrialisierung erhielt die Binnenwanderung eine neue Qualität: Ihr Ausmaß vervielfachte sich, und die Verstädterung begann. Die Gründe liegen auf der Hand: Dem Bevölkerungsüberdruck, der sich seit Jahrzehnten auf dem Lande aufbaute, entsprach seit den späten 40er/frühen 50er Jahren ein wachsender Bedarf an Arbeitskräften seitens der Industrie, die sich mit ausgeprägter örtlicher Konzentration etablierte. Denn die entstehenden Fabriken, Werkstätten und Bergwerke (denen es technische Gründe aufdrängten, erhoffte Standortvorteile nahelegten und die neuen Verkehrsverbindungen erlaubten, sich an einzelnen Orten zu konzentrieren – anders als das häufig dezentralisierte, nahe den Rohstoffquellen angesiedelte Gewerbe vor der Industrialisierung) brauchten Arbeiter, Angestellte und Leitungspersonal. Zugleich benötigten und schufen sie Arbeitsplätze außerhalb ihrer Sphäre, denn sie brauchten Zulieferer und Weiterverkäufer, Rechtsanwälte und Versicherungen, Verwaltungsbeamte, Polizei, Verkaufsgeschäfte und Dienstleistungen anderer Art.

In der Konsequenz kam es zu Wanderungen allergrößten Ausmaßes, zunächst bis in die 70er Jahre vornehmlich als Nahwanderung aus der näheren Umgebung in die wachsenden Städte, danach – als dies nicht mehr reichte – als Fernwanderung, vor allem aus dem überwiegend agrarischen Osten in die industrialisierenden Regionen des Westens, auch nach Sachsen, ins Rheinland, nach Westfalen und in die großen Städte, vor allem Berlin. Man schätzt, daß in dem halben Jahrhundert vor 1914 fast jeder zweite Deutsche (32 Mio!) an der Binnenwanderung in der einen oder anderen Form teilgenommen und den Wohnort gewechselt hat. Die meisten praktizierten Nahwanderung und blieben in der eigenen Region. Doch auch die Anzahl der Fernwanderer, die die Grenzen zwischen den deutschen Ländern oder den Provinzen Preußens überschritten, belief sich (1860–1914) auf 15–16 Mio; das entsprach dem Dreifachen der Auswandererzahl jener Zeit. Wolfgang Köllmann hat von der »größten Massenbewegung der deutschen Geschichte« gesprochen. Michel Hubert macht darauf aufmerksam, daß im Rahmen dieser massenhaften Wanderung zwischen 1860 und 1910 etwa 4 Mio Menschen die preußischen Ostprovinzen verließen und nach Westen gingen. Das entsprach etwa 20 Prozent der ursprünglichen Bevölkerung von Ostpreußen, Westpreußen, Pommern und Posen. 1910 stellten diese Migranten und ihre Nachkommen etwa 32 Prozent der Gesamtbevölkerung Berlins und Brandenburgs und immerhin 7 Prozent der Gesamtbevölkerung des Rheinlands und Westfalens. Dies wird als Gegenbewegung zur Ostkolonisation beschrieben, die die Deutschen über knapp tausend Jahre betrieben.[10]

Gemeinde	um 1819	um 1852	1871	1890	1910
Aachen	33626	52687	74146	103470	156143
Augsburg	29809	39340	51220	75629	102487
Berlin		419000	472000	1131000	2312365
Bielefeld	6617	11290	21834	39950	78380
Bochum	2122	5833	21192	47601	136931
Bonn	10565	18439	26030	39805	87978
Bottrop	360		5396	13595	47162
Breslau		114000	208000	335186	512105
Chemnitz		37000		138954	287807
Dortmund	4453	13546	44420	89663	214226
Dresden		97000	177000	276522	548308
Düsseldorf	26655	28411	69365	144642	358728
Essen	4751	10552	51513	78706	294653
Frankfurt a. M.	41458	67332	91040	179985	414576
Göttingen	8379	11099	15847	23689	37594
Hamburg	127985	179594	239107	323923	931035
Hannover	25134	31876	87626	163593	302375
Heidelberg	9717	14564	19983	31739	56016
Karlsruhe	16841	24299	36582	73684	134313
Köln	56420	101091	129233	282681	516527
Königsberg		76000	112000	161666	245994
Leipzig		63000	106000	295025	589850
Ludwigshafen a. Rh.		2296	7874	28768	83304
Magdeburg		72000	84000	202234	279629
Mainz	25400	36741	53282	71395	110620
Mülheim/Ruhr	5456	11112	14267	27903	112580
München	53672	106715	169693	349024	596467
Nürnberg	26854	53638	83214	142590	333142
Oldenburg (Oldenburg)	5955	10872	13574	21310	30242
Stuttgart	22686	50003	91623	139817	286218
Wiesbaden	5466	16151	35450	64670	109002

Tab. 8: Wachstum ausgewählter deutscher Städte, 1819–1910
(Quelle: Bevölkerung, Hg. Statistisches Bundesamt [wie 5], 92 f.; Ergänzungen aus verschiedenen Quellen)

Natürlich waren viele Städte längst vor dem Beginn der Industrialisierung gewachsen (Tab. 8). Aber der Anteil der Bevölkerung, der in Städten wohnte, wuchs in den Jahrzehnten vor der Industrialisierung nicht oder kaum, und das gilt, ganz gleich, ob man den im Laufe des 19. Jahrhunderts an realer Bedeutung verlierenden rechtlichen Stadtbegriff benutzt oder am Kriterium der Einwohnerzahl mißt. Die Verstädterung – verstanden als Wachstum des in Städten wohnenden Anteils der gesamten Bevölkerung – kam in Deutschland erst in den 1840er Jahren in Gang, zugleich mit der Industrialisierung, und sie beschleunigte sich in den Jahrzehnten des Kaiserreichs. Einen Überblick vermitteln die Tabellen 9 und 10.

Übernimmt man die Terminologie der Statistiker des Kaiserreichs, die alle Gemeinden mit mehr als 2000 Einwohnern als »Städte« bezeichneten, lebte zur Zeit der Reichsgründung ein gutes Drittel der Deutschen in einer Stadt. Am Vorabend des Ersten Weltkriegs waren es aber schon zwei Drittel. In Preußen wohnte 1871 jeder dritte, 1914 aber jeder zweite Einwohner in einem Ort, der rechtlich als Stadt galt (1816 und 1840 dagegen nur: 27–28 %) (Tab. 10). Am schnellsten wuchsen die Großstädte (mit 100000 Einwohnern und mehr). Sie beherbergten vor dem Weltkrieg fast 30 Prozent der Deutschen, 1871 dagegen waren es erst 5 Prozent und 1830 nur 1–2 Prozent gewesen. Im übrigen variierte der Verstädterungsgrad sehr stark zwischen den deutschen Regionen.

Nicht jeder Wanderungsvorgang war ein Beitrag zum Verstädterungsprozeß. Es gab Pendelbewegungen zwischen Stadt und Land, zunehmend auch riesige Wanderungen zwischen einzelnen Städten (bisweilen die Rückkehr aufs Land, zum Ort der Herkunft, im Alter). Ein erheblicher Teil des städtischen Wachstums resultierte aus Geburtenüberschüssen der städtischen Bevölkerungen selbst. »Städte mit überwiegender Verwaltungsfunktion hatten ein geringeres Wachstum (1,5–2 % durchschnittlich jährlich in der ersten Hälfte, 1–2 % in der zweiten Hälfte des 19. Jahrhunderts) als ausgeprägte Gewerbestädte (2–3 % bzw. 1,5–3 %) oder Handelsstädte (2 % bzw. 2,5–3 %), während die sich industrialisierenden Land- und Kleinstädte, die späteren Großstädte des Ruhrgebiets, die größten Zuwachsraten zu verzeichnen hatten (2,5 % bzw. 5 %)« (Marschalck). Insgesamt wird der Anteil der Zuwanderung am Bevölkerungswachstum der Städte 1871–1914 auf ca. 40 Prozent geschätzt. Was die besonders rasch wachsenden Großstädte betrifft, lag der Anteil der

	Weniger als 2000	2000–10000	10000–50000	50000–100000	Mehr als 100000
1792	93	93	4	1	1–2
1819	91	91	5–6	1–2	1–2
1830	92	92	5	1–2	1–2
1871	62	19	9	5	5
1890	49	19	12	4	16
1910	35	19	13	6	27

Tab. 9: Die deutsche Bevölkerung nach Ortsgrößenklassen, 1792–1910 (in Prozent der gesamten Bevölkerung)
(Quelle: wie oben zu Tab. 3, hier 505)

(Anmerkung: Die Zahlen für 1819 und 1830 beziehen sich auf die Bevölkerung des Deutschen Bundes ohne Österreich und Luxemburg. Die anderen Zahlen beziehen sich auf das Deutsche Reich von 1871.)

	1816	1840	1871	1910
Östliche Provinzen*	26,9	22,9	24,2	33,7
Mittlere Provinzen**	30,3	30,4	37,0	50,7
Westliche Provinzen***	24,6	25,6	34,2	50,7
Preußen insgesamt	27,9	27,2	33,2	47,2+

Tab. 10: Städtische Bevölkerung in Preußen, 1816–1910 (in Prozent der Gesamtbevölkerung) (rechtlicher Stadtbegriff)

(Quelle: MATZERATH, The Influence of Industrialization on Urban Growth in Prussia [1815–1914], in: Patterns of European Urbanization since 1500, Hg. SCHMAL, 1981, 145–179, 153, 156, 160)

* Ostpreußen, Westpreußen, Posen
** Brandenburg, Provinz Sachsen, Schlesien, Pommern
*** Rheinland, Westfalen
\+ Enthält die ansonsten nicht einbezogenen, 1866/67 neu hinzugekommenen Provinzen (Hannover, Hessen-Nassau, Schleswig-Holstein) mit einem Städteanteil von 29,2 (1871) und 44,9 % (1910).

Ortsgebürtigen 1907 fast überall bei weniger als 50 Prozent, lediglich in den schon langsamer wachsenden älteren Gewerbe- und Industriestädten wie Aachen, Krefeld und Wuppertal lag dieser Anteil höher.[11]

In den 1890er Jahren ging die Auswanderung großen Stils zu Ende. Seit Beginn des 20. Jahrhunderts ließ das Tempo des Bevölkerungswachstums nach. Seit dem Ende des Ersten Weltkriegs ging auch das Volumen der Binnenwanderung rapide zurück. Auch die Geschwindigkeit der Verstädterung ließ allmählich nach. Nicht alles beschleunigte sich also, es gab vielmehr auch Prozesse der Verlangsamung. Der Rückblick aus dem 21. Jahrhundert macht eindrucksvoll klar, wie besonders das 19. Jahrhundert war. In bezug auf innere Bevölkerungsdynamik, Wanderungshäufigkeit und Verstädterungsdruck übertraf es das 18. wie das 20. Jahrhundert bei weitem. Allerdings brachten Verfolgung und Unterdrückung sowie Flucht und Vertreibung schon in den 1930er Jahren wie erst recht in der Kriegs- und Nachkriegszeit der 1940er und 50er Jahre politisch erzwungene Massenwanderungen hervor, deren Ausmaß das 19. Jahrhundert höchstens erahnen konnte. Regionale Ungleichheit war insbesondere nach der Wiedervereinigung ausgeprägt und sorgte für umfangreiche Binnenwanderung von Ost nach West, auch vom Land in die Stadt. Seit den 1960er Jahren verstärkt sich zudem die Zuwanderung von jenseits der Grenzen, die mit der abnehmenden inneren Bevölkerungsdynamik und der Globalisierung des Wanderungsgeschehens weiter zunimmt.[12]

KAPITEL 4

EIN BÜRGERLICHES JAHRHUNDERT?

a) Arbeiter und Bürger: Klassenbildung und Klassenkonflikte

Karl Marx hat zwar seine Theorie sozialer Klassen nie wirklich ausformuliert, aber seine im zweiten Drittel des 19. Jahrhunderts entwickelten Analysen haben die Diskussion über Klassen, Klassenkonflikte und Klassengesellschaften in den Wissenschaften wie in Öffentlichkeit und Politik seither zutiefst beeinflußt. Max Weber hat gegen Ende der hier behandelten Epoche und durchaus im Hinblick auf sie die Begriffe »Stand« und »Klasse« definiert und damit ein systematisches, aber historisch gesättigtes Instrumentarium angeboten, um zentrale Veränderungen in der Geschichte moderner Gesellschaften zu erfassen. Wenn man sie flexibel zur Orientierung der sozialgeschichtlichen Analyse des 19. Jahrhunderts verwendet, sind beide Ansätze kompatibel. In Anlehnung an sie lassen sich die leitenden Fragen, die zu benutzenden Begriffe und die zu verfolgenden Hypothesen dieses Abschnitts folgendermaßen umschreiben: Als *Stände* sind gesellschaftliche Großgruppen zu bezeichnen, deren Angehörige sich durch spezifisches Recht, ein bestimmtes Maß der Teilhabe an der politischen Herrschaft, eine besondere Form des Einkommens und Auskommens sowie vor allem durch besondere Lebensführung, »soziale Ehre« und Kultur von den Angehörigen anderer Stände und von nichtständischen Schichten unterscheiden. Man denke an die – allerdings vielfach untergliederten – frühneuzeitlichen Stände des Adels, des Klerus, des Stadtbürgertums und der Bauern.

Die Angehörigen von *Klassen* unterscheiden sich dagegen nicht durch besonderes Recht und auch nicht durch unterschiedliche politische Teilhaberechte von den Angehörigen anderer Klassen. Vielmehr setzt die Gliederung der Gesellschaft in Klassen Rechtsgleichheit geradezu voraus, und sie kann sich auch unter Bedingungen formal gleicher staatsbürgerlicher Mitwirkungsrechte entwickeln. Klassen sind gesellschaftliche Großgruppen, deren Angehörige die ökonomische Stellung teilen und, daraus folgend, gleiche Interessen haben, sich der Tendenz nach auf dieser Grundlage als zusammengehörig begreifen und entsprechend handeln, und zwar im Unterschied, in Spannung und in Konflikt mit den Angehörigen anderer Klassen, die eine andere ökonomische Stellung und, daraus folgend, andere, entgegengesetzte Interessen haben. Ökonomische Stellung aber wird im Fall der *modernen Klassen* als Stellung auf dem Markt – besser: auf Märkten – definiert. »Wir wollen«, schrieb Weber, »da von einer ›Klasse‹ reden, wo 1. einer Mehrzahl von Menschen eine spezifische ursächliche Komponente ihrer Lebenschancen gemeinsam ist, soweit 2. diese Komponente lediglich durch ökonomische Güterbesitz- und Erwerbsinteressen und zwar 3. unter den Bedingungen des (Güter- oder Arbeits-)*Markts* dargestellt wird (›Klassenlage‹).« Klassenbildung und Durchsetzung des Kapitalismus rücken damit aufs engste zusammen.

Von *Klassenbildung* ist dann zu sprechen, wenn die durch Marktstellung definierte *Klassenlage* nicht nur gemeinsame Interessen konstituiert, sondern – unter gewissen Bedingungen – auch gemeinsame Erfahrungen ermöglicht, und auf dieser Grundlage über sich verdichtende Kommunikation, Gemeinsamkeitsbewußtsein und ähnliche Lebensführung der Klassenangehörigen *Klassenidentität* entsteht, die unter gewissen Bedingungen Grundlage für gemeinsames kollektives Handeln – *Klassenhandeln* – werden kann. Ob solche Prozesse der Klassenbildung – von der »Klasse an sich« zur »Klasse für sich« (Marx) oder durch das Zusammenwachsen von meist recht spezialisierten »Marktklassen« zu einer umfassenderen »sozialen Klasse« (Weber) – stattfinden oder nicht, ob sie als Tendenzen feststellbar sind, aber von Gegentendenzen konterkariert werden, und zu welchen wie abgegrenzten sozialen Gebilden sie gegebenenfalls führen – das sind empirische, von Fall zu Fall unterschiedlich zu beantwortende Fragen. Marx hatte vor allem die Produktionsmittelbesitzer und die Lohnarbeiter, Bourgeoisie und Proletariat, als voneinander abhängige und miteinander konfligierende Antipoden im Blick, bisweilen aber auch drei Klassen, nämlich

Lohnarbeiter, Kapitalisten und Grundeigentümer. Weber sprach in bezug auf das Deutschland des späten 19. Jahrhunderts von vier »sozialen Klassen«: der Arbeiterschaft, dem Besitz- und Bildungsbürgertum, den Kleinbürgern und der »besitzlosen Intelligenz und Fachgeschultheit«.[1]

Einerseits war die Gesellschaft des ausgehenden Ancien régime um 1800 keine lupenreine Ständegesellschaft. Die bereits weit gediehene Verbreitung marktwirtschaftlicher Prozesse, eine riesige, die halbe Bevölkerung umfassende »unterständische« Schicht, die in Gang befindliche Ausweitung (und Erosion) des Stadtbürgerstands durch bürgerliche Existenzen neuer Art (Unternehmer und Beamte vor allem) und die zunehmend bürokratische Form staatlicher Herrschaft in den absolutistisch regierten Territorien standen dem vor allem entgegen. Ohnehin läßt sich prinzipiell bezweifeln, ob man für 1800, angesichts tiefgreifender horizontaler und vertikaler Fragmentierung, überhaupt von *einer* deutschen Gesellschaft sprechen kann; zutreffender dürfte es sein, von einer Vielzahl regionaler und lokaler Gesellschaften auszugehen.[2]

Andererseits läßt sich die Gesellschaft des Wilhelminischen Reichs nicht als pure Klassengesellschaft beschreiben. Vielmehr lebten ständische Elemente auch noch bei Ausbruch des Ersten Weltkriegs in der gesellschaftlichen Gliederung, im Selbstverständnis, in den Allianzen und Fronten der sozialen Gruppen weiter, vor allem auf dem Lande sowie an der Spitze (Adel) und in der Mitte (»alter« und »neuer Mittelstand«) der sozialen Pyramide, jedoch auch an deren Basis – man denke an die hausherrschaftlich eingefärbten »Gesindeordnungen«, denen das häusliche wie das landwirtschaftliche Gesinde (und damit viele Landarbeiter!) in Preußen und anderen deutschen Staaten bis zur Revolution von 1918/19 unterstanden. Ständische Elemente hielten sich auch im politischen System, etwa bei der Rekrutierung und Zusammensetzung der Ersten Kammern in den Volksvertretungen der Einzelstaaten. Nichtklassengesellschaftliche Unterscheidungen und Konfliktlinien (vor allem zwischen den Geschlechtern, den Konfessionen, zwischen Stadt und Land, zwischen Mehrheit und Minderheiten) spielten weiterhin eine große, zum Teil anwachsende Rolle. Die innere Heterogenität von gesellschaftlichen Großgruppen wie »Arbeiterschaft« und »Bürgertum« nahm keineswegs ab. Letztlich paßte das Bürgertum mit seiner inneren Vielfalt unterschiedlicher sozialökonomischer Positionen und mit den von ihm ausgehenden, sich auf die ganze Gesellschaft erstreckenden

Verbürgerlichungstendenzen nie ganz in das binäre klassengesellschaftliche Modell.

Dennoch lassen sich wichtige gesellschaftliche Veränderungen des 19. Jahrhunderts als Transformationen »vom Stand zur Klasse» begreifen, als Langzeittendenzen trotz vieler Einschränkungen. Das gilt besonders für das Verhältnis von Arbeiterschaft und Bürgertum.

Die *Dekorporierung,* also die Auflösung ständischer Gesellschafts-, Rechts- und Politikstrukturen, soweit sie im späten 18. Jahrhundert noch bestanden, erfuhr ihren wichtigsten Schub in den Reformen des frühen 19. Jahrhunderts, in denen die Feudalordnung auf dem Lande und die zünftig-ständische Verfassung in den Städten beendet oder doch entschieden geschwächt wurden: in Fortsetzung älterer Reformen des aufgeklärten Absolutismus, beschleunigt durch die Auswirkungen der Französischen Revolution, teils erzwungen unter der Herrschaft Napoleons und teils in Reaktion auf dessen Herausforderungen, mit großen Unterschieden zwischen den einzelnen deutschen Staaten. Zu den Reformen, die in den Revolutionen von 1830 und 1848/49 wie auch im Reichsgründungsjahrzehnt fortgesetzt und vertieft wurden, gehörten die Agrarreformen mit der »Bauernbefreiung« und das Ende der Zünfte (jedenfalls in ihrer bisherigen Form), die weitgehende Verwirklichung von Gewerbe- und Niederlassungsfreiheit sowie entscheidende Schritte zu mehr Rechtsgleichheit und Staatsunmittelbarkeit durch die Etablierung von Staatsbürgerschaft und durch Reformen des Justizwesens. Sie ließ vorübergehend das vor allem vom Liberalismus verfolgte Ziel einer in sich relativ ausgeglichenen, nicht scharf segmentierten, »klassenlosen Bürgergesellschaft mittlerer Existenzen« (Gall) aufscheinen, der mit der Zeit immer größere Teile der Bevölkerung ohne allzu große ökonomische Unterschiede angehören würden.[3] Doch wurde diese Perspektive – die Perspektive vieler Liberaler – mit sich ausprägender Marktwirtschaft und fortschreitender Industrialisierung bald durch neue Formen sozialer Ungleichheit unterhöhlt oder überlagert, die sich zunehmend klassengesellschaftlich verfestigten. Die Klassenbildung zeichnete sich zwar in Ansätzen schon vor 1848 ab, aber mit voller Kraft setzte sie sich erst in der zweiten Hälfte des Jahrhunderts durch.

Am deutlichsten erwies sich dies in den sozialen Bereichen, die mit der gewerblichen Wirtschaft im weitesten Sinne verbunden waren. Im sich radikal wandelnden, insgesamt ausdehnenden und keineswegs generell absteigenden *Handwerk* näherte sich das traditionell ständische

Meister-Gesellen-Verhältnis schrittweise und allmählich einem Kleinunternehmer-Lohnarbeiter-Verhältnis an. Die Einbindung der Gesellen in den Haushalt des Meisters lockerte sich, man stritt sich zunehmend über Löhne und Arbeitszeit, weniger über Hausschlüssel, Ausgehzeit und die Verletzung von Handwerksbräuchen. Während sich die größeren Meister im dritten Jahrhundertviertel als Kleinunternehmer oder selbständige Mittelständler zu organisieren begannen, schlossen sich Gesellen schon ab 1848/49 als handwerklich qualifizierte Arbeiter immer häufiger den sich bildenden Arbeitervereinen und den entstehenden Gewerkschaften an, ja sie bildeten, in den mittleren Jahrzehnten des 19. Jahrhunderts, den sozialen Kern der entstehenden Arbeiterbewegung. Im übrigen klafften riesige Unterschiede zwischen den Branchen – etwa zwischen den früh kapitalistisch organisierten Bauhandwerken und den lange traditional verfaßten Nahrungsmittelhandwerken –, die Übergänge blieben fließend. Reste der ständischen Welt lebten in der Kultur des Handwerks auch noch im frühen 20. Jahrhundert fort.

Klassenartige Strukturen setzten sich in anderer Form im *Heimgewerbe* durch, das in den ersten zwei Dritteln des 19. Jahrhunderts unter krisenhaften Bedingungen expandierte und erst danach von der starken Konkurrenz der rasch wachsenden Fabrikindustrie reduziert wurde. So sehr auch die Heimarbeiter unterschiedlichster Art und beiderlei Geschlechts in ihre Haushalte eingebunden blieben und der direkten Unterordnung unter die Aufsicht des Arbeitgebers entgingen, so schroff und hart entwickelte sich ihre ökonomische Abhängigkeit vom Kaufmann, Verleger oder Kapitalisten zu einem Klassenverhältnis. Sie mochten sich weiter Handwerker nennen, doch sie wurden zu Lohnarbeitern in heimgewerblicher Verhüllung: eine weitere Trägergruppe der entstehenden Arbeiterbewegung, vor allem im dritten Viertel des 19. Jahrhunderts. Am deutlichsten prägte sich das Klassenverhältnis in den zentralisierten Werkstätten, Betrieben und Unternehmen aus, in Industrie, Bergbau und Transportgewerbe, also in jenem gewerblichen Bereich, der in der zweiten Hälfte des Jahrhunderts schneller an Umfang und wirtschaftlichem Gewicht hinzugewann als alle anderen. Die *Fabrik* wurde zum »locus classicus« des Klassenverhältnisses, das sich hier vergleichsweise unverhüllt als spannungsreiche Beziehung zwischen bürgerlichen Unternehmern als Arbeitgebern und Lohnarbeitern herausbildete und als solche erfahren wurde. Der Anteil der Industriearbeiter in der expandierenden Arbeiterbewegung nahm zu, wobei diese aber in den größten und mächtigsten Unternehmen bis 1914 kaum Fuß fassen konnte.

Auch in anderen Bereichen gewannen klassenspezifische Verhältnisse, Spannungen, Erfahrungen und Konflikte an Gewicht, auch wenn sie dort nicht zum Wachstum der großen Protest- und Emanzipationsbewegung beitrugen, als die sich die Arbeiterbewegung im letzten Drittel des 19. und im frühen 20. Jahrhundert etablierte: so im Handel und in der *Landwirtschaft*. Dort manifestierte sich das Vordringen von Klassenstrukturen in der allmählichen Transformation der Grundherren in Rentenbezieher ohne soziale und politische Privilegien, der ehemals mit feudalen Mitteln herrschenden Gutsherren in kapitalistische Agrarunternehmer wie in der allmählichen Umwandlung des landwirtschaftlichen Gesindes und der vielfach gebundenen landwirtschaftlichen Arbeitskräfte in landwirtschaftliche Lohnarbeiter. Die »Klassenlinie« – die Differenz zwischen selbständig und abhängig Arbeitenden – gewann auch auf dem Lande an sozial strukturierender Kraft. Doch blieb dieser Trend hier sehr unvollkommen, dank langlebiger ständisch-feudaler Überhänge an der Spitze wie an der Basis der sozialen Pyramide, weil landwirtschaftliche Lohnarbeit nur selten in ganz reiner Form auftrat und weil die bäuerliche Existenz auf dem Hof und im Dorf der klassengesellschaftlichen Polarisierung vielerlei Gegengewichte in den Weg stellte, die sich aus kommunalen Traditionen, Familien- und Verwandtschaftsbeziehungen, begrenzter Marktintegration und Eigenarten der landwirtschaftlichen Arbeitsweise ergaben.

Was die unterschiedlichen Arbeiterkategorien ein Stück weit teilten, waren Erfahrungen und Lebenschancen, die mit ihrer Klassenlage als Lohnarbeiter im sich durchsetzenden Kapitalismus des 19. Jahrhunderts zusammenhingen: unselbständige Arbeit, also die Abhängigkeit von und die konflikthaltigen Spannungen zu gewinnorientierten Arbeitgebern und weisungsbefugten Vorgesetzten unterschiedlicher Art; die Abhängigkeit vom für sie unbeeinflußbaren, oft schwankenden Verhalten kapitalistischer Märkte und damit verbundene Lebensunsicherheit; durchweg sehr bescheidene und im Lebensverlauf abnehmende Einkommen, meist nicht weit von der Armutsgrenze entfernt; die Prägung des Lebens durch Arbeit, und zwar durch zumeist harte Handarbeit; und auf dieser Basis, bei allen Unterschieden, gewisse Gemeinsamkeiten nicht nur der Lebenschancen, sondern auch der Lebensweise. Dazu kamen, gesamtgesellschaftlich bedingt, Erfahrungen der Geringschätzung durch Mittel- und Oberschichtangehörige und der Exklusion aus bürgerlichen Milieus in vielen Bereichen außerhalb der Arbeit: im Alltag, in der Schule, im kulturellen und oft auch im religiösen Leben, im Freizeitverhalten, im Vereinswesen und in der Politik[4].

Dies waren entscheidende Bedingungen für die Entstehung eines latenten Gemeinsamkeitsbewußtseins, einer geteilten Klassenidentität, die bei einer wachsenden Minderheit mithalf, sich – oft über Qualifikations-, Berufs- und Branchenunterschiede, manchmal sogar über die Geschlechterdifferenz hinweg – zu organisieren, und zwar nicht nur in Vereinen, Gewerkschaften und Genossenschaften, sondern auch in der trotz Ausgrenzung und Verfolgung bald schnell wachsenden, systemkritischen, sozialistischen SPD mit einer Vielzahl von Vorhof-Organisationen, die sich um Lebenshilfe, Geselligkeit, kulturelles Leben und gemeinsame Freizeit kümmerten und Arbeiterkultur als Arbeiterbewegungskultur gestalteten.

Die Arbeiter- und bald auch Arbeiterinnenbewegung, die nach einem ersten Anlauf im Vormärz und in der Revolution von 1848/49 seit den 1860er Jahren rasch wuchs und seit 1890 zur Massenbewegung wurde, war zwar nicht ausschließlich ein Ergebnis der wachsenden Klassenspannungen zwischen Arbeiterschaft einerseits, Bürgertum, bürgerlicher Gesellschaft und autoritärem Staat andererseits. Vielmehr setzte sie auch die herkömmliche Spannung zwischen Volks- und Elitenkultur mit neuer antikapitalistischer Stoßrichtung fort. Sie wäre ohne die zunehmend bürgerlich-liberal geprägte Öffentlichkeit jener Jahrzehnte nicht entstanden, so sehr sie sich programmatisch und praktisch – sehr früh im internationalen Vergleich – vom Parteiliberalismus trennte. Die Einführung des allgemeinen gleichen Reichstagswahlrechts für Männer durch Bismarck ermöglichte der SPD ihre Existenz und ihren Erfolg als selbstständige Partei, die vor 1914 über 1 Million Mitglieder anzog und im Reichstag von der dort stärksten Fraktion vertreten wurde. Sie hat auch nie ausschließlich Lohnarbeiter in ihren Reihen gehabt, sondern auch selbstständige Handwerker, Intellektuelle und Bürger. Sie kümmerte sich auch nicht nur um Arbeiterinteressen, sondern auch um generelle Belange des Gemeinwesens – im Kampf um Freiheitsrechte für die breite Bevölkerung, Demokratisierung und mehr soziale Gerechtigkeit. Doch vor allem war sie Arbeiterpartei, die in sozialistischer Perspektive und in marxistischer Sprache für die ökonomische Besserstellung, soziale Emanzipation und politische Mitsprache der Arbeiterschaft eintrat, teils mit revolutionärer Rhetorik, teils mit reformerischer Energie, zunehmend auch durch pragmatische Einflußnahme auf konkrete Politik. Sie radikalisierte sich in der Abwehr von Ausgrenzung und Repression, mit denen ihr die etablierten Mächte begegneten. Sie wurde zu einer massiven Herausforderung an das Bürgertum, die bürgerliche Gesellschaft und das Machtgefüge des Reiches. Nach den Erfahrungen von 1848/49 reagierten die Herrschenden mit ausgeprägter Furcht vor der »roten Gefahr« und meistens mit kompromißloser Intransigenz. Die Arbeiterbewegung war, in ihrer sozialistisch-sozialdemokratischen Hauptrichtung, die wichtigste Manifestation der Klassengegensätze, die in den letzten Jahrzehnten des langen 19. Jahrhunderts die deutsche Gesellschaft und Politik durchfurchten.[5]

Umgekehrt waren die Unternehmer- und Arbeitgeberverbände seit ihrer Entstehung im dritten Jahrhundertviertel zunächst nicht primär Klassenkampforganisationen. Sie vertraten zunächst Kapital- und Unternehmerinteressen gegenüber den Behörden und der Öffentlichkeit. Doch die Auseinandersetzung mit den Forderungen der Arbeiter, den in Wellen anbrandenden Streiks, den Gewerkschaften und der sozialdemokratischen Herausforderung gerieten immer mehr ins Zentrum ihrer Anstrengungen. Überhaupt rückte die defensive Absetzung gegenüber dem Proletariat und seiner als Bedrohung wahrgenommenen Bewegung im späten 19. und frühen 20. Jahrhundert ins Zentrum bürgerlicher Sorgen und Identität. Das wachsende Ausmaß der Ungleichheit wurde zunehmend als Problem empfunden, die Revolutionsfurcht grassierte im Bürgertum. So differenziert die soziale Wirklichkeit auch realiter war, das soziale Bewußtsein orientierte sich primär am Gegensatz zwischen Bürgertum und Proletariat. Von diesem Zwei-Klassen-Modell gingen selbst jene Zeitgenossen aus, die es modifizieren, lindern und überwinden wollten: sozialwissenschaftlich durch die Neuentdeckung der »Mitte« (des »alten und neuen Mittelstands«) und sozialpolitisch durch soziale Reform, durch Anerkennung und Organisation der Konflikte wie durch den beginnenden Ausbau des Sozialstaats.[6]

Zweifellos war die deutsche Gesellschaft vor Ausbruch des Ersten Weltkriegs in sehr viel höherem Maße eine Klassengesellschaft als am Anfang des 19. oder am Ende des 20. Jahrhunderts. Das 19. Jahrhundert war ein Jahrhundert der Klassenbildung. Die Durchsetzung von Kapitalismus und Industrialisierung standen dahinter. Erst im Laufe des 20. Jahrhunderts sollte diese Dynamik verebben und gegenläufigen Prozessen Raum geben, die vor allem seit Nationalsozialismus und Zweitem Weltkrieg auf eine Relativierung und Erosion der Klassenstrukturen hinwirkten.

b) Frauen und Männer

Neben der Klassendifferenz und quer zu ihr gab es andere Dimensionen sozialer Ungleichheit, an die sich ebenfalls Spannungen knüpften und die auch zu Konfliktfronten wurden: zwischen den Konfessionen, den Geschlechtern und Generationen, zwischen Stadt und Land, zwischen Mehrheiten und Minderheiten.[7] Über die Geschlechterdifferenz ist in den letzten Jahrzehnten am umfassendsten geforscht worden.[8]

Die Geschlechterdifferenz stellt ein zentrales Strukturierungsprinzip aller Gesellschaften dar, so variabel sie nach Form und Inhalt auch war und ist. Die Ungleichheit zwischen den Geschlechtern prägte bereits die gesellschaftliche Wirklichkeit der Frühneuzeit in Europa tief: als Differenz aufeinander verwiesener Rollen, als Erfahrungsunterschied, als Chancen- und Machtdifferenz mit männlichen Vorsprüngen und weiblicher Nachordnung, als Kooperations-, aber auch als Herrschaftsverhältnis mit männlicher Über- und weiblicher Unterordnung – bei ausgeprägten Unterschieden zwischen den Ständen, Schichten und Regionen wie überhaupt von Einzelfall zu Einzelfall. Das 19. Jahrhundert verschärfte die Geschlechterdifferenz, machte sie zum Problem und schuf die Voraussetzungen zu ihrer langfristigen Abmilderung.

Zum einen wirkte sich die sich mit der Industrialisierung, der Verstädterung und der Bürokratisierung auf breiter Front durchsetzende Trennung von Familie und Haushalt einerseits, von Erwerbsarbeit andererseits aus. Über die Jahrhunderte war die Familie bzw. das Haus zugleich auch Arbeitseinheit und Erwerbsort gewesen. Für bäuerliche und kleinbäuerliche Existenzen, für Heimarbeiter und viele Handwerker blieb das auch noch im 19. Jahrhundert so. Doch in den Städten, vor allem im Bürgertum, in der gewerblichen Arbeiterschaft, bei Beamten und Angestellten, fand die Erwerbsarbeit – zumindest ihr größter Teil – zunehmend außerhalb von Familie und Haushalt statt. Die Teilnahme von Frau und Mann an ein und demselben Arbeitsprozeß wurde seltener. Die geschlechtsbezogene Profilierung der auseinandertretenden Sphären wurde deutlicher. Die Zuständigkeiten der Frau für Familie und Haus, des Mannes für die außerhäusliche Erwerbsarbeit (zumindest für ihren größten Teil) prägten sich stärker aus. Männer- und Frauenräume entwickelten sich auseinander. Das galt, trotz vieler Ausnahmen und verschlungener Mischungsverhältnisse, in der Praxis von Leben und Arbeit, das zeigte sich auch in den zeitgenössischen Perzeptionen und Deutungen. Die an sich älteren »Geschlechtscharaktere« (Hausen), die stereotypen Merkmalszuschreibungen an Frau und Mann, die aufeinander bezogenen Bilder von der gefühlsbetonten, ausgleichenden, fürsorglichen Frau und dem harten, dynamischen, stolzen und rational agierenden Mann prägten die Vorstellungswelt zunehmend. Jetzt setzte sich auch – zunächst im Bürgertum, doch mit Tendenz zur Ausweitung – das Ideal der geschützten, von Erwerbsleben und Öffentlichkeit abgeschirmten Familie als eines wichtigen, abgegrenzten inneren Raums vollends durch. Die Aufwertung dieses Innenraums konnte durchaus auch Aufwertung der Frau bedeuten, die ihm vornehmlich angehörte und ihn vor allem bestimmte. Andererseits war klar, daß das Glück und der Rang dieses Innenraums sehr stark davon abhingen, welchen Platz der Mann als Außenvertreter im Erwerbsleben einnahm, und mit dieser wichtigen Quelle der Lebenschancen hatte die Frau nun direkt weniger zu tun als in vorindustrieller Zeit, indirekt allerdings sehr viel: hingen doch Plazierung, Erfolge und Mißerfolge im Berufsleben vielfältig von Bedingungen ab, die – wenig sichtbar und sehr im stillen – im Haus und in der Familie bereitgestellt wurden (oder auch nicht).

Allerdings bedeutete die tendenzielle Disjunktion von Familie/Haushalt und Erwerbsleben für Frauen und Männer der verschiedenen sozialen Klassen und Schichten sehr Unterschiedliches. Die verschärfte Rollentrennung wurde im Bürgertum nicht nur am frühesten entwickelt, sondern auch am konsequentesten durchgesetzt, wenngleich nicht ohne Ausnahmen, etwa in Form versteckter oder verschämter Beiträge der Frauen zum Familieneinkommen (beispielsweise durch Verkauf von Handarbeitsprodukten). Dagegen führte die Disjunktion der Sphären in der gewerblichen Arbeiterschaft in aller Regel zwar zur stärkeren Distanzierung des Mannes von Familie und Hausarbeit, nicht aber zur Freistellung der Frau von ergänzender Erwerbsarbeit, auf die das Familieneinkommen meist nicht verzichten konnte. Die ergänzende Erwerbsarbeit der Frauen geschah oft im Haus oder in Nähe zu ihm (beispielsweise durch Nähen, Waschen, Putzdienste, einen kleinen Handel), wenn nicht – vor allem im Falle unverheirateter Frauen und Witwen – in Form ganztägiger Arbeit in Fabriken, Werkstätten und Läden. Die Arrangements waren vielfältig, die Implikationen können hier nicht ausgeleuchtet werden, doch insgesamt gilt, daß es mit Industrialisierung und Verstädterung zur schärferen Trennung der gleichwohl weiter aufeinander verwiesenen Männer- und Frauenrollen kam. Dies prägte das 19. Jahrhundert.[9]

Zum anderen gewann die Geschlechterdifferenz auch in politischer und staatsbürgerlicher Hinsicht im Lauf des 19. Jahrhunderts an Schärfe. Rechtlich und politisch nahm die Ungleichheit zu. Frauen waren oder wurden von den politischen Rechten weitgehend ausgeschlossen, die die Männer im 19. Jahrhundert für sich durchsetzten und ausbauten. Man bedenke, daß es zu einer tiefgreifenden Umstellung des Repräsentationssystems kam. Während im 18. Jahrhundert die Vertretungsorgane in Gemeinde, Land und Reich, im Gewerbe und in anderen Lebensbereichen ständisch strukturiert waren und die bewußt ungleiche Repräsentation nicht von Individuen, sondern von Körperschaften, Familien, »Häusern«, Territorien und daran hängenden Berechtigungen vorsahen, setzte sich im nachständisch-bürgerlichen 19. Jahrhundert das moderne Prinzip schrittweise durch, daß Individuen zu vertreten seien, die ihr Recht zur Teilhabe in individuellen Wahlakten realisierten. In einem auf individuelle Repräsentation zielenden System hatte die Nichtteilnahme der Frauen eine ganz andere, nachhaltiger diskriminierende Bedeutung als in einem System, das Familien, Häuser und Korporationen über ihre jeweiligen Sprecher oder Oberhäupter einbezog, obwohl diese auch in aller Regel Männer gewesen waren. Je mehr Männer über allmähliche Wahlrechtsausweitung bis hin zum allgemeinen gleichen Männerwahlrecht im Reich, aber auch durch ihr zunehmendes Engagement in politischen Vereinen, die bis 1908 für Frauen verschlossen waren, und überhaupt durch Teilnahme am öffentlichen Leben und an den neu entstehenden Formen von Massenpolitik schrittweise (wenngleich weiterhin begrenzt) zu Staatsbürgern wurden, desto größer wurde die Differenz zwischen ihnen und den Frauen; Frauen vollzogen diese Bewegung nicht mit, weil sie rechtlich daran gehindert wurden, weil sie faktisch und gewohnheitsmäßig aufs Haus orientiert waren (wo sie oft Voraussetzungen für das politische Engagement ihrer Männer und Söhne zu schaffen halfen), weil ihnen die nötige Selbständigkeit fehlte und weil mächtige Verkehrsanschauungen und kulturelle Normen dem öffentlichen, politischen, staatsbürgerlichen Engagement von Frauen entgegenstanden. Öffentlichkeit und Privatsphäre blieben eng aufeinander verwiesen und, wie gerade die geschlechtergeschichtlich orientierte Analyse gezeigt hat, vielfach verschränkt. Gleichwohl differenzierten sie sich im Laufe des 19. Jahrhunderts deutlicher aus als in vorangehenden Jahrhunderten, und diese Ausdifferenzierung hatte ihre geschlechtergeschichtliche Dimension. Auch insofern traten Männer- und Frauenräume deutlicher auseinander. Um noch ein Beispiel zu nennen: Unter den sozialen Protesten wurden diejenigen häufiger, die sich an Konflikten im Erwerbsleben entzündeten, vor allem Streiks, an denen Frauen meist weniger, oder nur indirekt, beteiligt waren. Subsistenz- und marktbezogene Proteste, an denen Frauen herkömmlich stark teilnahmen, traten dagegen in der zweiten Jahrhunderthälfte zurück, wenngleich sie nicht verschwanden und im Ersten Weltkrieg wieder zunahmen.[10]

Es sind viele andere Aspekte der Geschlechterdifferenz zu nennen, die alle Bereiche von Gesellschaft, Wirtschaft, Politik und Kultur durchzog. Nicht nur öffentlichrechtlich, auch privatrechtlich standen Frauen gegenüber Männern zurück, etwa im Hinblick auf ihre (begrenzte) vermögensrechtliche Gesellschaftsfähigkeit, ihre Zweitrangigkeit bei Entscheidungen über die Erziehung und Zukunft ihrer Kinder und im patriarchalisch verfestigten Eherecht. Diese Unterschiede waren im »Bürgerlichen Gesetz-Buch« von 1900 schärfer ausgeprägt als in den Rechtskodifikationen des späten 18. Jahrhunderts. Wenn Männer und Frauen am selben Arbeitsort auftraten (beispielsweise in der Fabrik), dann in der Regel hierarchisch gestuft: mit verschiedenwertigen Funktionen, unterschiedlicher Bezahlung und nicht selten in männlich-weiblichen Über-Unterordnungsverhältnissen. Der Ausbau des öffentlichen Schulwesens kam oberhalb der Volksschule bis in die 1870er Jahre ausschließlich jungen Männern zugute, höhere Mädchenbildung blieb rar und Privatschulen überlassen. Die Kriege zu Beginn des Jahrhunderts, die Einführung der allgemeinen Wehrpflicht und die zunehmende Militarisierung der deutschen Gesellschaft, besonders Preußens, seit der kriegerischen Reichsgründung akzentuierten und verfestigten die Geschlechterdifferenz erneut. Dem öffentlich hoch angesehenen Militärstand gehörten Männer, nicht aber Frauen an. Die militärische Einfärbung von Ehrvorstellungen, die Betonung von Männlichkeitsidealen im öffentlichen Leben und die zunehmende Kodierung von Staat, Macht und Nation – auch der Arbeiterbewegung – als »männlich« drängten die Frauen in der politischen Kultur an den Rand. In den Familien fanden sich die unterschiedlichsten Arrangements, mit großen Differenzen von Schicht zu Schicht wie von Fall zu Fall. Doch insgesamt besaßen die Männer einen rechtlich abgestützten, ökonomisch immer wieder bekräftigten und kulturell akzeptierten, ja geforderten Maßgeblichkeitsvorsprung, im Bürgertum klarer als in den unteren Schichten und in der Arbeiterschaft. Auch die Kirchen und kirchlichen Vorfeldorganisationen wie beispielsweise der Katholikentag waren stark männlich geprägt, an theologischen Argumenten zur Rechtfertigung der Ungleichheit zwischen den Geschlechtern mangelte es nicht. Alle Führungspositionen in Wirtschaft, Gesellschaft und Staat waren von Männern besetzt.[11]

Zur Erklärung reicht der Hinweis auf verfestigte Traditionen und tief eingeschliffene Muster des Denkens, Fühlens und Handelns in unserem Kulturkreis nicht aus; denn zu erklären ist eine Verschärfung, die Tendenz zur schärferen Durchzeichnung der Geschlechterdifferenz im Lauf des 19. Jahrhunderts. Sie hing *einerseits* mit grundsätzlichen gesellschaftlichen Veränderungen zusammen, die das 19. Jahrhundert kennzeichneten, insbesondere mit dem Trend zur Spezialisierung, zur Ausdifferenzierung von sozialen Rollen und zur schärferen Unterscheidung von Bereichen, die in vorangehenden Jahrhunderten stärker im Gemenge gelegen hatten. Es sei nur an die Ausdifferenzierung zwischen öffentlich und privat, zwischen Arbeit (als Erwerbsarbeit) und Haushalt, zwischen Gesellschaft und Staat, aber auch an die Zunahme spezialisierter Berufe oder an die sich herausbildende Unterscheidung zwischen wissenschaftlichem Wissen und anderen Wissenstypen erinnert: alles Indikatoren gesellschaftlicher Ausdifferenzierung, die neue Grenzen zog, neue Ungleichheit produzierte, neue Formen der Disziplinierung verlangte und vermutlich zugleich zu den Grundvoraussetzungen der wachsenden Leistungsfähigkeit von Wirtschaft und Gesellschaft gehörte. Die schärfere Durchzeichnung der Geschlechterdifferenz stand in diesem Zusammenhang.[12]

Andererseits ging der ausgeprägten Ungleichheit zwischen den Geschlechtern ein anspruchsvolles Projekt voraus: In der Aufklärung des 18. Jahrhunderts war der Entwurf einer künftigen Bürger- oder Zivilgesellschaft gedacht und propagiert worden, in der die freie Entfaltung und mündige Mitsprache aller Menschen möglich werden sollten, ungeachtet ihrer angeborenen Merkmale wie Stand, Nationalität und Geschlecht.[13] In der Französischen Revolution und den von ihr ausgehenden europaweiten Umwälzungen war ein Stück dieser Utopie in Realität umgesetzt und auch später nicht mehr ganz zurückgenommen worden.

Wie Reaktionen auf diese fundamentalen Herausforderungen erscheinen manche Schritte praktischer und theoretischer Frauendiskriminierung der Folgezeit. Aber jenes aufklärerische Projekt konnte nicht mehr ganz beiseite gerückt oder ignoriert werden. Es stellte die existierende und sich verschärfende Ungleichheit zwischen den Geschlechtern unter erheblichen Begründungszwang. Als Antwort darauf, so scheint es, kam es zu aufwendigen anthropologischen, später auch medizinischen und biologischen Diskursen, die die Geschlechterdifferenz als natürlich, das weibliche Geschlecht als naturnah und das allgemeine Menschsein als männlich beschrieben.Es kam zur bemühten und zunehmend starren Betonung, ja Neu-Konstruktion der Geschlechtsunterschiede in öffentlichen, wissenschaftlichen und kulturellen, auch literarischen Diskursen, deren Breitenwirkung und Praxisrelevanz nicht zu bezweifeln sind. Am Ende des 19. Jahrhunderts waren Männlichkeits- und Weiblichkeitsbilder klarer unterschieden, stabiler gefügt und expliziter auf Ungleichheit hin orientiert als hundert Jahren zuvor: Geschlecht als soziales Konstrukt.[14]

Doch es gab eine zweite, gegenläufige Antwort auf die Nachwirkung der Aufklärung, nämlich das Beispiel der Amerikanischen und Französischen Revolution und das Versprechen der Bürgergesellschaft (Zivilgesellschaft), das, richtig verstanden, die vollen Partizipationschancen nicht nur der *citoyens*, sondern auch der *citoyennes* vorsah. Diese Antwort bestand aus Kritik an den bestehenden Verhältnissen, aus Protest gegen sie und aus der Forderung nach grundsätzlicher Verbesserung. Diese Konsequenz zog die in Deutschland seit 1848, erst recht seit den 1860er Jahren entstehende Frauenbewegung, zunächst und vor allem ein bürgerliches Phänomen, das sich der Mechanismen der bürgerlichen Öffentlichkeit bediente und langfristig an Stärke gewann. Teils aufgrund ihrer Anstrengungen, teils in der Folge sich verändernder Anforderungen des Arbeitsmarkts, teils in der Konsequenz verbesserter Bildung, in Übereinstimmung mit sich ändernden Bedürfnissen und Möglichkeiten des städtischen Lebens sowie als Ergebnis sich wandelnder Anschauungen in der Öffentlichkeit überhaupt machte die Besserstellung der Frauen im Kaiserreich gewisse Fortschritte. Die Abmilderung der Geschlechterdifferenz begann. Anzeichen waren: die Ausdehnung höherer Schulbildung für Mädchen und ihre Bereitstellung durch öffentliche Träger seit den 1870er Jahren; die mühsame Erringung des Hochschulzugangs für Frauen seit den 1890er Jahren, die Erschließung neuer Berufsmöglichkeiten für Frauen oberhalb der einfachen Lohnarbeit, des Gesindediensts und der Landarbeit, vor allem in den Erziehungs-, Wohlfahrts- und sonstigen Dienstleistungsbereichen. Die rechtliche und staatsbürgerliche Gleichstellung der Frauen machte allerdings bis zum Ersten Weltkrieg nur wenig Fortschritte. Überhaupt waren dies nur – wichtige – Anfänge. Erst im 20. Jahrhundert sind die Geschlechterverhältnisse revolutioniert und die Geschlechterdifferenzen in politischer, kultureller, sozialer und auch ökonomischer Hinsicht stark reduziert worden.[15]

Die Frauenbewegung blieb im 19. Jahrhundert an Gewicht und Durchschlagskraft weit hinter der Arbeiterbewegung zurück. Im Bewußtsein der Zeitgenossen hatte die tiefreichende Ungleichheit zwischen den Geschlechtern nicht die verbitternde, provozierende und mobilisierende Wirkung wie die Klassendifferenz, aus welchen Gründen auch immer. Doch Klasse und Geschlecht waren Dimensionen sozialer Ungleichheit, die sich gegenseitig beeinflußten. Klassenidentitäten wurden von Männern und Frauen unterschiedlich erlebt. Ausprägung und Bedeutung der Geschlechterdifferenz variierten mit Klassen- und Schichtzugehörigkeit.[16] Wie eng beide Dimensionen verknüpft sein konnten, zeigt sich an der Geschichte des Bürgertums.

c) Bürgertum und bürgerliche Kultur

Das Bürgertum des 19. Jahrhunderts war einerseits in die Prozesse der Klassenbildung voll involviert, wie oben geschildert. Andererseits ging es in ihnen nicht auf. Vielmehr stellte es eines der wichtigsten Phänomene dar, durch die sich die Gesellschaft des 19. Jahrhunderts vom Idealtypus einer voll durchgeformten Klassengesellschaft unterschied. Seit Anfang der 1980er Jahre ist das Bürgertum ein bevorzugter Gegenstand der deutschen Sozial- und Kulturgeschichte. Die Resultate dieser Forschung haben das vorherrschende Bild vom 19. Jahrhundert und auch von der Gesellschaft des Kaiserreichs verändert. Klassengesellschaftliche Interpretationen wurden nicht obsolet, aber modifiziert. Gleichzeitig ist das Bild des Bürgertums durch geschlechtergeschichtliche Ansätze nicht nur verfeinert, sondern auch verändert worden.[17]

Zentral ist die kategoriale Grundentscheidung. In Anlehnung an zeitgenössische Sprechweisen und im Einklang mit einigen begrifflichen Vorschlägen Max Webers zählen die meisten Historiker zum Bürgertum des 19. Jahrhunderts einerseits Kaufleute, Fabrikanten und Bankiers,

		1846/49	1871
I.	**Ober- und Mittelschicht**		
	1. Großgrundbesitzer, Vollbauern und Kleinbauern mit mind. 5 Morgen	13	9
	2. Bildungsbürger, Beamte, Offiziere, Angestellte	3	4
	3. Wirtschaftsbürgertum einschl. gewerblicher Mittelstand	11	11
	4. Rentner, Pensionäre	< 1	3
	Summe 1–4	28	27
II.	**Unterschicht**		
	5. Gesinde (vor allem landwirtschaftlich)	18	15
	6. Handarbeiter in der Landwirtschaft und ohne direkte Zuordnung	22	27
	7. Vornehmlich gewerbliche Arbeiter, davon	20	24
	Handwerksgesellen	6	6
	Heimarbeiter	6	3
	Manufaktur-, Fabrik- und Bergarbeiter	5	12
	Sonstige (auch Transport, Verkehr, Verwaltungen)	3	3
	8. Soldaten	2	2
	9. Bettler, Landstreicher, Arme und andere	11	6
	Summe 5–9	72	74
Erwerbstätige (in Mio)		7,0	10,6
Gesamtbevölkerung (in Mio)		16,2	24,6

Tab. 11: Schichtung der erwerbstätigen Bevölkerung in Preußen, 1846/49 und 1871 (in Prozent)

(Quelle: KOCKA, Arbeitsverhältnisse (wie 10a), 86f. – Eine entsprechende Tabelle für Erwerbstätige und Angehörige zusammen ergäbe etwas höhere Prozentsätze für die Ober- und Mittelschichten, weil deren durchschnittliche Familiengröße die der Unterschichten deutlich übertraf.)

die Kapitalbesitzer, Unternehmer und Leitenden Angestellten mit ihren Angehörigen, also das Wirtschafts- oder Besitzbürgertum bzw. die Bourgeoisie im engeren Sinn. Ebenfalls zum Bürgertum zählt man Pfarrer, Ärzte, Rechtsanwälte und die Angehörigen anderer »Freier Berufe«, die Gymnasiallehrer und Professoren, die Richter und höheren Verwaltungsbeamten, dann auch Wissenschaftler, Diplomingenieure, qualifizierte Experten und Administratoren – alles Personen, die höhere, meist akademische Bildung besaßen und sie beruflich verwerteten. Sie werden häufig, mit ihren Angehörigen, als »Bildungsbürgertum« zusammengefaßt, wobei man diesen erst im 20. Jahrhundert entstandenen Kunstbegriff ohne den ironisch-pejorativen Beiklang benutzt, der ihm häufig eigen war. Wirtschafts- und Bildungsbürger stellen die beiden Fraktionen des Bürgertums. Nicht zum Bürgertum rechnen Adel, Bauern, Arbeiter und die Unterschichten überhaupt. Wie weit die große Zahl der kleinen Selbständigen in Handel und Gewerbe, die Handwerker, Kleinhändler und Gastwirte einerseits, die mittleren und kleineren Angestellten und Beamten andererseits zum Bürgertum zu rechnen sind, ist nicht einfach zu beantworten. Jedenfalls etikettierte man sie gegen Ende des 19. Jahrhunderts gern als »kleinbürgerlich« (oder »Mittelstand«) und deutete damit an, daß sie wohl in gewisser Weise, aber doch nicht im Vollsinn des Wortes zum Bürgertum gehörten. Ein Jahrhundert zuvor gehörten die städtischen Handwerker und Detaillisten dagegen ohne Zweifel zum städtischen Bürgerstand, aber in dem Maße, wie im Laufe des 19. Jahrhunderts Besitz- und Bildungsbürger aufstiegen und die Bedeutung des Bürgerbegriffs prägten, rückten jene kleineren Existenzen an den Rand des Bedeutungsfeldes von »Bürgertum«. Die Angestellten waren als Massenphänomen ein Produkt des späten 19. Jahrhunderts, Arbeitnehmer wie die Arbeiter auch, aber durchweg bemüht, nicht zu diesen zu rechnen, und als »neuer Mittelstand« eher nach Selbstverständnis, Ansehen, Einstellungen und Lebensstil auf der Seite des Bürgertums.[18]

Das Bürgertum stellte im 19. Jahrhundert eine kleine Minderheit dar. Zusammen mit seinen Angehörigen umfaßte es Mitte des 19. Jahrhunderts knapp 5 Prozent der Bevölkerung, Ende des 19. Jahrhunderts etwa 7 Prozent, wenn man es im oben definierten Sinn versteht und auf die Schichten von Besitz und Bildung beschränkt. Es umfaßt 15 bis 20 Prozent, wenn man die kleinen selbständigen und angestellten Existenzen hinzurechnet, was aber zumindest für das späte 19. Jahrhundert als problematisch erscheint (vgl. Tab. 11).

Einerseits war das Bürgertum in die Bewegung »vom Stand zur Klasse« tief verwoben. Mit der Erosion der Stände zerbröckelten die rechtlichen Differenzen, die jahrhundertelang die Stadt vom Land abgegrenzt, in den Städten Bürger von sonstigen Einwohnern unterschieden und das Bürgertum als städtischen Stand mit rechtlichen Privilegien definiert hatten. Die Erosion des ständischen Kerns des Bürgertums ab dem letzten Jahrzehnt des 18. Jahrhunderts über den Schub der Reformen zu Beginn des 19. Jahrhunderts bis in die 1860er Jahre (dies vor allem noch im diesbezüglich besonders langsamen Süddeutschland) war die Folge. Das Stadtbürgertum verlor sein scharfes Profil, es löste sich in rechtlicher Hinsicht auf, doch erhielt es sich in vielen Städten noch lange als sozialer Zusammenhang mit hoher Binnenkommunikation, distinktem Selbstbewußtsein und spezifischem Ansehen, wenn auch sein Zusammenhalt allmählich bröckelte und schließlich der sozialökonomischen Ausdifferenzierung zwischen Bürger- und Kleinbürgertum zum Opfer fiel. – Innerhalb des Bürgertums im engeren Sinn erlebte die wirtschaftsbürgerliche Fraktion im Jahrhundert der Gewerbereform, der sich durchsetzenden Marktwirtschaft und der siegreichen Industrialisierung tiefe Veränderungen und einen rasanten Aufstieg: Ausweitung, Reichtum, Zugewinn an Ansehen, Einfluß und Macht. Dieser Teil des Bürgertums wurde von der konservativen wie von der sozialistischen Sozialkritik als »Bourgeoisie« aufs Korn genommen. Er war klassenmäßig klar verortet: als Widerpart der Arbeiterschaft, in zunehmendem Gegensatz zu dieser, immer härter von dieser abgegrenzt und durch diesen Widerspruch geprägt. – Innerhalb der sich ausdifferenzierenden bildungsbürgerlichen Fraktion des Bürgertums im engeren Sinn nahm ebenfalls die Marktabhängigkeit zu; der freiberufliche Teil expandierte schneller als der beamtete, die angestellten Funktionäre und Experten kamen hinzu. Die Zergliederung des Bildungsbürgertums in unterschiedliche Marktklassen trat immer schärfer hervor. Es umfaßte Selbständige, Beamte und Angestellte und überdies ganz unterschiedliche Kompetenzen mit Bezug auf unterschiedliche Märkte. – Der Vormarsch klassenspezifischer Gliederungskriterien schlug sich schließlich in der erwähnten Ausdifferenzierung zwischen Besitz und Bildung einerseits (also dem Bürgertum im engeren Sinn) und den kleinbürgerlichen Existenzen andererseits nieder, eine Ausdifferenzierung, die zu Beginn des 19. Jahrhunderts nur im Ansatz bestand, sich aber zu Beginn des 20. Jahrhunderts in unterschiedlichen Lebensstilen, Kommunikationskreisen, Interessen und Organisationen manifestierte (obwohl Brücken zwischen bürgerlichen und kleinbürgerlichen Milieus erhalten blieben, die beispielsweise in intergenerationellen Aufstiegen und Abstiegen beschritten wurden).

Andererseits widersetzte sich das Bürgertum (auch nach der Auflösung des Stadtbürgerstandes) seiner vollen Einordnung in klassengesellschaftliche Schemata. Es stellte einen sozialen Zusammenhang dar, der unterschiedliche Marktklassen umfaßte und auch noch im späten 19. Jahrhundert quasi ständisch fundiert war: über Lebensführung und Kultur (nicht aber über spezifische Rechtsstellung, und insofern war das Bürgertum kein Stand im Vollsinn des Wortes). Denn zum einen konstituierte sich das Bürgertum als sozialer Zusammenhang durch gemeinsame Frontstellungen, durch Abgrenzung vom Adel in der einen Richtung und in der anderen Richtung von der nichtbürgerlichen Unterschicht einschließlich der Arbeiterschaft, zunehmend aber auch von den kleinbürgerlichen Schichten, also vom »Volk« insgesamt. Zum andern war es die gemeinsame Kultur, durch die sich das Bürgertum als zusammengehörig konstituierte und von anderen abgrenzte. Wie es der liberal-konservative Johann Caspar Bluntschli, ein Schweizer Rechtswissenschaftler und badischer Politiker, um 1860 umschrieb: Im Geiste der Wissenschaft und des klassischen Altertums seien die Bürger erzogen, oder doch durch die Teilnahme an den geselligen Kreisen der städtischen Kultur und den Genüssen der gebildeten Welt. Das begründe ähnliche »sociale Bildung« und ähnliche Bedürfnisse. »Sie verstehen sich wechselseitig leicht, finden sich gesellschaftlich bequem zusammen, zeigen gemeinsame Charakterzüge, haben gemeinsame Grundanschauungen, sie haben auch gemeinsame Interessen der Kultur und der Politik.«[19] Bürgerliche Kultur, so kann man anschließen, hielt das Bürgertum zusammen und begründete seinen Ort in Gesellschaft und Politik. Sie war städtisch, kommunikativ und schriftlich, in ihr spielten Selbständigkeit und Respekt für Leistung, Bildung und methodische Lebensführung eine maßgebliche Rolle.

Ein spezifisches Familienideal gehörte dazu: ein auch durch emotionale Bindungen gefüllter Raum des Privaten in Absetzung von Wirtschaft, Erwerbsarbeit und Öffentlichkeit, in dem die Sorge für den Nachwuchs hohe Priorität genoß und die Geschlechterrollen strikt definiert waren, auch durch Überordnung des Mannes und Unterordnung der Frau. Die bürgerliche Kultur des 19. Jahrhunderts spitzte die

Ungleichheit zwischen den Geschlechtern zu. Aufgrund ihres zentralen Platzes im Innenraum der Familie, ihrer Verantwortung für die Weitergabe des »kulturellen Kapitals« (Bourdieu) an die nächste Generation und ihrer Funktionen bei der Pflege der Geselligkeit besaß die Frau eine Schlüsselrolle für die Konstituierung des Bürgertums. Andererseits blieb der bürgerlichen Frau die aktive, offene Teilhabe am Erwerbsleben und an den öffentlichen Dingen meistens verwehrt, die zur bürgerlichen Existenz doch ebenfalls wesentlich hinzugehörten: ein merkwürdiges Phänomen beschnittener Bürgerlichkeit im Zentrum des Bürgertums. Männer- und Frauenräume waren jedenfalls im Bürgertum des 19. Jahrhunderts strikter getrennt als im bäuerlichen Leben oder in großen Teilen der Unterschichten und der Arbeiterschaft. »Soziabilität« besaß im Bürgertum trotz aller Individualisierungstendenzen ein großes Gewicht, der Verein war ein Kernstück bürgerlicher Kultur: als Ort der Geselligkeit und als Mittel zur selbständigen Erledigung gemeinsamer Aufgaben ohne Abhängigkeit von der Obrigkeit. Zur bürgerlichen Lebensführung gehörten Sauberkeit und spezifische Kleidung, wohl definierte Tischsitten und andere Konventionen, auch der Sinn für symbolische Formen und für die ästhetische Aneignung von Kunst. Um sich zu entfalten, brauchten bürgerliche Kultur und Lebensführung hinreichend Raum und Zeit, differenzierten Wohnraum und Muße, in der Regel auch Zuarbeit durch »dienstbare Geister«. Um an ihr teilnehmen zu können, benötigte man einigermaßen gesichertes Einkommen oberhalb des Existenzminimums.[20]

Der durch Absetzung von gemeinsamen sozialen Gegnern einerseits, in gemeinsamer Kultur und Lebensführung andererseits begründete Zusammenhalt des im übrigen sehr heterogenen Bürgertums war ungesichert, prekär und nicht sehr belastbar, je später, desto weniger. Doch war er eine Realität, die sich in bürgerlichen Kommunikations-, Geselligkeits-, Heirats- und Mobilitätskreisen, bürgerlichen Vereinen und Assoziationen, in der städtischen Selbstverwaltung und -politik, in der bürgerlichen Zusammensetzung und Prägung des höheren Bildungswesens, in der Produktion und Rezeption der Hochkultur wie in Struktur und Inhalten der Öffentlichkeit manifestierte, bis hinein in die große Politik.

d) Verbürgerlichung und ihre Grenzen: der Adel, das Land, die Kirchen, das Volk

Es ist zutreffend, vom Aufstieg des Bürgertums im 19. Jahrhundert zu sprechen. Mit dem säkularen Bedeutungszuwachs der Wirtschaft auf der Grundlage des sich durchsetzenden Kapitalismus und der siegreichen Industrialisierung, mit der ebenso wichtigen Bedeutungszunahme des systematischen Wissens im Rahmen des expandierenden Schulwesens und im Verein mit dem Fortschritt der Wissenschaften, schließlich mit der Ausdehnung und dem Bodengewinn der Städte und des städtischen Lebens gewannen jene Ressourcen geradezu stürmisch an Bedeutung und Macht dazu, die das Bürgertum definierten: Bildung, Besitz und eine spezifische städtische Kultur.

Umgekehrt läßt sich argumentieren und zeigen, daß es vor allem Angehörige des Bürgertums waren, die jene säkularen Prozesse trugen. Personen bürgerlicher und kleinbürgerlicher Herkunft dominierten unter den Erfindern und Gründern, den Organisatoren und Leitern der Unternehmen, den Investoren und Koordinatoren der kapitalistischen Wirtschaft, die mit der Industrialisierung zur vermutlich stärksten Potenz des 19. Jahrhunderts wurde. Es waren bürgerlicher Geist und bürgerliches Personal, die den grandiosen Aufstieg der Wissenschaften zu Wege brachten. Diese revolutionierten die Technik, Produktion und am Ende auch die Organisation der Großwirtschaft; sie begannen, den Alltag der Menschen zu verändern, man denke an Verkehr, Nachrichten, Nahrungsmittel und Unterhaltungsindustrie. Über Bildung und Publizistik drangen die Wissenschaften überdies in die soziale und kulturelle Lebenswelt ein, veränderten sie und halfen mit, traditionelle Deutungsmuster zu delegitimieren, neue Weltdeutungen hervorzubringen und die Fortschrittserwartungen der Menschen nicht nur zu steigern, sondern auch zu beglaubigen. In den Universitäten und Hochschulen, Akademien und Archiven, in den neu entstehenden natur- und technikwissenschaftlichen Forschungsinstituten und Industrielabors wurde Wissenschaft zum spezialisierten Beruf. Sie gründete auf einem neuen Begriff des Wissens, für den systematischer Erfahrungsbezug, spezifische Verfahren (Methoden) und die Kritik der Fachgenossen zentral waren. Im übrigen nahm die Spezialisierung der Wissenschaften zu, und der Gegensatz zwischen den älteren Geistes- und den rasant aufsteigenden Naturwissenschaften – man hat von zwei Wissenschaftskulturen gesprochen – grub sich tief in das Selbstverständnis der Wissenschaftler und das Bewußtsein der Zeit ein. Gegen Ende des 19. Jahrhunderts waren die Wissenschaften zur Großmacht geworden: mit eigenen Gesetzen und viel Autonomie; vom Staat gefördert und benutzt, aber nicht gegängelt; mit revolutionären Wirkungen im Innern und großer Ausstrahlungskraft nach draußen; letztlich ein Produkt bürgerlicher Kultur und Lebensführung, bürgerlicher Ambitionen und Kraft.[21] Mit den nötigen Modifikationen ließe sich ähnliches über das expansive Bildungs- und Schulsystem sagen, über die Medien und die Dynamik der Öffentlichkeit wie über die Produktion und Rezeption der »Hochkultur« – Literatur, Bildende Kunst, Musik, bis hin zur künstlerischen Avantgarde des Wilhelminischen Reichs und ihrem spektakulären Aufbruch in die kulturelle Moderne.[22]

Zentrale Elemente der bürgerlichen Kultur entwickelten Einfluß weit über das Bürgertum hinaus in andere soziale Schichten hinein, die diese Elemente allerdings selektiv rezipierten und in der Rezeption abwandelten. Man denke an das bürgerliche Bildungsideal, den bürgerlichen Berufs- und Karrierebegriff, an ursprünglich bürgerliche, später verallgemeinerte Geselligkeitsformen wie den Verein, an bürgerliche Persönlichkeitsvorstellungen und Normen, bürgerlichen Geschmack und bürgerliche Reinlichkeit. Man denke auch an das Idealbild der bürgerlichen Familie, das in die adlige Welt Eingang fand und dem man in der Arbeiterschaft nachstrebte. Durch Schulen, Unternehmen, Medien und Bürokratie vermittelt, entwickelten bürgerliche Wirklichkeitsvorstellungen und Normen, die sich im Lauf des Jahrhunderts veränderten, erhebliche Ausstrahlungskraft und Maßgeblichkeit. Über die gemeindliche Selbstverwaltung in den wachsenden Städten, über das primär bürgerlich rekrutierte und bürgerlich geprägte Beamtentum in den an Ausdehnung und Gewicht gewinnenden Bürokratien und über die sich entfaltende und umstrukturierende Öffentlichkeit der Zeitungen und Literatur, der Bibliotheken, Museen und Theater wirkte das Bürgertum auf Kultur, Gesellschaft und Politik in Deutschland ein und nahm so teil an der Macht. Sowohl der Liberalismus wie die nationalen Bewegungen des 19. Jahrhunderts wurden zunächst primär von bürgerlichen Schichten getragen, bis sie auch in anderen Teilen der Bevölkerung Fuß faßten und später sogar – im Fall des Liberalismus im späten 19. Jahrhundert – ihre starke Verankerung im Bürgertum teilweise verloren.

Man begreift die selektive Ausstrahlungskraft der bürgerlichen Kultur nur dann, wenn man bedenkt, daß ihr aufgrund ihrer aufklärerischen

Wurzeln ein auf soziale Entgrenzung und Verallgemeinerung drängendes Element innewohnte, das adliger, stadtbürgerlicher oder bäuerlicher Kultur fremd war. Zur Verpflichtung auf bürgerliche Normen wie Leistungsgerechtigkeit, methodische Lebensführung und regelmäßige Arbeit gehörte der Wunsch nach ihrer universellen Verbreitung. Sollte etwas wahr, gut und schön sein, so im Prinzip für alle. Zur Idee der aufklärerisch-neuhumanistischen Bildung gehörte ihr Anspruch, Menschenbildung zu sein. Damit drängte bürgerliche Kultur, so sehr sie andererseits der Abgrenzung diente, über das Bürgertum hinaus. Je kräftiger sie war, je attraktiver oder hegemonialer sie wurde, desto mehr entzog sie sich einer genauen sozialen Zurechnung, desto mehr prägte sie die Gesellschaft als Ganze. Darin bestand deren partielle »Verbürgerlichung«. Sie ergab sich einerseits aus der Anziehungskraft bürgerlicher Kultur, andererseits aus dem nachhaltigen Druck, mit dem sie auch gegen Widerstände verbreitet wurde. Allerdings stieß die Verbürgerlichung der deutschen Gesellschaft im 19. Jahrhundert auf systematische Grenzen. Vier davon seien hervorgehoben.

Adel: In Deutschland verstand es der Adel, sich nach den tiefen Erschütterungen zu Beginn des Jahrhunderts erneut zu konsolidieren, in bezug auf seinen inneren Zusammenhalt, wirtschaftlichen und sozialen Einfluß, seine politische Macht und kulturelle Eigenständigkeit. Gegen die ältere These von einer angeblich besonders ausgeprägten »Aristokratisierung« oder »Feudalisierung« des deutschen Großbürgertums im späten 19. Jahrhundert hat die jüngere Forschung gezeigt, daß in Deutschland weniger Verflechtung zwischen Teilen des Adels und Teilen des Bürgertums stattfand als beispielsweise in England und Frankreich. Das hieß vor allem, daß der Verbürgerlichung des Adels in Deutschland – bei aller regionalen Vielfalt – engere Grenzen gezogen waren als anderswo. Adlige Machtpositionen am Hof, in der Armee, auf den höchsten Regierungsrängen, in der Diplomatie und in der ländlichen Selbstverwaltung blieben unerschüttert. Der vorherrschende Spätabsolutismus der ersten Jahrhunderthälfte und das System der »konstitutionellen Monarchie« in der zweiten beschränkten den bürgerlichen Einfluß auf die Macht im Staat. Zur einzigen »herrschenden Klasse« wurde das Bürgertum auch im 19. Jahrhundert kaum irgendwo, jedenfalls nicht in Deutschland.[23]

Land – Stadt: Der rechtliche, kulturelle und soziale Land-Stadt-Unterschied blieb in Deutschland trotz aller nachständischen Ausgleichstendenzen noch relativ scharf ausgeprägt. Er stellte eine wirksame Barriere gegen die (gleichwohl nicht ganz fehlende) Verbürgerlichung des ländlichen Lebens dar. Die ländliche »Volkskultur« war in sich hoch differenziert und veränderlich. Der Aufstieg der Städte ließ sie nicht unbeeindruckt. Aber ihre Distanz zur bürgerlichen Welt war ausgeprägt und blieb weitgehend erhalten. Die katholische Kirche mit ihren vielen un- und antibürgerlichen Zügen behielt hier ein Stück Bodenhaftung, was den eher bürgernahen protestantischen Kirchen nur ausnahmsweise gelang.[24]

Kirchen: Die neuere Forschung hat gegen ältere Sichtweisen herausgearbeitet, daß das 19. Jahrhundert nicht als eine Epoche linear fortschreitender Säkularisierung gesehen werden darf. Zwischen dem durch Aufklärung geprägten 18. und dem durch Entkirchlichung wie Dechristianisierung gekennzeichneten 20. Jahrhundert sei das 19. Jahrhundert eine Epoche gewesen, in der die Erneuerung der religiösen Kultur in beiden christlichen Kirchen eindrucksvoll, obwohl nur vorübergehend gelang. Es gab offenbar beides: einerseits Entkirchlichung und Dechristianisierung vor allem in der zweiten Jahrhunderthälfte, sehr viel mehr in den größeren Städten als im kleinstädtisch-ländlichen Bereich, viel stärker in der protestantischen Mehrheit als in der katholischen Minderheit, sehr viel mehr in der Arbeiterschaft und bei den Bildungsbürgern als im Mittelstand und bei den Bauern. Auch in der jüdischen Minderheit waren religiöse Bindung und Synagogenbesuch insgesamt rückläufig. Andererseits rafften sich die Kirchen nach tiefgreifenden Herausforderungen zu inneren Reformen auf. Die Theologen trugen zur Selbstbehauptung ihrer Kirchen bei, entweder durch entschiedene bis dogmatische Selbstbekräftigung (so im »ultramontanen« Katholizismus seit dem dritten Jahrhundertviertel) oder durch produktive Auseinandersetzung mit der Moderne (so im theologisch pluralistischen Protestantismus). In beiden christlichen Konfessionen, vor allem aber im Katholizismus, gelang der Aufbau eines sehr vielfältigen und kraftvollen Vereinswesens mit sozialen und anderen weltlichen Zwecken, das auf katholischer Seite in die politische Parteibildung mündete – das Zentrum stellte bekanntlich die erste große Volkspartei dar, wenn auch mit konfessioneller Beschränkung. Neue Formen der Frömmigkeit wurden entwickelt: von den pietistischen Erweckungsbewegungen des Vormärz bis zum neu verstärkten Marienkult, Heiligenkult und Prozessionswesen in der katholischen Volksfrömmigkeit des Kaiserreichs, die nicht selten von der kirchlichen Hierarchie geleitet, aber auch vielfach von Laienorganisationen getragen wurde.

Auch in den jüdischen Gemeinden fand sich seit dem späten 19. Jahrhundert neues Interesse an Kultus und Glauben, wohl auch als Teil einer partiellen Rückbesinnung auf jüdische Identität, dies aus vielen Gründen, aber auch als Folge der Zurückweisung durch die Mehrheitsgesellschaft.

Nun standen bürgerliche Kultur und kirchlich orientierte Religiosität auch in Deutschland nicht notwendig und immer im Gegensatz zueinander. Vor allem in den liberalen Teilen des Protestantismus bestand große Bereitschaft, sich theologisch für die intellektuellen Anregungen und Herausforderungen der Moderne zu öffnen, auch für gebildete Bürger akzeptable Formen der Frömmigkeit zu praktizieren und von Glaubenszumutungen abzusehen, die bürgerlichen Köpfen mit ihrer säkularen, teilweise wissenschaftlichen Bildung ein dauerhaft schwer erträgliches »sacrificium intellectus« abverlangt hätten. Auch wenn im späten 19. Jahrhundert gerade protestantische Bildungsbürger in großer Zahl ihre Kirchen verließen oder sich ihnen stillschweigend entfremdeten, ist daran zu erinnern, daß das protestantische Pfarrhaus vor allem in den kleineren Städten ein wichtiger Stützpunkt sich entfaltender Bürgerlichkeit war und blieb. Auch im Katholizismus gab es liberale, reformorientierte Strömungen, die auf Vereinbarkeit mit der neuen, aufsteigenden Bürgerwelt setzten, wenn sie auch theologisch und institutionell im dritten Jahrhundertviertel gegen den dogmatischen Ultramontanismus eindeutig den kürzeren zogen und nach der allseits verhärtenden, die katholischen Reihen schließenden Erfahrung des »Kulturkampfs« nur zögerlich wieder auftauchten. Auch Katholizismus und Bürgerlichkeit ließen sich vereinbaren, wenn auch nicht ohne Spannungen und gewundene Kompromisse, wie am Beispiel Kölns von Thomas Mergel eindrücklich gezeigt worden ist. Aber insgesamt tat sich das katholische Deutschland aus den verschiedensten Gründen schwer, sich mit der modernen Welt des Bürgertums und den Grundsätzen bürgerlicher Kultur anzufreunden. Im Wirtschafts- wie im Bildungsbürgertum gab es sehr viel weniger Katholiken, als es ihrem Bevölkerungsanteil (33 %) entsprochen hätte. Meist ländlicher oder kleinbürgerlicher Herkunft, ohne Familie und ohne allzuviel Vertrautheit mit wissenschaftlich fundierter Bildung stand der katholische Priester ganz am Rande des Bürgertums; um so leichter fand er den Zugang zu unterbürgerlichen Milieus und oft auch zur gewerblichen Arbeiterschaft in den Städten, das hatte der »rote Kaplan« seinem bürgerlichen Kollegen von der anderen Konfession dann voraus. Die in Abwehr der Moderne neu zugespitzten Dogmen – von der »unbefleckten Empfängnis Mariens« (1854) über den »Syllabus errorum« (1864) bis zur Unfehlbarkeit des Papstes in Fragen des Glaubens (1870) – waren mit bürgerlichen Überzeugungen nur schwer zu vereinbaren. Was an heiligen- und wundergläubiger Volksfrömmigkeit mit Billigung und Unterstützung der kirchlichen Hierarchie vor allem in ländlich-katholischen Landstrichen praktiziert wurde und im Laufe des Jahrhunderts an Verbreitung gewann, erschien aus städtisch-bürgerlicher Perspektive fremd und befremdlich, unbürgerlich und rückständig. An bürgerlichen Maßstäben gemessen, *war* das katholische Deutschland rückständig, nur ganz allmählich kam es aus diesem Rückstand heraus. Das ist ein großes Thema für sich. Hier kommt es vor allem auf einen Aspekt an: Im katholischen Deutschland, aber in geringerem Maße auch in den bodenständigeren Teilen des Protestantismus, blieben im ganzen 19. Jahrhundert kulturelle Traditionen mächtig, die das Leben, Denken und Fühlen vieler Menschen bis ins einzelne prägten, aber nicht oder kaum »verbürgerlicht« wurden, sich vielmehr bürgerlichen Einflüssen kraftvoll entzogen und sich in der Abwehr der bürgerlichen Moderne zeitweise verhärteten, jedenfalls aus anderen, älteren Wurzeln stammten als bürgerliche Kultur: eine Grenze der Verbürgerlichung des 19. Jahrhunderts, die gar nicht genug unterstrichen werden kann.[25]

Unterschichten und Arbeiterschaft: Sicherlich drangen gewisse bürgerliche Werte, Praktiken und Lebensformen in die bessergestellten Teile der sich als Klasse formierenden Arbeiterschaft ein. Sie wurden dabei verwandelt, angepaßt, neu kombiniert. Zwischen Bürgern und Arbeitern bestanden keinesfalls nur Spannungen und Konflikte, sondern auch Kooperation und Austausch: in der Schule, am Arbeitsplatz, in sozialen Einrichtungen und beim Kontakt mit der Obrigkeit, im Fall der Erkrankung beim Arzt, bei öffentlichen Gelegenheiten, nationalen Veranstaltungen und vermittelt durch die Medien, auch im Arbeiter- und Arbeiterbildungsverein mit seiner Minderheit bürgerlicher Mitglieder, die häufig einflußreich waren. Die deutsche Arbeiterbewegung reflektierte diesen Prozeß. Bei all ihrer Kritik an Bourgeoisie und »bürgerlicher Gesellschaft« verdankte sie ein Gutteil ihrer Kraft der Orientierung an bürgerlicher Disziplin und Methodik.[26]

Doch umgekehrt weisen die im internationalen Vergleich beeindrukkende Massivität der deutschen Arbeiterbewegung, ihre harte Kritik an Gesellschaft und Staat sowie, dahinterliegend, die besondere Schärfe der »Klassenlinie« im Kaiserreich darauf hin, daß die »Verbürgerlichung« der Arbeiter, die in solchen Kontakten möglich wurde, in Deutschland vergleichsweise begrenzt blieb. Die Kultur der sich herausbildenden Arbeiterklasse resultierte aus verschiedensten Wurzeln: aus aktuellen Arbeits- und Ungleichheitserfahrungen, aus herkömmlicher Volkskultur, aus Traditionen des Handwerks und des bäuerlichen Lebens. Sie entwickelte sich nicht ohne Beeinflussung durch die ausstrahlungskräftige bürgerliche Kultur und nicht ohne Anleihen bei dieser, aber doch klar getrennt von ihr, in Absetzung und Abschottung von der bürgerlichen Welt, oft mit antibürgerlicher Spitze.[27]

Daß die Ausstrahlung bürgerlicher Kultur in die Arbeiterschaft und in andere Unterschicht-Bereiche hinein im ganzen Jahrhundert sehr begrenzt blieb, sollte nicht verwundern. So unterschiedlich die Existenzbedingungen in den verschiedenen Bereichen der Unterschicht auch waren und so drastisch sie sich gerade für viele Arbeiter seit den 1870er Jahren verbesserten, unterbürgerlich blieben sie allemal. Es fehlte Arbeitern am regelmäßigen Einkommen deutlich oberhalb des Existenzminimums – noch 1913 lagen 72 Prozent der Arbeitnehmer unter der Grenze, an der die Besteuerung einsetzte – und damit an der Stetigkeit und Planbarkeit des Lebens, die zur Bürgerlichkeit gehörten. Die Mutter und Hausfrau nahm ebenso wie sehr früh die Kinder an der Erwerbsarbeit und an der Bestreitung des Familienunterhalts teil – mit sehr unbürgerlichen Auswirkungen auf das Familienleben. Es fehlte an der typisch bürgerlichen Distanz zur Arbeit mit den Händen, es fehlte an ausdifferenziertem Wohnraum und Zeit, oft auch (wenngleich abnehmend) überhaupt an der eigenen Familie. Damit fehlte es an wichtigen wirtschafts- und sozialgeschichtlichen Voraussetzungen für den Zutritt zur bürgerlichen Kultur und damit für die Zugehörigkeit zum Bürgertum.

Dies war der entscheidende Grund, warum die Verbürgerlichung des Volkes an ihre Grenzen stieß, auch wenn sie noch so sehr von bürgerlichen Reformern betrieben und von Möchtegern-Bürgern erstrebt wurde. So erklärt sich, warum kleine Handwerker und kleine Angestellte nur am Rande zum Bürgertum gehörten und andere – Arbeiter und Bauern – gar nicht. Bei diesen Kategorien waren nämlich jene harten Bedingungen nicht oder nur im begrenzten, prekären Ausmaß gegeben, die erfüllt sein müssen, damit bürgerliche Kultur mit ihren Elementen des Spiels, der Stilisierung und der Reflexion möglich wird. Sicher wurden seit der zweiten Hälfte des 19. Jahrhunderts mit der Erhöhung des Lebensstandards, der Verallgemeinerung der Schulbildung, der Verstädterung und dem Ausbau der städtischen Infrastrukturen die Grenzen der Bürgerlichkeit ausgeweitet. Einzelne Elemente dieser Kultur wie Schriftlichkeit und Sauberkeit verbreiteten sich über die Schichten und Klassen hinweg. Aber verschwunden sind jene Grenzen nicht. Dies bedingte einen dauernden Widerspruch für die bürgerliche Kultur: zwischen ihrem Anspruch auf Verallgemeinerung und ihrer realen Exklusivität. Daraus folgte aber auch, daß bürgerliche Kultur trotz ihres Drangs über das Bürgertum hinaus im 19. Jahrhundert niemals aufhörte, dieses nach unten hin abzugrenzen.

Weitere Aspekte wären zu nennen, die anzeigen, daß die Verbürgerlichung der deutschen Gesellschaft begrenzt blieb, übrigens auch aufgrund neuer Entwicklungen. Zu nennen sind vor allem die Ansätze zu einer klassen- und schichtenübergreifenden kommerzialisierten Freizeitkultur (»Massenkultur«), die sich erst im Laufe des 20. Jahrhunderts voll entfalten sollte, aber beispielsweise in Form des Kinos schon vor 1914 Millionen erreichte. Sie begann, die klassenspezifische Arbeiterkultur zu relativieren, doch sie begrenzte auch den Einfluß der überkommenen Bürgerkultur. Sie sprach, ähnlich der schon älteren Trivialliteratur, Menschen der verschiedensten Schichtzugehörigkeit an.[28] Insgesamt scheint die bürgerliche Durchdringung der Gesellschaft im Deutschland des 19. Jahrhunderts weniger weit fortgeschritten gewesen zu sein als in den westeuropäischen Nachbarländern. Wenn weitere Forschungen dies bestätigen, ist es ein Befund, der die im Rahmen der Diskussion über den »deutschen Sonderweg« oft vertretene These vom deutschen »Defizit an Bürgerlichkeit« (im Vergleich zu Westeuropa) in einer wichtigen Hinsicht bekräftigt.[29]

e) Zwei Arten von Bürgerlicher Gesellschaft: von den Aufklärern zu Hegel und Marx

Das Wort »Bürger«, schrieb der Philosoph Christian Garve 1792, »hat im Deutschen mehr Würde als das französische bourgeois ..., und zwar deswegen hat es mehr, weil es bei uns zwei Sachen zugleich bezeichnet, die im Französischen zwei verschiedene Benennungen (haben). Es heißt einmal ein jedes Mitglied einer bürgerlichen Gesellschaft, – das ist das französische citoyen; – es bedeutet zum anderen den unadligen Stadteinwohner, der von einem gewissen Gewerbe lebt, – und das ist bourgeois.«[30] Die Begriffsbedeutungen verschoben sich im kommenden Jahrhundert. Doch im Kern blieb es bei der Doppeldeutigkeit des Begriffs. Den Citoyen hatte der liberale Historiker Theodor Mommsen im Blick, als er 1899 klagte: »... mit dem Besten, was in mir ist, bin ich stets ein animal politicum gewesen und wünschte ein Bürger zu sein. Das ist nicht möglich in unserer Nation ...«. Wenig später schrieb der Sozialwissenschaftler Werner Sombart über den Bürger als »Bourgeois« und meinte damit: Kaufleute, Bankiers, Fabrikanten, Unternehmer aller Art und andere »Wirtschaftsmenschen« im Kapitalismus. Bis heute ist dem Bürgerbegriff diese Doppeldeutigkeit eigen, und das gilt auch für den Begriff der »bürgerlichen Gesellschaft«.[31]

»Bürgerliche Gesellschaft« diente deutschsprachigen Autoren der Aufklärungszeit als Übersetzung für das Konzept der »societas civilis«, für das die Trennung von Gesellschaft und Staat noch nicht konstitutiv war, wohl aber der Bezug auf Öffentlichkeit und auf die Teilhabe an den allgemeinen Dingen. »Bürgerliche Gesellschaft« – manchmal auch »Bürgergesellschaft« – bezeichnete überdies im 17. und 18. Jahrhundert, was im Englischen »civil society« und im Französischen »société civile« hieß. Immer häufiger wurde »civil society« als ein Raum fortschreitender Zivilisierung verstanden, in Absetzung von der Natur oder auch in Differenz zur »Barbarei« – wobei europäisches Überlegenheitsbewußtsein gegenüber nicht-europäischen Bevölkerungen eine Rolle spielte: europäische Aufklärung und europäische globale Expansion gingen bekanntlich oft Hand in Hand. Zivilisierung war in dreierlei Hinsicht zu verstehen: einerseits durch Arbeit und Fleiß, Handel und Eigentum, der Begriff »civil society« öffnete sich bei David Hume, Adam Smith, den frühen schottischen Sozialwissenschaftlern und den französischen Enzyklopädisten hin zur Ökonomie; andererseits Zivilisierung durch Bildung und Kultur, durch Geselligkeit, »Politur« und Lebensform, so beschrieb Moses Mendelssohn die »civilisierte Gesellschaft«. Schließlich Zivilisierung als Überwindung partikularer Beschränkungen, als Emanzipation aus den Begrenzungen der Geburt, des Standes, des je einzelnen Geschäfts, im Prinzip auch des Geschlechts (das aber nur zögerlich), also die Öffnung des Begriffs der »civil society« bzw. der »bürgerlichen Gesellschaft« hin zur Idee des Menschen und seiner Rechte, zur »société qui embrasse tous les hommes«, zur Weltbürgergesellschaft. Mit all dem fand eine normative Aufladung statt, wurde der Begriff in kritischer Distanz zum Ist-Zustand bestimmt: als Bewegungs- und Zielbegriff, antitraditional, antiständisch, aufklärerisch-modern.

Ungefähr zur gleichen Zeit, im späten 18. Jahrhundert, wurde der Begriff durch Unterscheidung vom Staat, manchmal sogar durch Stoßrichtung gegen den Obrigkeitsstaat akzentuiert, vor allem in den absolutistisch regierten Ländern Kontinentaleuropas, weniger in England. »Bürgerliche Gesellschaft«, so Kant, braucht »Mitgenossenschaft«, man kann übersetzen: braucht die sich selbst organisierende Freiwilligkeit der Bürger. Der »Verein« mache die Gesellschaft; diese dürfe sich als bürgerliche nicht, so Kant, aus der »Oberherrschaft« und der »Unterwürfigkeit« ergeben. »Bürgerliche Gesellschaft« wurde hier zum anti-absolutistischen Kampfbegriff mit dem Ziel des mündigen Bürgers, in den sich der Untertan zu verwandeln habe. »Bürgerliche Gesellschaft« war also im Aufklärungsdiskurs umfassend definiert und vorwiegend positiv besetzt. Der Begriff bezog sich auf den Entwurf – oder auch: das Projekt – einer zukünftigen Zivilisation, in der die Menschen als mündige Bürger friedlich zusammenleben würden, als Privatpersonen in ihren Familien und als Bürger (citizens) in der Öffentlichkeit, selbständig und frei, in Assoziationen kooperierend, unter der Herrschaft des Rechts, aber ohne Gängelung durch den Obrigkeitsstaat, mit Toleranz für kulturelle, religiöse und ethnische Vielfalt, aber ohne allzu große soziale Ungleichheit herkömmlicher Art. Das war *»bürgerliche Gesellschaft«* im umfassenden Sinne: als vorgestellte Gesellschaft der *citoyens* und *citoyennes.*[32] Dafür benutze ich im Folgenden auch *Bürgergesellschaft* oder *Zivilgesellschaft* als Synonyme. Einzelne Aspekte dieser Zielvorstellung dienten unterschiedlichen Akteuren – radikalen Revolutionären und gemäßigten Reformern, Intellektuellen, Beamten und Agitatoren, Aufklärern, Liberalen und Demokraten – seit dem späten 18. Jahrhundert als Orientierung.

Es gab aber schon im 18. Jahrhundert konkurrierende Stellungnahmen, die im Geist Rousseaus die bürgerliche Gesellschaft als zwanghafte »Maschine« kritisierten (Schlözer); sie mit ihrer Betonung von Eigentum und Rechten ideologiekritisch als Derivat und Instrument der Interessen des bürgerlichen »Dritten Standes« interpretierten (Möser); sie vom Staat als Sphäre der Herrschaft und der allgemeinen Dinge negativ unterschieden (Jung-Stilling, schon 1792); oder auch – so Lessing – auf ihre tiefen sozialen Zerklüftungen abhoben, um den Übergang von einer »bürgerlichen« in eine »menschliche Gesellschaft« zu verlangen. Wohl unter dem Einfluß des sich durchsetzenden Kapitalismus und der beginnenden Industrialisierung wurden kritische Bedeutungen des Begriffs in der ersten Hälfte des 19. Jahrhunderts dominant. Die Beobachtung der Ausdifferenzierung von Gesellschaft und Staat wurde systematisch zugespitzt, vor allem bei Hegel. Damit wurde »bürgerliche Gesellschaft« im entschiedenen Gegensatz zum Staat bestimmt, und das hieß, sie wurde zum »System der Bedürfnisse«, der Arbeit, des Marktes und der Kommunikation, der partikularen Interessen wie des Konflikts und des Kompromisses zwischen ihnen verengt, dem Staat als dem Reich des Allgemeinen untergeordnet und als Sphäre der Dominanz des Bürgertums im Sinne der Bourgeoisie oder des Mittelstands begriffen. In der konservativen wie in der sozialistischen Kritik des 19. Jahrhunderts wurde diese Vorstellung noch einmal radikalisiert, wirkungskräftig vor allem bei Marx, der die bürgerliche Gesellschaft nur noch als Bourgeois-Gesellschaft mit der kapitalistischen Ökonomie als Basis und Kern gelten ließ, nicht mehr als Bürgergesellschaft im Sinn von Zivilgesellschaft. Seitdem wurde, jedenfalls im Deutschen, »bürgerliche Gesellschaft« primär als kritischer, polemischer Begriff benutzt, der bis ins späte 20. Jahrhundert als positiver Bewegungs- und Zielbegriff nur noch schwer zu gebrauchen war. Als »civil society« seit den 1980er Jahren zunächst in der ostmitteleuropäischen Dissidenten-Diskussion und dann auch im Westen als positiver Leitbegriff wiederentdeckt wurde, übersetzte man ihn lieber als »Zivilgesellschaft« ins Deutsche, bisweilen jedoch auch als »Bürgergesellschaft« und manchmal auch als »bürgerliche Gesellschaft«, durchaus mit positiven Assoziationen. Die Begriffsgeschichte ist immer im Fluß.[33]

f) Vom Vormärz zum Kaiserreich

Der skizzierte begriffsgeschichtliche Übergang von Kant zu Marx und die Spannung zwischen den beiden Bedeutungen von »bürgerlicher Gesellschaft« hatten ihre Entsprechung in der sozialen und politischen Wirklichkeit. Der Entwurf der bürgerlichen Gesellschaft, im umfassenden Sinne als Zivilgesellschaft der *citoyens* und *citoyennes* verstanden, drängte einerseits auf universale Verbreitung. Darin zeigte sich sein aufklärerisches Erbe. Was in ihm an Rechten, Pflichten und Grundsätzen formuliert war, sollte prinzipiell für alle gelten, über Unterschiede des Standes, der Nationalität und – dies aber nur zögernd – des Geschlechts hinweg. Ein Stück weit wurde dieser Entwurf im Laufe des 19. Jahrhunderts auch in Deutschland realisiert – in vielen Konflikten, mit zahlreichen Abstrichen, sehr selektiv, in mehreren Schüben. *Andererseits* war unübersehbar, daß er in vielen Hinsichten die Sache einer Minderheit war und für die meisten ein uneingelöstes Versprechen blieb.

Reformen und Revolution: Zwar hatte es vorbereitende Schritte in Rechtsordnung und Kultur schon im Zeitalter des »aufgeklärten Absolutismus« gegeben. Doch erst die durch Französische Revolution und napoleonische Herausforderung in den meisten deutschen Staaten teils angestoßenen, teils beschleunigten, teils erzwungenen Reformen zwischen 1800 und 1815 brachten die Feudalordnung des Landes und die ständische Struktur der Städte zu Ende oder schwächten sie gründlich ab. An liberalen Grundsätzen orientiert, öffneten sie neue Spielräume für Freiheit. Sie legten die rechtliche Grundlage für die kapitalistische Dynamik der folgenden Jahrzehnte. Die Emanzipation der Juden begann. Ein modernes Schul- und Universitätssystem entstand und institutionalisierte die große Bedeutung der Bildung, der – neben dem Kapitalismus – anderen großen dynamischen Kraft der modernen Zeit.[34] Die Reform von Verfassung und Selbstverwaltung blieb zwar begrenzt, doch fehlte sie nicht ganz (Verfassungen in Süddeutschland, Städteordnungen in Preußen); sie schlug erste Schneisen auf dem langen Weg zu mehr Freiheit und Partizipation der Bevölkerung. Die Gründung von Vereinen wurde ebenso erleichtert wie ihr Spielraum zu selbständigem Handeln erweitert; in den folgenden Jahrzehnten wurden Vereine zur wichtigsten Form gesellschaftlicher, kultureller, dann auch politischer Selbstbetätigung und zum zentralen Ferment der entstehenden Zivilgesellschaft. Direkt und indirekt war französischer Einfluß entscheidend. Im Grunde handelte es sich um Reformen »von oben« in einer weitgehend noch traditionalen Gesellschaft, unter der Regie des Beamtenstaats; an Protesten im Innern und Bewegungen »von unten« fehlte es nicht, doch ihre Bedeutung für die Reformen blieb äußerst begrenzt.

Dagegen spielten liberal-demokratische Volksbewegungen und soziale Proteste eine große Rolle in den teilweise erfolgreichen Verfassungskämpfen von 1830/31. Erst recht galt dies für die »angry 40s« (Manfred Gailus) und die Revolution von 1848/49, die im wesentlichen scheiterte, aber im Ergebnis doch auch das Projekt der bürgerlichen Gesellschaft im Sinn von »Zivilgesellschaft« einige Schritte vorantrieb: durch die Beschleunigung der noch nicht erledigten Agrarreformen, durch die Erleichterung einer industrialisierungs- und bürgerfreundlichen Wirtschaftspolitik wie durch die Konstitutionalisierung der Regierungen in den Präsidialmächten des Deutschen Bundes, in Preußen und vorübergehend auch in Österreich.[35]

Reichsgründungsjahrzehnt: Den nächsten Schub brachte das Reichsgründungsjahrzehnt. Liberale Rechtsreformen beseitigten die Reste der feudalen und ständischen Rechtsordnung fast ganz. Die rechtliche Gleichstellung der Juden wurde weitgehend durchgesetzt. Über die einzelstaatlichen Grenzen hinweg fand reichsweit Rechtsvereinheitlichung statt, der Rechtsstaat – mit Gewaltenteilung und gerichtlicher Kontrolle der Regierungen und Behörden – wurde befestigt. Die obrigkeitsstaatlichen Bremsen wurden gelockert, Selbständigkeit freigesetzt, die Gesellschaft geriet in Bewegung. Die marktwirtschaftliche Industrialisierung machte rasche Fortschritte, die sozialen Konflikte spitzten sich zu, die Arbeiterbewegung entstand nun definitiv, nach dem ersten Versuch von 1848/49. Der Nationalstaat gewann in drei Kriegen Gestalt, in kleindeutscher Ausdehnung (ohne die Deutschen im Habsburgerreich), unter preußischer Hegemonie. Vor allem wurde die Verfassungsfrage von 1862 (preußischer Verfassungskonflikt) über 1867 (Norddeutscher Bund) bis 1871 (Reichsverfassung) entschieden: gegen die volle Parlamentarisierung und für die Bewahrung erheblichen Einflusses der alten Eliten und Institutionen; aber auch gegen die defensiven Vorbehalte vieler Konservativer und zugunsten eines Verfassungsstaates mit viel liberaler Substanz und einigen demokratischen Elementen. Das allgemeine, gleiche und direkte Wahlrecht für Männer wurde auf Reichsebene institutionalisiert. Dieser verfassungspolitische Kompromiß zugunsten der »konstitutionellen Monarchie« – gegen die parlamentarische Monarchie – verfestigte die verfassungsgeschichtliche Differenz zwischen Deutschland und den immer klarer parlamentarisch regierten Ländern Westeuropas, auch wenn der Reichstag in den folgenden Jahrzehnten schrittweise an Gewicht gewann. Wiederum war radikaler Wandel »von oben« geleitet, gestaltet und teilweise auch initiiert worden. Doch anders als 1800–1815 spielte jetzt eine mächtige politische Bewegung mit, die zwar nicht die Regie führte – die lag bei der preußischen Regierung unter Bismarck –, aber mit ihrer Dynamik die Weichenstellungen des Reichsgründungsjahrzehnts erheblich beeinflußte und damit auch die Institutionalisierung einiger Kernbestandteile des zivilgesellschaftlichen Projekts erreichte: die Liberalen.[36]

Universaler Anspruch contra exklusive Realität: Soviel zur partiellen Durchsetzung des zivilgesellschaftlichen Entwurfs. Doch ebenso wichtig war dies: Zur Zeit seiner Entstehung und frühen Entwicklung war das zivilgesellschaftliche Projekt realiter an kleine Trägergruppen gebunden, im 18. und beginnenden 19. Jahrhundert an bürgerliche – genauer: bürgerlich-adlige – Milieus. Denn es war in den primär bürgerlichen Logen, Lesegesellschaften, Freundschaftszirkeln und Korrespondenznetzen, dann in Vereinen, liberalen Veranstaltungen und Selbstverwaltungskörperschaften, daß jene bürgergesellschaftlichen Reformforderungen ihre soziale Basis fanden. Sie entstanden vor allem in den Milieus des aufsteigenden, zunehmend liberalen Bürgertums, weil Affinität bestand zwischen den Prinzipien des zivilgesellschaftlichen Entwurfs und der auf Selbständigkeit, Bildung, Leistung und methodische Lebensführung hin orientierten Kultur des kleinen, aber ausstrahlungskräftigen Bürgertums, zu dem Kaufleute, Unternehmer und Handwerker einerseits, Akademiker und Bildungsbürger in selbständiger und besoldeter Stellung andererseits gehörten. Umgekehrt war sehr lange – in allmählich abnehmendem Ausmaß galt dies für das ganze 19. Jahrhundert – bürgerlicher Status (Bürgerlichkeit) nötig, um voll und ganz als Staatsbürger (citizen) und damit auch als vollgültiges Subjekt der Zivilgesellschaft zu qualifizieren. Shulamit Volkov hat das am Beispiel der Juden gezeigt. Wer als *citizen* voll dabei sein wollte, der brauchte anerkannte Selbständigkeit, Bildung und einschlägige soziale Kompetenz, und all das besaß man am ehesten in der städtischen Mittel- und Oberschicht, seltener dagegen in der breiten Unterschicht, im Volk oder im wachsenden Proletariat. Auch blieben soziale Selbständigkeit und staatsbürgerliche Mündigkeit den Frauen vorenthalten. Frauen durften nicht wählen, ihr Recht zum Eintritt in politische Vereine blieb bis 1908 eng beschränkt, ihre Rechtsfähigkeit war beschnitten. Insgesamt galt: Die weibliche Hälfte der Bevölkerung, die Masse der unteren Schichten und manche Minderheit blieben ganz oder teilweise ausgeschlossen. Für sie blieb dieser Entwurf ein uneingelöstes Versprechen. Die Zivilgesellschaft war realiter zunächst die Sache einer Minderheit. Klasse und Geschlecht begrenzten die Verallgemeinerung des zivilgesellschaftlichen Projekts.[37] Idealer Universalitätsanspruch kontra reale Exklusivität – es war dieser im 19. Jahrhundert rasch manifest werdende Widerspruch, der zum Gegenstand der Sozialkritik wurde und zur begriffsgeschichtlichen Verschiebung von der Bürgergesellschaft als Zivilgesellschaft zur bürgerlichen Gesellschaft als

Bourgeois-Gesellschaft, zum Übergang von Kant zu Hegel und Marx, führte. Der Begriff der »bürgerlichen Gesellschaft« ist im 19. Jahrhundert nicht nur aus semantischen Gründen zum pejorativ-kritischen Begriff geworden.

Aber ebenso wichtig ist dies: Die Spannung zwischen universalem Versprechen und exklusiver Realität entfaltete auch eine mächtige, auf Veränderung drängende Dynamik. Sie wirkte durch theoretische und praktische Kritik, die lange am radikalsten von der sozialistisch-sozialdemokratischen Arbeiterbewegung, daneben von der Frauenbewegung sowie von liberalen und demokratischen Reformern verschiedener Schattierungen vorgetragen wurde, so im Ansatz schon 1848/49, erneut im Reichsgründungsjahrzehnt und sich verstärkend im Kaiserreich. Die Kritiker und Reformer beriefen sich auf den Anspruch, auf das Versprechen des zivilgesellschaftlichen Programms und forderten seine Einlösung immer drängender.

Während große Teile des Bürgertums nach erfolgreicher Errichtung des Nationalstaats eher defensiv wurden, an Liberalität einbüßten und ihre Unterstützung für zentrale Bestandteile des zivilgesellschaftlichen Programms abschwächten, das Bürgertum also dem Bild der Bourgeoisie, das Marx entworfen und kritisiert hatte, am Ende des 19. Jahrhunderts mehr entsprach als zu seinem Beginn, wuchsen der Zivilgesellschaft allmählich neue Trägerschichten zu: aus den bessergestellten, ambitionierteren und qualifizierteren Teilen der bisher wenig einbezogenen Bevölkerungsmehrheit, vor allem aus der Handwerker- und Arbeiterschaft, aus neu entstehenden Dienstleistungs- und Funktionsträgergruppen, der kleinen, aber rasch wachsenden Angestelltenschaft, aus dem vorher ausgeschlossenen, aber jetzt Einbeziehung fordernden weiblichen Bevölkerungsteil, aus der aufsteigenden jüdischen Minderheit. Mit ihren Forderungen nach Fortschritt und Gerechtigkeit, nach Rechtsgleichheit und Rechtsstaatlichkeit, nach Teilhabe und Demokratisierung, nach Freiheit und Bildung für alle wie nach Schaffung der dafür notwendigen Lebensbedingungen für alle wurde die sozialdemokratische Arbeiterbewegung zum wichtigsten Propagator des zivilgesellschaftlichen Programms, ohne es so zu nennen. Die Geschichte der bürgerlichen Gesellschaft (im Sinn einer Gesellschaft von *citoyens* und *citoyennes*) und die Geschichte des Bürgertums waren anfangs – im 18. und frühen 19. Jahrhundert – eng verknüpft gewesen, jetzt im späten 19. Jahrhundert begannen sie sich voneinander zu trennen. Das zivilgesellschaftliche Programm war in vordemokratischer Zeit entstanden. Im Laufe des 19. Jahrhunderts wurde es zunehmend demokratisiert. Ursprünglich sozial unspezifisch, wurde es allmählich sozial expliziter und sozialstaatlich ergänzt. Seine anfangs sehr ausgeprägte und auf die weitgehende Exklusion der Frauen hinauslaufende Geschlechtsblindheit wurde allmählich durch geschlechtsspezifische Bestrebungen ergänzt, doch sollten sich diese in größerem Maße erst in der zweiten Hälfte des 20. Jahrhunderts auswirken und erst dann zur Revolutionierung der Geschlechterverhältnisse führen. Doch die Grundlagen hierfür wurden im 19. Jahrhundert gelegt.

In den Jahrzehnten des Kaiserreichs kam es zu einer mühsamen, weiterhin begrenzt bleibenden Verallgemeinerung zivilgesellschaftlicher Bestrebungen und Errungenschaften, über das Bürgertum hinaus. Man denke an den Ausbau des Schulwesens und die Verbreitung der Bildung, an die Entwicklung einer immer weniger gegängelten, immer kräftigeren Öffentlichkeit, an die beeindruckende Zunahme selbstorganisierter Vereine, Verbände und Genossenschaften, an die selbst organisierte Dynamik und lebendige Vielfalt des wissenschaftlichen und kulturellen Lebens, an Philanthropie und Mäzenatentum, die besonders in Teilen des jüdischen Bürgertums florierten. Man denke auch an die lebhaften Wahlkämpfe und andere Folgen der Wahlrechtsdemokratisierung, an den Aufstieg politischer Massenparteien, den Ausbau des Rechtsstaats und insbesondere der Verwaltungsgerichtsbarkeit, den zunehmenden Parlamentseinfluß und den beginnenden Aufbau des Sozialstaats: all dies auf dem Hintergrund sich verbessernder materieller Verhältnisse als Folge der Industrialisierung. Damit entzog sich die Zivilgesellschaft ein Stück weit der beißenden Kritik, die sie nicht ohne Grund als Bourgeois-Gesellschaft zu demaskieren versucht hatte. Aber doch nur ein Stück. Denn im Kern blieb dieser Widerspruch zwischen Anspruch und Realität der bürgerlichen Gesellschaft im ganzen 19. Jahrhundert erhalten. Klasse und Geschlecht begrenzten die Chancen der realen Teilhabe am zivilgesellschaftlichen Prozeß für große Bevölkerungsteile auch weiterhin; für Unterschicht-Angehörige und Frauen blieb es eminent schwierig, im Vollsinn des Wortes zu *citizens* zu werden. Trotz aller Dynamik war das Reich ein vor-parlamentarischer Obrigkeitsstaat mit starker Bürokratie und mit ausgeprägten Elementen des Militarismus, insofern anti-zivil. Vorbürgerliche Eliten und Traditionen blieben stark, besonders in der weiterhin mächtigen adligen Oberschicht. Antiliberale Strömungen gewannen seit der schweren wirtschaftlichen Krise der 1870er Jahre an Boden, in der Politik wie in den Mentalitäten. Tief reichten die sozialen, konfessionellen, kulturellen Zerklüftungen, die die Einigungsfähigkeit der gesellschaftlichen Gruppen reduzierten. Alles dies widersprach dem Ideal einer sich friedlich selbst organisierenden Zivilgesellschaft. Und mit dem Anschwellen des Nationalismus in seiner integralen Form (siehe unten S. 112) verschärften sich überdies Ausgrenzungen, die auf ethnischen Differenzierungen oder Zuschreibungen beruhten. Neue Spielarten von Antisemitismus und Rassismus breiteten sich seit den 1880er Jahren aus. Das wies auf das 20. Jahrhundert und die Zeit der Diktaturen voraus, die die Idee der bürgerlichen Gesellschaft in beiden Bedeutungen des Wortes einschneidend und nachhaltig bedrohen und beschädigen sollten. Zu Beginn des 20. Jahrhunderts war die deutsche Wirklichkeit immer noch weit von dem entfernt, was Ende des 18. Jahrhunderts gedacht und im Sinn von Zivilgesellschaft projektiert worden war.[38]

g) Zwischenergebnis

Das 19. Jahrhundert – ein bürgerliches Jahrhundert? Mit Einschränkung: ja. Das Bürgertum blieb zwar eine kleine Minderheit, seine Ausstrahlungskraft war immer begrenzt. Weder prägte es das ländliche Deutschland, noch verbürgerlichte es die Unterschichten und die Arbeiterschaft. Auch wurde es nie zur herrschenden Klasse. Der Adel blieb stark. Das 19. Jahrhundert war auch das Jahrhundert der Klassenbildung und der aufsteigenden Arbeiterbewegung. Die sozialen Ungleichheiten nahmen zu, etwa zwischen den Geschlechtern. Aber sie wurden auch zunehmend problematisiert und in Frage gestellt. Die Präge- und Ausstrahlungskraft des Bürgertums erwies sich als enorm, seine Dynamik als entscheidende Gestaltungskraft. Es drückte dem Jahrhundert seinen Stempel auf. Es gewann an Wohlstand und Ansehen, an Einfluß und Macht. Der Verallgemeinerungsanspruch seiner Kultur erschöpfte sich nicht in bloßer Rhetorik. Sie beeinflußte, durchdrang und veränderte viele Bereiche. Das Projekt einer bürgerlichen Gesellschaft gewann im Laufe des 19. Jahrhunderts zunehmend Gestalt, zwischen Zivil- und Bourgeois-Gesellschaft oszillierend. Am Ende löste sich das zivilgesellschaftliche Projekt von seiner anfänglich engen Verflechtung mit der Geschichte des Bürgertums, gewann neue außerbürgerliche Trägerschichten dazu und veränderte sich in der Substanz. Doch angesichts wachsender Widerstände blieb es umkämpft und ein uneingelöstes Versprechen, an das noch der Zivilgesellschaftsdiskurs des späten 20. Jahrhunderts anknüpfen konnte.

KAPITEL 5
NATIONALSTAAT, INTEGRATION, KRIEG

Das 19. Jahrhundert hat epochale Fortschritte in der *Geschichte der Freiheit* gebracht. In großen Teilen der Welt gelang es, die Sklaverei, diese jahrhundertealte Institution ausgeprägtester Unfreiheit, zu bekämpfen, zu verbieten und größtenteils tatsächlich zu beenden.[1] In den wirtschaftlich avancierten Gesellschaften, so auch in der deutschen, nahmen mit dem Ausbau von Bildungswesen und Infrastruktur, dem zunehmend städtischen Leben, der Überwindung traditioneller Not und der Eröffnung neuer Konsumchancen für sehr viele die Wahlmöglichkeiten zu, was Lebensgestaltung und Freiheit im Alltag anging. Im größten Teil Europas führten die Revolutionen und Reformen seit dem späten 18. Jahrhundert zur weitgehenden Überwindung des Feudalismus, zu dem Leibeigenschaft, Erbuntertänigkeit und andere Formen von politischer und sozialer Unfreiheit gehört hatten. In Deutschland geschah dies in einem lang hingezogenen, durch Rückschläge unterbrochenen und häufig halbherzigen Prozess, der von den antifeudalen, antiständischen und antiabsolutistischen Reformen zu Beginn des Jahrhunderts über die in der Hauptsache scheiternde Revolution von 1848/49 bis in das Kaiserreich reichte; dieses war zwar kein liberales Gemeinwesen, fußte aber auf einem Verfassungskompromiß mit erheblichen *liberalen Elementen* und besaß ausgeprägte rechtsstaatliche Qualität. Dagegen blieb die *Demokratisierung* der politischen Verhältnisse, der Gesellschaft und der Kultur noch sehr begrenzt. Gründliche Demokratisierung fand in ihren vielen Formen erst im 20. Jahrhundert statt: im Weltkrieg, in der Revolution von 1918/19 und in der Weimarer Republik, dann in der zweiten Hälfte des Jahrhunderts. Allerdings fehlte es auch schon im 19. Jahrhundert nicht an Schritten in diese Richtung. Man denke an die in Deutschland besonders starke Tradition der Selbstverwaltung vor allem in den Gemeinden, aber auch in den Universitäten, manchen Kirchen und später auch in der Sozialversicherung, an die vielfältigen Vereine und zivilgesellschaftlichen Initiativen und erst recht an das auf Reichsebene früh, mit dezidierter Stoßrichtung gegen die Liberalen institutionalisierte allgemeine gleiche Männerwahlrecht. Es ermöglichte die frühe Entwicklung eines politischen Massenmarktes (Hans Rosenberg) und den Aufschwung großer Massenparteien, besonders der Sozialdemokratie und der katholischen Zentrumspartei. Diese Errungenschaften im Kampf um Freiheit und Partizipation wurden im vorangehenden Kapitel im Zusammenhang mit dem Aufstieg von Bürgerlichkeit und Zivilgesellschaft diskutiert. Doch ging der Kampf lange um »Freiheit und Einheit«, das heißt: die konstitutionelle Frage war eng mit der nationalen verkoppelt. Auch Demokratisierung wurde in staatlichen Kontexten gefordert, erstritten oder verhindert: im Nationalstaat stützte sie sich auf dessen Gleichheits- und Partizipationsversprechen für alle Angehörigen der Nation. Nationsbildung war mit den Auseinandersetzungen um Freiheit und Demokratie intensiv verknüpft. Nation, Nationalstaat, Nationalismus – die Problematik beschäftigte das ganze Jahrhundert.

a) Nationsbildung: Begriffe und das Grundmuster in Deutschland

Als Heinrich von Sybel über die Presse von der am 28. Januar 1871 erfolgten Kapitulation der von den deutschen Truppen über vier Monate belagerten Stadt Paris erfahren hatte, schrieb der 1817 geborene, nationalliberale Historiker an einen Kollegen: »Meine Augen gehen immer herüber zu dem Extrablatt, und die Tränen fließen mir über die Backen. Wodurch hat man die Gnade Gottes verdient, so große und so mächtige Dinge erleben zu dürfen? Und wie wird man nachher leben! Was zwanzig Jahre der Inhalt allen Wünschens und Strebens gewesen, das ist nun in so unendlich herrlicher Weise erfüllt! Woher soll man in meinen Lebensjahren noch einen neuen Inhalt für das weitere Leben nehmen?«[2]

Es gab kein Ereignis im 19. Jahrhundert, das die öffentlichen Emotionen der Deutschen stärker bewegt hat als die Gründung des Reichs im siegreichen Krieg gegen Frankreich 1870/71. Die Belege dafür sind Legion. Das Ereignis werde von Grund auf Europa verändern, meinte auch der englische Premier Disraeli und sprach daher von der »deutschen Revolution«. Nichts hat das kollektive Gedächtnis des späten 19. und frühen 20. Jahrhunderts – bis hin zu den Weltkriegen – tiefer geprägt, dafür sorgten persönliche Erinnerungen, Kriegerdenkmäler und Kriegervereine, Nationalfeiertage und Bismarck-Kult, Geschichtsbücher und -bilder. Die deutsche Einigung, der Sieg gegen Frankreich, die Errichtung des Reichs mit seiner Verfassung – dieses Bündel zusammengehöriger Begebenheiten galt den an einer Umfrage teilnehmenden Lesern einer großen Berliner Illustrierten 1899 unbestritten als größtes historisches Ereignis des Jahrhunderts und, grundsätzlicher noch, der deutschen Geschichte überhaupt.

Die Historiker, von denen viele seit dem Vormärz durch ihre nationalgeschichtlich gerahmten Forschungen und Darstellungen zum Aufschwung nationaler Sichtweisen und Stimmungen beigetragen hatten, interpretierten die Reichsgründung häufig als Ergebnis lang angelegter historischer Prozesse und begriffen das 19. Jahrhundert zunehmend als Jahrhundert der Nationalstaatsbildung, meist mit Zustimmung und Stolz. Tief kerbte sich die nationalgeschichtliche Sichtweise in ihre Ordnungsmuster ein. Erst die harte Diskreditierung des Nationalen durch die nationalsozialistische Diktatur, die Hybris, dann das Scheitern des deutschen Nationalstaats im Zweiten Weltkrieg und die Epoche der deutschen Teilung danach haben diese Tradition der nationalen Selbstgewißheit nachhaltig gebrochen und das kollektive Gedächtnis der Deutschen verändert. Die Geschichtsschreibung zum 19. Jahrhundert wandte sich anderen zentralen Themen und leitenden Begriffen zu, aber weder verlor sie die Nationalstaatsgeschichte aus dem Blick, noch löste sie sich wirklich aus dem nationalgeschichtlichen Grundmuster.[3]

In den letzten drei Jahrzehnten hat sich einerseits gezeigt, wie geschichtsmächtig und langlebig, zugleich wie wandlungs- und anpassungsfähig der Nationalstaat immer noch ist; nirgendwo gehört er zum alten Eisen der Geschichte. Andererseits wurde angesichts zunehmender Europäisierung und Globalisierung der Verhältnisse und der zu lösenden Probleme unübersehbar klar, wie wenig der Nationalstaat den Aufgaben in einer zunehmend übernational verknüpften Welt noch gewachsen ist. Die im Zuge grenzüberschreitender Verflechtungen zu beobachtende Substanzveränderung des Nationalstaats ist unübersehbar, jedenfalls im sich zusammenschließenden Europa, wenngleich in dessen östlichem Teil nach dem Zusammenbruch des Sowjetreichs eine entschiedene Rückwendung zu nationalstaatlichen Souveränitätsansprüchen und nationalkulturellen Identitäten stattgefunden hat. Beide Erfahrungen trugen dazu bei, daß das Interesse am Nationalstaat, an Nation und Nationalismus ins Zentrum der Geschichtswissenschaft zurückkehrte, auch und gerade in Deutschland, ohne doch in die alten Bahnen unkritischer Nationalapologie und nationalistischer Hypostasierung zurückzufallen.[4]

Man sollte jedoch besser nicht vom 19. Jahrhundert als dem Jahrhundert der *Nationalstaaten* sprechen.[5] Denn die Gründung von Nationalstaaten blieb im 19. Jahrhundert auf wenige Fälle beschränkt, darunter Italien und Deutschland. Weltweit gesehen, sind die meisten Nationalstaaten entweder älter, oder sie entstanden im 20. Jahrhundert, zumeist aus der Desintegration vorher bestehender übernationaler Imperien: so unmittelbar nach dem Ersten Weltkrieg, den das Zaren-, das Osmanische und das Habsburgerreich nicht überlebten, dann in der Phase der Dekolonisierung nach dem Zweiten Weltkrieg und schließlich nach dem Zerfall des Sowjetreichs 1991. Die europäische Landkarte des 19. Jahrhunderts war durch das Nebeneinander herkömmlicher Reiche und ihrer Herrschaftsgebiete im Osten, kleinerer politischer Einheiten vor allem in der Mitte des Kontinents und dynamischer Nationalstaaten im Westen gekennzeichnet, die aber wie England, Frankreich, Spanien und die Niederlande zugleich Kerne von übernationalen Imperien kolonialer Herkunft darstellten.[6] Italien und Deutschland versuchten nach ihrer Gründung als Nationalstaaten, zu diesem Club aufzuschließen.

Aber für große Teile des europäischen Kontinents war das 19. Jahrhundert ein Jahrhundert der *Nationsbildung*. Zunächst unter den städtischen Gebildeten, dann mit langsam wachsender sozialer Trägerschaft und schließlich als Massenphänomen gewannen Erfahrungen, Gedanken, Emotionen und Einstellungen an Verbreitung, die die Zugehörigkeit zu einer als Nation bezeichneten, überlokalen und überregionalen Einheit mit realen oder nur vorgestellten Gemeinsamkeiten (darunter meist gemeinsame Sprache, Geschichte und Kultur) als gewichtig betonten, oft leidenschaftlich bejahten und als Grundlage gemeinsamer Ziele und gemeinsamen Handelns akzeptierten – aber zugleich in oftmals sehr scharfer Abgrenzung gegenüber anderen, die als nicht dazugehörig definiert wurden. Inklusion und Exklusion gehörten zusammen. Nationsbildung war ein vielschichtiger Prozess, zu dem die gedanklich-emotionale Dimension, die Bejahung der erfahrenen oder vorgestellten Gemeinsamkeiten – Vorstellungen, auch Fiktionen, Debatten, Analysen, historische Erzählungen –, zugleich aber auch soziale und lebensweltliche Dimensionen gehörten: Erfahrung von Gemeinsamkeiten und Kämpfen mit anderen, viel Kommunikation und Interdependenz (auf Märkten, im Alltag, in bezug auf Bildung und kulturelle Praktiken, oft auch im Feld politischer Aktivitäten). Nationsbildung hieß begrenztes Zusammenwachsen trotz im übrigen existierender und auch keineswegs verschwindender sozialer, geschlechtsbedingter, ethnischer, regionaler, religiöser und anderer Unterschiede, die aber, falls stark genug, die Nationsbildung bremsen, verstellen und auch verhindern konnten.

Nationen – teils als vorgestellte Grundlage, teils als angestrebtes Ergebnis von Nationsbildung – waren und sind zunächst einmal »gedachte Ordnungen« (M. Rainer Lepsius). Als solche sind sie Produkte des kollektiven Gedächtnisses und Konstruktionen politischen Willens und Glaubens, die deshalb bisweilen auch als »Erfindungen« gekennzeichnet und kritisch hinterfragt worden sind. Insofern stellten und stellen sie von Fall zu Fall sehr verschiedene, mit unterschiedlichen Inhalten verbindbare, sich mit der Zeit ändernde, oft mit anderen sozialen, religiösen, verwandtschaftlichen und regionalen Identitäten verbundene, oft aber auch alles andere dominierende kollektive Einstellungen und Identifikationen dar. Aber Nationen waren und sind zugleich nicht nur Erfindungen, sondern eminent realgeschichtliche Phänomene. Denn einerseits fußt ihre Herausbildung auf gemeinsamen Erfahrungen mit realgeschichtlicher Grundlage, auf selektiver Erinnerung an ältere Sozial- und Herrschaftsverhältnisse, auf prägenden vergangenen Ereignissen wie großen Siegen und Niederlagen. Andererseits wirkt die historisch hervorgebrachte Vorstellung von der gemeinsamen Nation auf die historische Realität gestaltend ein: als mächtige Motivation kollektiver Anstrengungen, als Antriebskraft einflussreicher sozialer und politischer Bewegungen, als Motor von Integrationspolitik nach innen und Aggressionspolitik nach außen, als Grundlage der Umgestaltung politischer Ordnungen mit tiefgreifender Wirkung über lange Zeiträume.

Der *Nationalismus* – also die dezidierte, oft leidenschaftliche, im Wollen und Glauben, in kollektiven Haltungen und Verhaltensweisen, dann auch oft in Bewegungen, Zusammenschlüssen und Kämpfen sich manifestierende Identifikation mit der eigenen Nation – wurde zur wohl mächtigsten sozialen und politischen Gestaltungskraft des langen 19. Jahrhunderts. Nationalismus war Ideologie und Bewegung, Mentalität und Praxis zugleich. In dem Maß, wie ältere Bindungen religiöser, ständischer und lokaler Art an Wirkung verloren, drang Nationalismus in die dadurch entstehenden Freiräume ein. Oder er amalgamierte sich mit älteren und anderen Identifikationen. Er definierte Zugehörigkeiten und Abgrenzungen, motivierte zu Anstrengung und Engagement, Hingabe und Hass, begründete Sinn und erfüllte oftmals die Funktionen einer veritablen Ersatzreligion.

Nationsbildung zielte und zielt immer darauf ab, sich schließlich in gemeinsamer politischer Organisation zu verwirklichen und im *Nationalstaat* zu vollenden. Nationalstaaten entstanden entweder als Zusammenfassung bereits bestehender kleinerer politischer Einheiten lokaler und regionaler Erstreckung oder als Ergebnis der Trennung von bestehenden oder untergehenden übernationalen Herrschaftsgebilden, also Reichen bzw. Imperien, »Vielvölkerstaaten« in der Sprache des 19. Jahrhunderts. Beide Strategien waren und sind reich an Konflikten. Zur Entstehung von Nationalstaaten gehörte fast immer: Krieg.

Will man die nachhaltige Attraktivität, die spezifische Leistungskraft und die gleichzeitige Problematik des Nationalstaats begreifen, muß man sich seine Strukturprinzipien vergegenwärtigen. Der Nationalstaat stellt eine besondere Art der Entsprechung von Staat und Nation dar, auf der Grundlage eines beiden eigenen, klar abgegrenzten *Territoriums* und verknüpft durch eine nationale *Kultur*, d.h. durch einen gedachten, gewollten, praktizierten und erfahrbaren Zusammenhang, in dem kollektives Gedächtnis und historische Erinnerung (durchweg höchst stilisiert), meist auch verbindende Sprache, Bilder und Kommunikation, gemeinsame Bildung und Normen zentral sind und der durch staatliche Anstrengung (vor allem über das Bildungssystem) mit hergestellt wird. Nationale Kultur in diesem Sinn (oft, aber nicht notwendig ethnisch definiert) übergreift soziale Schichten, Klassen und Gruppen und integriert sie. Sie ist mit einer gewissen, aber nicht unbegrenzten kulturellen Heterogenität vereinbar. Sie gewinnt ihre Identität und ihre Integrationskraft durch die Abgrenzung von Anderem und durch Ausgrenzung von »Fremdem« aller Art. Sie ermöglicht – ja erfordert – die Partizipation der Angehörigen der Nation am Staat, wie sie umgekehrt hohe Ansprüche des Staates an die einzelnen Subjekte legitimiert – bis zum Einsatz des eigenen Lebens für das »Vaterland« in Kriegen, und das hieß: in einem Ausmaß, das in vor- und postnationalen Gemeinwesen unerreichbar ist. Eben daraus erklärt sich zum guten Teil die Überlegenheit der Nationalstaaten in der modernen Geschichte.[7]

Wählt man die Begriffe so, sind die Umrisse der deutschen Entwicklung im 19. Jahrhundert klar:

Bis zum Ende des 18. Jahrhunderts läßt sich von einer deutschen Nation nur in sehr eingeschränktem Sinn, vom deutschen Nationalismus kaum und von einem Nationalstaat in Deutschland schon gar nicht sprechen, wenngleich die Ideen von Nation, Nationalismus und Nationalstaat im Denken der deutschen Spätaufklärung vorhanden waren und die Revolutionen in Nordamerika und Frankreich erstmals moderne Nationen und Nationalstaaten hervorgebracht hatten.[8] In Deutschland wie in anderen Teilen des europäischen Kontinents entstand der Nationalismus zunächst als Minderheitsphänomen unter den bildungsbürgerlichen Eliten und einigen städtischen Aktivbürgern, unter dem Einfluß vor allem der Französischen Revolution und ihres Erben Napoleon, in Auseinandersetzung mit dessen Expansion und Aggression, in dem langen Krieg, der von der Mitte der 1790er Jahre bis 1815 Europa mit Unterbrechungen überzog. Bis ca. 1840 wurde er aus einem Minderheits- zu einem Massenphänomen, in Gestalt einer in sich vielfältig differenzierten Nationalbewegung, deren soziale Reichweite gleichwohl begrenzt blieb.

Von den 1840er Jahren bis in die 1870er Jahre reichte die Phase der deutschen Nationalstaatsgründung, in der die Nationalbewegung in enger Allianz mit liberalen, demokratischen und zunächst auch sozialistischen Strömungen gegen den völker- und staatsrechtlichen Status quo auf die Errichtung eines deutschen Nationalstaats in Gestalt eines liberalen, mehr oder weniger demokratischen Verfassungs- und Rechtsstaats drängte – vergeblich in der Revolution von 1848/49, aber mit erheblichem Erfolg, wenn auch mit anderen verfassungsgeschichtlichen Inhalten, im Reichsgründungsjahrzehnt. Dieses brachte den Nationalstaat durch drei Kriege, unter der Regie des preußischen Obrigkeitsstaats und in »kleindeutscher« Ausdehnung, hervor, durch verfassungs-, macht- und ideenpolitische Kompromisse mit einem großen, sich national umorientierenden Teil der konservativen Eliten, um den Preis der Exklusion der Deutschen im Habsburgerreich und um den Preis eines tiefen Gegensatzes zu Frankreich, der die internationale Politik bis in den Ersten Weltkrieg hinein (und darüber hinaus) belasten sollte. Die Errichtung des Deutschen Reichs unter der Leitung Otto von Bismarcks trieb die Nationsbildung voran, wies aber auch neue, randständige, nicht voll einbezogene Außenseiter zurück, die man regierungsseitig nun als »innere Reichsfeinde« bezeichnete und bekämpfte: so vor allem die Sozialisten und Sozialdemokraten, zeitweise aber auch den politisch sich organisierenden Katholizismus mit seinen übernationalstaatlichen Bindungen. So verschob sich die soziale Basis des Nationalen hin zu den staatstragenden Schichten, doch wandten sich bisherige soziale Trägerschichten auf der Linken ab. Nationalismus und Staatsmacht rückten nun erstmals zusammen. Das änderte Inhalt und Funktion des Nationalismus und verschaffte ihm zusätzliche Durchsetzungskraft.

Von den 1870er Jahren bis zum Ersten Weltkrieg schritt die ökonomische, kulturelle, soziale und politische Nationsbildung unter dem Dach und in den Grenzen des sich machtvoll entfaltenden, wenngleich in vielem unvollkommen bleibenden Nationalstaats vehement voran. Seine integrierende Funktion verlor der Nationalismus keineswegs; er bewies sie vielmehr auch gegenüber den zum Zeitpunkt der Reichsgründung teils abseits stehenden, teils ausgegrenzten Bevölkerungsteilen: gegenüber dem katholischen Deutschland und teilweise gegenüber der Arbeiterschaft. Damit traten jedoch die trennenden, ausgrenzenden, aggressiven Wirkungen des Nationalismus nun schärfer hervor: gegenüber ethnischen und politischen Minderheiten im Innern, gegenüber den als Feinden wahrgenommenen Fremden draußen – dies im nun anschwellenden imperialistischen Kampf um Kolonien und Einfluß auch außerhalb Europas, an dem das Deutsche Reich vor allem nach Bismarcks Entlassung (1890) in den wilhelminischen Jahrzehnten, mit großem Aufwand und wenig Erfolg teilnahm. In Reaktion auf tiefe soziale Spannungen im Innern, in Antwort auf den verunsichernden rapiden Wandel der Zeit, verstärkt durch ein ideologisches Klima der Überhöhung von Konflikten zwischen den Nationalstaaten im Zeitalter des Imperialismus, entwikkelte sich nun der immer schon auf die Seelen der Menschen zielende Nationalismus in einigen seiner Erscheinungsformen zu einer veritablen »Polit-Religion« mit intolerantem Absolutheitsanspruch weiter, zum »integralen Nationalismus«. Er konnte sich mit den Fundamentalismen der Zeit verbinden, vor allem mit dem sich naturwissenschaftlich gebenden Rassismus und dem damit verwandten Antisemitismus, der im Kaiserreich seit den 1880er Jahren an Boden gewann. Der Nationalismus prägte und verschärfte den politischen und ökonomischen Wettbewerb zwischen den Staaten, in dem Rüstung und Kriegsführungsfähigkeit immer wichtig gewesen waren und nun an Gewicht weiter gewannen. Spätestens jetzt wurde der Nationalismus zum belastenden Problem, das zum Absturz in den Ersten Weltkrieg entscheidend beigetragen hat.[9]

b) Funktionen des Nationalismus und deutsche Besonderheiten

Auf mehreren Gebieten drängen sich Fragen auf, finden sich weiterhin Kontroversen, geht die Forschung lebhaft voran. *Zum einen* bemüht man sich, besser zu begreifen, wie und wodurch, gegen welche Widerstände und in welchen Grenzen der Nationalismus zu dieser säkularen Deutungsmacht und Bewegungskraft werden konnte. Wie sich Nationalismus und Lebenswelt verknüpften, wie nationale Identität mit anderen kollektiven Identitäten konkurrierte oder sich mit ihnen als Kraftspendern verband, wie kollektive Erinnerungen konstruiert, bewahrt oder abgebaut wurden – das sind Fragen, an denen weiterhin gearbeitet wird. Die Kultur des Nationalen, das Verhältnis von Geschlecht und Nation, die nationale Inanspruchnahme des Körpers im Militär, beim Turnen, in der Choreographie nationaler Inszenierungen, das Verhältnis von Nation und Emotion – das sind Themen, die in den letzten Jahrzehnten überdurchschnittlich viel Aufmerksamkeit gefunden haben und deren Bearbeitung neue Einsichten in die Prozesse der Nationsbildung und in das Geheimnis der Macht des Nationalismus erbracht hat.[10]

Zum andern geht es um die *Funktionen* des Nationalismus im Zuge der fortschreitenden Nationsbildung vor und nach der Errichtung des Nationalstaats. Lange hat aus sozialgeschichtlicher Sicht ein relativ einfaches Funktionswandel-Modell vorgeherrscht. Danach wandelte sich der Nationalismus von einer im Kern fortschrittlichen, liberalen, demokratischen, gesellschaftlich dynamischen, im Prinzip »linken« Ideologie und Bewegung in eine eher defensive, staatsfromme, häufig antiliberale und tendenziell »rechte« Ideologie und Bewegung, mit den späten 1870er Jahren als Zäsur. Gegen diese Sichtweise ist mit guten Gründen betont worden, daß der Nationalismus immer ein Janusgesicht besaß, zu dem Partizipation und Aggression zugleich gehörten. Inklusion sei ohne Exklusion nicht zu haben, die nationale Integration und Dynamik habe ihren Preis. »Es führt in die Irre, eine ausschließlich emanzipatorische, noch unschuldige nationale Gesinnung der Frühzeit scharf abzugrenzen von einem entarteten Nationalismus späterer Zeiten« (Langewiesche). Zu Recht wird dagegen auf die sich wandelnden Mischungsverhältnisse verwiesen, die es zu rekonstruieren gilt.[11] Gleichwohl ist ein langfristiger Funktionswandel und Frontwechsel des Nationalismus von einer eher »linken« zu einer eher »rechten« Ideologie im Laufe des langen 19. Jahrhunderts nicht zu leugnen, und zwar nicht nur in Deutschland.

Funktionsbestimmung und Bewertung hängen aufs engste zusammen. Heute ist die Historiographie in ihren Hauptströmungen weit von irgendeiner Apologie, aber auch von grundsätzlicher Abwertung des Nationalismus entfernt. Man erkennt seine oft positive Rolle für Demokratisierung und gesellschaftliche Modernisierung an, übersieht dabei aber nicht sein zerstörerisches Potential, seine Überheblichkeit und Aggressivität, seine Verwandtschaft mit Krieg. Die Ambivalenzen des Nationalismus bestimmen sein Bild. In unterschiedlichen historischen Konstellationen treten jeweils andere Wirkungen und Folgen des Nationalismus in den Vordergrund. Seine historische Wandelbarkeit wird betont. Seine Bilanz erscheint als uneinheitlich und widersprüchlich. Sein Bild in der Geschichte schwankt.[12]

Drittens geht es um die Frage der deutschen Besonderheiten. Häufig sind französische und deutsche Nationsbildung gegenübergestellt worden. Der Idee nach habe sich die Nation der Französischen Revolution als Gemeinschaft aller politisch bewußten Staatsbürger auf der Grundlage der Volkssouveränität und des Anspruchs auf Gleichheit konstituiert; letztlich gehörte zu ihr, wer sich politisch zu ihr bekannte: die Nation als plébiscite de tous les jours (Renan). Dagegen setzte man östlich des Rheins, wo keine Revolution als konstitutives Ereignis abrufbar war und kein festgefügter Territorialstaat mit nationaler Reichweite als selbstverständlicher Bezugsrahmen zur Verfügung stand, auf die Nation als Kultur- und Sprachgemeinschaft. Aus gemeinsamer Geschichte, Sprache und Kultur, nicht aufgrund staatlicher Zugehörigkeit, freiheitlicher Verfassung oder demokratischer Selbstkonstitution ergab sich das Besondere der Nation beispielsweise nach Johann Gottfried Herder, wenngleich sie auch hier auf lange Sicht nach Staatlichkeit auf eigenem Territorium streben mochte. So standen, gemäß dieser älteren Sicht, die subjektiv-politische französische und die objektiv-kulturelle deutsche einander gegenüber. – In der politisch bedeutsamen Unterscheidung zwischen westlicher *Staatsbürgernation* und mittel- bzw. ost- und südosteuropäischer *Volks- und Kulturnation* lebt diese Gegenüberstellung weiter: Jene definiert sich über staatsbürgerliche Rechte und Pflichten, diese dagegen ethnisch-kulturell als Herkunfts- und (fiktive) Abstammungsgemeinschaft, und dieser Unterschied hat Folgen für die Fähigkeit des Umgangs mit ethnischer Pluralität und für die Staatsbürgerschaftsdefinitionen bis heute.[13] – Theodor Schieder entwickelte diese Zweier- zu einer Dreiertypologie weiter und unterschied zwischen dem

»integrierenden Nationalstaat« Westeuropas, der aus der Umformung des frühneuzeitlichen Territorialstaats ohne größere Grenzstreitigkeiten entstand; dem »unifizierenden Nationalstaat« (vor allem Deutschlands und Italiens), der durch Zusammenfassung kleinerer vor-nationaler Staaten nicht ohne kriegerische Gewalt gebildet wurde; und dem »sezessionistischen Nationalstaat« im Osten und Südosten Europas, der im Kampf um nationale Autonomie gegen übernationale Reiche errungen wurde: eine typologische und genetische Differenz mit Folgen für den Inhalt des Nationalismus und die Definition der Nationszugehörigkeit wie der Staatsbürgerschaft.[14] Die jüngere Forschung reibt sich an diesen europazentrierten typologischen Unterscheidungen und ebnet sie ein. Sieht man genauer hin, findet man tatsächlich, daß sich die Differenzen gradualisieren, und man erkennt, daß sich volks- und staatsbürgernationale Dimensionen in den Selbstbeschreibungen und in der Praxis der Nationalstaaten mischten.[15] Das relativiert die oben genannten Typologien, macht sie aber nicht obsolet. Denn die Mischungsverhältnisse variierten. Die unterschiedlichen Ausgangskonstellationen wirkten nach. Was im kulturgeschichtlichen Detail durch Ähnlichkeit frappiert, mag in unterschiedlichen Strukturzusammenhängen verschiedene Bedeutung haben. Die Debatte ist nicht beendet. Sie braucht den systematischen Vergleich, und zwar über Europa hinaus.[16]

Im Zeitalter des Nationalstaats schritt die »innere Staatsbildung« (Otto Hintze) kräftig voran, das ist ein *viertes* wichtiges Thema, das allerdings derzeit nicht die Historiker-Aufmerksamkeit erhält, die es verdient. Die Herausbildung des »modernen Staats«, also des souveränen, auf Dauer gestellten, an Institutionen statt an Personen gebundenen, weltlichen Flächenstaats mit zentraler, zunehmend bürokratisierter Verwaltung und dem Monopol zur Wahrnehmung legitimer Gewalt (Max Weber: »anstaltliche Gebietsherrschaft«), war in Europa seit dem späten Mittelalter auf dem Weg. Das galt auch für den deutschen Bereich, hier allerdings nicht auf der Ebene des altertümlichen »Heiligen Römischen Reichs Deutscher Nation«, sondern in den größeren, absolutistisch regierten, zunehmend souveränen Einzelstaaten. Sie aber umfaßten jeweils nur Teile der Bevölkerung, die sich im 19. Jahrhundert als deutsche Nation konstituieren sollte, und teilweise (wie Habsburg und Preußen) Menschen unterschiedlicher Nationalität.[17]

Wie sehr der Nationalstaat den Staatsbildungsprozeß beschleunigt, vertieft und verändert hat, zeigt sich besonders deutlich an Frankreich seit 1789. Die Idee der Nation verschaffte dem Staat eine neue Legitimationsbasis, die seine Herrschaft ungemein stärkte, allerdings zugleich begrenzte und veränderte. Denn einerseits konnte der neue Nationalstaat die Eigenständigkeit der regionalen und ständischen Körperschaften in seinem Innern viel effektiver zurückdrängen, als dies dem absolutistischen Ancien régime je möglich gewesen war; Zentralisierung, Bürokratisierung und Ausdehnung der Verwaltung beschleunigten sich. Die staatlichen Zumutungen an die einzelnen Subjekte gewannen an Intensität und Realitätsgehalt, auch an Zwanghaftigkeit – von der zunehmenden Steuerpflicht über die allgemeine Wehr- und Schulpflicht bis hin zu Loyalitätsverpflichtungen, die das Innere der Menschen veränderten und im Grenzfall die Pflicht zur Hingabe des eigenen Lebens umschlossen. Langfristig nahm die staatliche Regelungsdichte zu. Andererseits setzte der Nationalstaat ältere Tendenzen zur Verrechtlichung staatlicher Herrschaft beschleunigt fort, vor allem indem er sie erstmals an eine geschriebene Verfassung band. Gleichzeitig gründete er den Staat, wie erstmals in den USA, auf das Prinzip der Volkssouveränität und setzte damit einen langwierigen Prozeß der Demokratisierung staatlicher Herrschaft in Gang.[18]

Auch östlich des Rheins hat der Nationalstaat die innere Staatsbildung gefördert: zunächst indirekt durch das französische Vorbild und die napoleonische Herausforderung (vor 1815 und danach), dann durch den Kampf der deutschen Nationalbewegung für Einheit, Freiheit und bisweilen auch Demokratie (vor allem 1848/49 und im Reichsgründungsjahrzehnt), schließlich und vor allem durch die Errichtung des Deutschen Reichs. Die Nationalstaatsgründung war auch in Deutschland mit einem bemerkenswerten Demokratisierungsschub verbunden. Man denke an das demokratische Reichstagswahlrecht für Männer und die dadurch geförderte Entstehung eines dynamischen, breite Bevölkerungsschichten einbeziehenden »politischen Massenmarkts«; an die Ausbreitung zahlreicher Vereine, vieler Interessengruppen und der politischen Massenparteien, die früh über die einzelstaatliche Ebene hinausreichten (dies im Grunde seit 1848/49, aber durch die Reichsgründung noch einmal erheblich verstärkt); an die großen sozialen Bewegungen wie die Arbeiterbewegung, die mit der Reichsgründung zwar nicht entstand, aber doch ganz erheblich an Schwungkraft gewann, bevor sie durch repressive Gesetzgebung – das Anti-Sozialistengesetz von 1878 – für ein gutes Jahrzehnt (aber nicht langfristig!) zurückgestaut wurde; an die oft illiberale Massenmobilisierung für nationale Zwecke, Agitationsverbände und die rechtspopulistischen und nationalistischen Großveranstaltungen im Wilhelminischen Reich. Rechts- und verwaltungsgeschichtlich war der neu gegründete Nationalstaat zunächst ein leeres Gehäuse, von den einzelstaatlichen Behörden und Rechtskodifikationen (besonders Preußens) abhängig, sieht man von den wenigen Vorarbeiten des Deutschen Bundes einmal ab. Doch sehr rasch wurde das Reich zum Haupt-Schauplatz des Behördenausbaus und der Rechtskodifikation; insbesondere das mit der Industrialisierung und dem Ausbau der staatlichen Interventionstätigkeit notwendig werdende, immer dichtere Verwaltungs-, Wirtschafts- und Sozialrecht, das Steuer-, Verkehrs-, Technik- und Sozialversicherungsrecht wurden vor allem auf der Ebene des Reiches entwickelt. Die seit den späten 70er Jahren zu beobachtende Wiederzunahme staatlicher Intervention in Ökonomie und Gesellschaft – einschließlich des Ausbaus öffentlicher Daseinsvorsorgeeinrichtungen, neuer Technik-, Verkehrs- und Energieregulierungen sowie des Aufbaus des Sozialstaats seit den 80er Jahren – geschah vor allem auf nationalstaatlicher Ebene, daneben (und häufig sogar zuerst) auf der Ebene der Kommunen. Durch all dies gewann der Nationalstaat an Realität (auch im Bewußtsein der Bürger), machte die Nationsbildung Fortschritte und wurde die innere Staatsbildung entscheidend gefördert. Dies waren einander wechselseitig verstärkende Prozesse.[19]

Doch zweierlei unterschied die deutsche Entwicklung nachhaltig von der französischen. *Erstens:* Sehr lange, auf jeden Fall bis zur Reichsgründung gegen Ende der ersten Industrialisierungsperiode, fand die innere Staatsbildung in Deutschland getrennt von der gesamtdeutschen Nationsbildung statt, und teilweise geradezu gegen sie, nämlich im Rahmen der großen Einzelstaaten, die ihre dynastisch begründete, aber zunehmend volkstümlich verstärkte Legitimität gegen die Herausforderung der gesamtdeutsch-nationalen Bewegung verteidigten. Das galt nicht nur für die Intensivierung der staatlichen Herrschaft wie für den Ausbau und die Bürokratisierung der Verwaltung, sondern auch für die Verrechtlichung und den Beginn der Konstitutionalisierung staatlicher Herrschaft wie für die ersten Ansätze zu demokratischer Partizipation durch parlamentarische Mitsprache, Laienbeteiligung an der Justiz und gemeindliche Selbstverwaltung. Die langlebigen Folgen für die Stärke und die Überlebenskraft des deutschen Föderalismus liegen auf der Hand. Man kann sich überdies fragen, ob nicht die großen Einzelstaaten wie Preußen, Bayern, Sachsen und Württemberg als Schauplätze moderner Staatsbildung mit volkstümlicher Bodenhaftung das Zeug zur allmählichen Konstituierung als Nationalstaaten mit eigener Nation gehabt hätten – wie dort mancher lange geglaubt hat und wie ja vielleicht auch die langfristige Entwicklung Österreichs hin zu einem selbständigen Nationalstaat zeigt.[20] Die Loyalitäten lagen jedenfalls sehr im Gemenge; die Entwicklung zum kleindeutschen Nationalstaat unter preußischer Hegemonie war keinesfalls vorbestimmt, vielmehr im Resultat abhängig von ökonomischer Überlegenheit, militärischer Durchsetzungskraft, politischen Entscheidungen, einzelnen Personen und ereignishaften Weichenstellungen, nicht zuletzt auf dem Schlachtfeld. Die deutsche Nationalstaatsgründung hätte auch ganz anders verlaufen können.

Zweitens: An der Wiege des deutschen Nationalstaats von 1870/71 stand nicht, wie 1789 in Frankreich der Fall und 1848/49 auch in Deutschland versucht, das Prinzip der Volkssouveränität. Die Reichsgründung geschah vielmehr unter der Regie und mit der Macht des preußischen Militär- und Obrigkeitsstaats sowie als Kompromiß zwischen der herkömmlichen Staatlichkeit und der liberalen Nationalbewegung, jedoch gegen deren demokratisch-sozialdemokratischen Flügel. Der daraus entstehenden Verfassungswirklichkeit blieb ein dualistischer Grundzug eigen: ein prekäres Gleichgewicht zwischen monarchisch legitimierter Regierung und mehr oder weniger demokratisch legitimierter Volksvertretung, die sogenannte »konstitutionelle Monarchie«. Entsprechend ungleichgewichtig verlief die Staatsbildung in Deutschland. Als Verwaltungs- und Rechtsstaaten waren die großen Einzelstaaten und das Reich bis 1914 weitgehend ausgebaut, während ihre Parlamentarisierung bis 1918 blockiert und die politische Partizipation der Staatsbürger begrenzt blieb. Die Folge war »eine Unsicherheit des politischen Stils, ein Mißtrauen gegenüber parlamentarischen Entscheidungen und Kompromissen, eine Zivilgesellschaft mit notorisch schwachem Selbstbewußtsein«.[21]

c) *Im Geschiebe und Gedränge, zwischen Frieden und Krieg*

Zwischen innerer und äußerer Staatsbildung bestand in Europa jahrhundertelang ein enges Wechselverhältnis. Das »Geschiebe und Gedränge« der Staaten (Otto Hintze), ihre harte Dauerkonkurrenz miteinander, war eine der wichtigsten Triebkräfte der inneren Staatsbildung. Wer nicht mithielt, schied aus, wie es erfolglosen Unternehmen auf kapitalistischen Märkten ergeht. Zwischen 1500 und 1914 nahm die Zahl der einigermaßen unabhängigen politischen Einheiten in Europa von ca. 500 auf 20 bis 30 ab; den Weg der Staatsbildung säumten die Trümmer einst mächtiger, aber von der politischen Landkarte getilgter Herrschaftsgebilde wie Burgund, Venedig und Polen, das erst 1918 seine Staatlichkeit zurückgewann. Das 19. Jahrhundert beschleunigte diesen Konzentrationsprozeß. Die Konkurrenz zwischen den europäischen Ländern trug zur schrittweisen Ausbreitung des Nationalstaatsprinzips in Europa bei. Sie trieb die oft gewaltsame Ausdehnung der europäischen Herrschaft in andere Weltteile voran und verschärfte sich im kolonialistischen und imperialistischen Kampf. Der Siegeszug des Nationalstaatsprinzips spitzte die Dauerkonkurrenz zwischen den europäischen Staaten zu, indem er sie ideologisierte und fundamentalisierte.[22]

Nur sehr wenige Nationalstaaten sind ohne Krieg entstanden. Ihre territorialen Exklusivitätsansprüche führten sie in der Regel in gewaltsamen Konflikt mit der überkommenen Staatenordnung; in ethnisch gemischten Siedlungsgebieten wurden sie durch ihre Ansprüche leicht gegeneinander in Stellung gebracht; ihr universalistisches Credo machte sie expansiv, ihr gutes Gewissen bedenkenlos. In der Revolution von 1848/49 trat dies machtvoll in Erscheinung. Das Jahr des »Völkerfrühlings« war ein Jahr der europäischen Kriege. Zwei Jahrzehnte später machte die Geburt des deutschen Nationalstaats keine Ausnahme.[23]

Langfristig haben die europäischen Nationalstaaten gelernt, ihr Verhältnis zueinander friedlich zu regeln. Trotz weiterhin bestehender und sich auch wieder verschärfender Spannungen scheint es heute, im 21. Jahrhundert, daß zumindest die schon älteren, »reiferen« Nationalstaaten des Westens aus den Katastrophen gelernt haben, in die sie ihre jugendliche Dynamik in früheren Jahrzehnten führte.

Im 19. Jahrhundert blieb die Friedensfähigkeit der neu entstandenen Nationalstaaten dagegen prekär. Zur nationalistischen Integration nach innen gehörte die scharfe Abgrenzung nach außen, zur Inklusion auch immer die Exklusion. Die Liebe zur eigenen Nation ging nur allzuoft Hand in Hand mit der Feindseligkeit gegenüber den anderen. Mit der nationalstaatlichen Bündelung der Kräfte im Innern war die machtvolle Selbstdarstellung nach außen wechselseitig verbunden. Die in diesen Staaten entfesselte wirtschaftliche Dynamik drängte über ihre Grenzen hinaus und fügte der Staatenkonkurrenz eine verschärfende ökonomische Dimension hinzu, wie sich im Hochimperialismus des späten 19. und frühen 20. Jahrhunderts zeigte. Die entstehenden Nationalstaaten waren überdies in ihrem Innern von tiefen sozialen Fronten zerfurcht. Nach außen gerichtete, teils symbolische, teils tatsächliche Konfliktpolitik bot sich als Integrationsinstrument an. Die Theorie des »Sozialimperialismus« (John A. Hobson, Hans-Ulrich Wehler) hat diesen Zusammenhang erhellt.

Trotzdem konnte der französische Historiker Charles Seignobos in den 1890er Jahren das 19. Jahrhundert im Vergleich zu den viel kriegerischeren vorangegangenen Jahrhunderten als eine »Zeit des europäischen Friedens« beschreiben. Auch im Vergleich zum mörderischen 20. Jahrhundert erscheint dies nicht falsch. Denn nach dem Schock der mehr als zwanzig Jahre dauernden europäischen Kriege um die Wende vom 18. zum 19. Jahrhundert war es auf dem Wiener Kongreß 1814/15 gelungen, eine europäische Friedensordnung zu etablieren, die nicht auf dem Nationalstaatsprinzip gründete, sondern sich gegen die nationalen – zugleich gegen die liberalen und demokratischen – Bewegungen der Zeit stemmte, wie sie mit der Französischen Revolution und den Napoleonischen Kriegen in die Welt getreten waren. Man hatte in Wien eine wenig formalisierte Variante des Multilateralismus in Kraft gesetzt, die auf dem Zusammenspiel der großen Mächte – Großbritannien, Frankreich, Rußland, Habsburger Monarchie und Preußen/Deutschland – fußte. Diese am Erhalt des Status quo orientierte, konservative, oft prekäre Allianz unterschiedlich positionierter Staaten wurde immer wieder herausgefordert und verletzt: durch den griechischen Unabhängigkeitskampf gegen das Osmanische Reich 1821–1829, die polnischen Aufstände 1830 und 1846, die Revolution 1848/49, den Krimkrieg 1853–1856, durch die mit Kriegen verbundenen Nationalstaatsgründungen in Italien und Deutschland, durch die Gewaltsamkeiten und Kriege auf dem Balkan seit den 1890er Jahren. Doch das Zusammenspiel der Großmächte überlebte diese Herausforderungen. Bis 1914 half es entscheidend mit, zu verhindern, daß aus regional begrenzten Konflikten der große, den gesamten Kontinent zerrüttende Krieg entstand, so sehr auch die einzelnen Konflikte die Tendenz hatten, die Großmächte einzubeziehen und gegeneinander in Stellung zu bringen.[24]

In das Bild vom Jahrhundert des europäischen Friedens paßte auch, daß sich der Aufstieg der Nationalstaaten mit friedlicher Transnationalisierung als durchaus vereinbar erwies. Grenzüberschreitende Kommunikation und Kooperation wurden vor allem in der zweiten Hälfte des Jahrhunderts dichter und teilweise institutionalisiert. Man denke an die internationalen Absprachen zur Regelung von Telegraphie und Post 1856 und 1874, an die Weltausstellungen seit der Mitte des Jahrhunderts, an Weltorganisationen wie das Rote Kreuz und die Olympischen Spiele, auch an die Versuche zur Kodifikation des Völkerrechts bis hin zur Haager Landkriegsordnung von 1907/11. Nicht nur ökonomisch und kommunikationshistorisch, auch sozial und politisch war die zweite Hälfte des langen 19. Jahrhunderts, zumindest für Europa, eine Zeit der Transnationalisierung, ja der Globalisierung – die erst in der Zeit der Weltkriege des 20. Jahrhunderts unterbrochen und rückläufig wurde.[25] Doch in zweierlei Hinsicht widersprach der Verlauf der Geschichte dem Bild vom 19. Jahrhundert als einer »Zeit des europäischen Friedens« diametral.

Einerseits ist unübersehbar, daß der prekäre Frieden innerhalb Europas, den Seignobos lobte, die Anwendung kriegerischer Gewalt durch die europäischen Kolonial- und Imperialmächte außerhalb Europas keineswegs ausschloß. Die oft sehr gewaltsame Unterwerfung und Ausbeutung großer Teile der nicht-europäischen Welt durch militärisch, wirtschaftlich und wissenschaftlich überlegene europäische Mächte erreichte in den vier Jahrzehnten vor dem Ersten Weltkrieg ihre größte Ausdehnung. Dies war seit langem vorbereitet worden: Der Aufstieg eines selbstbewußten Europa-Zentrismus in fortschrittsgläubigem Gewand war in den Diskursen der europäischen Intellektuellen schon seit dem 18. Jahrhundert zu beobachten. Das Verhältnis zwischen Europa und der übrigen Welt wurde immer häufiger mit Begriffen wie »modern« und »rückständig« gefaßt, die Überlegenheit des okzidentalen Modells war bald unbezweifelt, das Recht zu seiner Universalisierung im Prinzip unbestritten. In oft sehr verzerrten Bildern vom Fremden als minderwertig prägte sich europäisches Überlegenheitsbewußtsein aus. Rassismus war weit verbreitet und alles durchdringend. Die europäische Dominanz in der Welt wurde zum Signum des 19. Jahrhunderts. Sie wurde ideologisch vorgedacht, bevor sie durch die Kolonisierung Asiens und Afrikas politisch-militärisch vollzogen wurde und im Hochimperialismus des späten 19. und frühen 20. Jahrhunderts kulminierte.

Deutsche Kolonialpolitik begann vergleichsweise spät, erst Mitte der 1880er Jahre und währte nur gut 30 Jahre, bis zum Ersten Weltkrieg. Doch mit Deutsch-Ostafrika, Deutsch-Südwestafrika, Kamerun und Togo, Besitzungen im Pazifik und Kiautschau in Nordost-China errichtete Deutschland in sehr kurzer Zeit das flächenmäßig drittgrößte Übersee-Imperium der damaligen Zeit, gleich hinter den Weltreichen Großbritannien und Frankreich, die schon in den vorhergehenden Jahrhunderten einen Teil ihres Wohlstands aus ihren Kolonien bezogen hatten. In anderen Gebieten, so im Nahen Osten, wo das Osmanische Reich zerfiel, unterstützte die Reichsregierung das Vordringen deutscher Wirtschaftsunternehmen und ihrer Projekte. Deutsche Einflußbereiche entstanden, auch wo sie nicht als Kolonien verfestigt wurden. Neben ökonomischen Interessen an Rohstoffen, Absatzmärkten, billigen Arbeitskräften und manchmal auch Siedlungsraum spielte der graßierende Nationalismus als Motiv die wichtigste Rolle: vor allem im Wettlauf mit anderen konkurrierenden Nationen, teilweise verbunden mit militärpolitischen Ambitionen und immer wieder als nach innen gerichtete Strategie der Regierenden, mit nationalen Prestigeprojekten und kolonialer Symbolpolitik von inneren Konflikten abzulenken und die breiten Massen zu gewinnen. Denn die Forderung, für das eigene Land »einen Platz an der Sonne« zu erringen (so der spätere Reichskanzler Bernhard von Bülow 1897) und dafür Kolonien zu erlangen, war populär.

Die meisten Erwartungen erfüllten sich nicht. Ökonomisch blieben die Kolonien für Deutschland ein Zuschußgeschäft. Zudem trug der Kolonialismus vor 1914 erheblich zur Zuspitzung der Spannungen zwischen den europäischen Mächten bei: Kurz nach der Jahrhundertwende geriet die Kolonialisierung insofern an ihre territorialen Grenzen, als nunmehr eine europäische Macht sich ein neues Territorium nur noch dadurch aneignen konnte, daß sie es einer anderen Kolonialmacht abjagte oder von ihr durch Verhandlung und Tausch übernahm. Das verschärfte die Gegensätze. Die Welt war verteilt, sehr zum Ärger von Nachzüglern wie Deutschland. Kolonialherrschaft wurde vor Ort sehr oft mit härtester Ausbeutung, menschenverachtender Diskriminierung und brutalen Strafen ausgeübt. Die darauf reagierenden Proteste und Aufstände der einheimischen Bevölkerung wurden, wenn nötig, mit kriegerischen Mitteln niedergeschlagen. Das Deutsche Reich hatte seinen Anteil daran. Es führte drei große Kolonialkriege: in China den sogenannten Boxerkrieg um 1900 (zusammen mit anderen Kolonialmächten), 1904–1907 in Südwestafrika den »völkermörderischen Krieg« (Sebastian Conrad) gegen die Herero und Nama (deren Bevölkerung schätzungsweise von 85 000 auf 15 000 beziehungsweise von 20 000 auf 10 000 dezimiert wurde) sowie 1905–1908 in Ostafrika den sogenannten Maji-Maji-Krieg, dem, die nachfolgende Hungersnot eingerechnet, etwa 300 000 Menschen zum Opfer fielen. Global gesehen war das 19. Jahrhundert keine friedliche Zeit. Globalisierung und Kolonialisierung gingen damals Hand in Hand.[26]

Andererseits: Gegen Ende des langen 19. Jahrhunderts sah sich der konfliktdämmende konservative Multilateralismus, wie er 1815 auf dem Wiener Kongreß aus der Taufe gehoben worden war, von einer stark veränderten Weltlage erheblich überfordert. Er war in Reaktion auf die Französische Revolution und die Napoleonischen Kriege mit einer dezidiert vor-nationalstaatlichen Orientierung begründet worden, als ein bewahrender Damm gegen eine Flut von Ideen und Herausforderungen, zu denen der Wunsch nach »Einheit und Freiheit«, die Forderung nach Nationsbildung und Nationalstaat sowie die sie tragenden Bewegungen gehörten. Aber der Aufstieg nationaler Bewegungen und nationalistischer Energien war in den folgenden Jahrzehnten nicht zu verhindern, er drückte dem Jahrhundert den Stempel auf, oft in Verbindung mit liberaler und demokratischer Dynamik. Der Grundsatz engster Verbindung von Bevölkerung, Kultur, Territorium und Macht unter nationalem Vorzeichen gewann kraftvoll an Boden und mit ihm das Prinzip der nationalen Souveränität: als Strukturmerkmal von Nationalstaaten – so seit der Reichsgründung auch in Deutschland – oder als mächtige Infragestellung der noch bestehenden übernationalen »Vielvölkerstaaten«, insbesondere des Osmanischen Reiches, des Zarenreiches und der Habsburger Monarchie. Mit den dadurch hochgradig gesteigerten Spannungen zwischen den Mächten, ihrer verschärften Konkurrenz in der Phase des Hochimperialismus und der teils demokratischen, teils populistischen Verankerung des Nationalismus in den an Einfluß gewinnenden Völkern kam das traditionelle »Konzert« der großen europäischen Mächte, das multinationale Modell von 1815 immer weniger zurecht. Ein letztes Mal gelang es der diplomatischen Ausgleichsarbeit und der traditionellen Kompromißfähigkeit der Mächte in den Balkankriegen von 1912/13, regionale Konflikte einzudämmen, sich selbst gerade noch herauszuhalten und die schon wankende europäische Friedensordnung nochmals zu stabilisieren. Im Sommer 1914 gelang das nicht mehr. Konservative, vornationalstaatliche Konfliktregelungspraktiken erwiesen sich im Zeitalter der leidenschaftlich konkurrierenden Nationalstaaten und des integralen

Nationalismus als überfordert. Durchaus konsequent und sinnfällig, geschah der Absturz in den großen europäischen, bald globalen Krieg auf dem Balkan. Denn hier fanden die Kämpfe zwischen den sich kräftig geltend machenden Nationalismen und den vor-nationalstaatlich organisierten Herrschaftsformen traditioneller Reiche – nämlich dem Osmanischen und dem Habsburger Reich – in den Jahrzehnten vor 1914 am heftigsten statt.

Deutschland war ein zentraler Schauplatz, bald ein zentraler Akteur in diesem immer wieder blutigen Spiel. Die schwache, nicht in Form eines starken Territorialstaats organisierte Mitte Europas gehörte seit dem 17. Jahrhundert zu den essentiellen Bestandteilen der europäischen Friedensordnung. Daran hielt der Dammbau von 1815 prinzipiell fest. Als dann dennoch ein deutscher Nationalstaat entstand, war er ein europäisches Problem erster Ordnung. Schon 1848/49 zeigte sich das, als die Nationalstaatsgründungsversuche der Frankfurter Paulskirche auf erhebliche internationale Bedenken stießen. Ihr Scheitern wurde in Europa begrüßt. Die große Leistung Bismarcks wird gewöhnlich darin gesehen, daß es ihm gelang, die Gründung eines starken Nationalstaats in der Mitte Europas ohne allgemeinen europäischen Krieg – aber nicht ohne Kriege, ganz im Gegenteil! – zu bewerkstelligen. Doch an dem 1870/71 von ihm nicht gemilderten, sondern instrumentalisierten und tief verfestigten deutsch-französischen Gegensatz trug die europäische Ordnung der nächsten Jahrzehnte wie an einer schweren Hypothek. Deutsche Außenpolitik hatte damit wie mit einer Konstante zu rechnen und für Bündnis-Konstellationen zu sorgen, die mit diesem Erbübel zu leben erlaubten. Das kunstvoll-künstliche, schon in den 80er Jahren überforderte Bündnissystem Bismarcks suchte dem Rechnung zu tragen. Nach 1890 trat die das europäische System herausfordernde, eine Neuverteilung der Macht verlangende Energie des Deutschen Reichs auf seinem Weg zum raschen, nachholenden Aufstieg als europäische Großmacht immer deutlicher hervor. Wie immer der deutsche Beitrag zum Ausbruch des Ersten Weltkriegs im einzelnen zu beurteilen ist – und das Urteil bleibt in den Nuancen strittig –, er war erheblich und vermutlich entscheidend, wenn auch nur wirksam in einem System, in dem die zunehmende nationalstaatliche Konkurrenz zwischen den Mächten und die nationalistischen Leidenschaften in den Völkern zu zentralen, widersprüchlichen, destabilisierenden Bauelementen geworden waren.[27]

Das »lange 19. Jahrhundert« begann mit Revolution und Krieg, aus denen der Nationalstaat entstand. Es endete mit Krieg und Revolution, und dazu hatte die mittlerweile voll entfesselte Dynamik der Nationalstaaten und des Nationalismus entscheidend beigetragen.

KAPITEL 6
DAS JAHRHUNDERT ALS EPOCHE UND DER DEUTSCHE FALL

a) Vorher und nachher

Dreierlei zeichnet eine historische Epoche aus. Sie ist von »epochemachenden« Ereignissen eingefaßt. Sie stellt einen inneren Zusammenhang dar. Was sie zusammenhält, unterscheidet sie zugleich von dem vorhergehenden und dem nachfolgenden Zeitabschnitt.[1] Ist das »lange 19. Jahrhundert« eine Epoche der deutschen Geschichte?

Am Anfang des 19. Jahrhunderts stand die Zäsur der Französischen Revolution und der aus ihr folgenden napoleonischen Eroberung Europas.[2] Beides führte zu einer Neuordnung Deutschlands. Kein anderes Ereignis hat so viele grundsätzliche Veränderungen in der europäischen Geschichte des 19. Jahrhunderts bewirkt wie die Französische Revolution, sei es als Folge, sei es als Reaktion. Dies gilt auch für das deutschsprachige Mitteleuropa. Am Ende des langen 19. Jahrhunderts stand der Erste Weltkrieg. George Kennan hat ihn als die »Urkatastrophe« des 20. Jahrhunderts bezeichnet. Der Erste Weltkrieg machte Epoche. Er verschlang das 19. und brachte das 20. Jahrhundert hervor. Für die deutsche Geschichte bedeutete der verlorene Krieg eine besonders tiefe Zäsur.[3]

In den vorangehenden Kapiteln wurde das 19. Jahrhundert in vier Längsschnitten dargestellt: als Epoche der Industrialisierung, als Jahrhundert des beschleunigten Bevölkerungswachstums und der Wanderungen, als ein bürgerliches Jahrhundert und als Zeitalter der Nationsbildung. Dadurch wurde die übliche Aufteilung in Wirtschafts-, Sozial-,

Politik- und Kulturgeschichte vermieden. Ihre Verknüpfung war das Ziel, und jeder der vier Längsschnitte hat diese Verknüpfungen auf andere Weise versucht. Zusammengenommen unterscheiden die vier Kapitel das 19. Jahrhundert von den Zeitabschnitten vorher und nachher, jedoch nicht messerscharf, sondern teilweise mit fließenden Übergängen.

Industrialisierung, wie vorn definiert, gab es im 18. Jahrhundert in Deutschland noch nicht; im 20. Jahrhundert lief sie allerdings weiter und nur allmählich aus. Das rasante Bevölkerungswachstum und die damit zusammenhängenden häufigen Wanderungen (zunächst nach Übersee und dann im Innern vom Land zur Stadt) ebbten nach dem Ersten Weltkrieg rasch ab. Die Wanderungen des 18. Jahrhunderts hielten sich auf viel niedrigerem Niveau, während das Bevölkerungswachstum sich schon seit den 1740er Jahren beschleunigte, obwohl weit unter den Raten des 19. Jahrhunderts.

Die Französische Revolution und die aus ihr hervorgehende gewaltsame Neuordnung Europas durch Napoleon haben in den deutschen Regionen die Erosion von Feudalismus und Absolutismus samt ihrer Transformation in eine zunehmend bürgerliche Gesellschaft mit allgemeinen staatsbürgerlichen Rechten und Pflichten weder ganz neu begonnen noch auch nur in die Nähe eines erfolgreichen Abschlusses gebracht. Aber sie haben tiefgreifende Reformen teilweise in Gang gesetzt, teilweise herausgefordert, teilweise auch nur beschleunigt, aber auf jeden Fall gegen bis dahin unüberwindbare Widerstände weit vorangetrieben. Das waren Reformen, die die politische Ordnung, die wirtschaftlichen Strukturen und das gesellschaftliche Leben fundamental und nachhaltig modernisierten. Dazu gehörten große Schritte der Emanzipation aus feudalen und ständischen Bindungen auf dem Lande wie in den Städten; die Zurückdrängung kirchlichen Einflusses und kirchlicher Besitzstände; die Begrenzung der Ausübung politischer Macht seitens monarchischer Regierungen und bürokratischer Verwaltungen durch Verwaltungsreformen, Justizreformen und, im Süden Deutschlands, auch durch erste geschriebene Verfassungen; sowie die Institutionalisierung von städtischer Selbstverwaltung und ständisch-repräsentativen politischen Vertretungen auf lokaler und regionaler Ebene. Dazu gehörten durchgreifende Reformen der Volks- und Elitenbildung sowie des in das gesellschaftliche, wirtschaftliche und kulturelle Leben eingreifenden Rechts – meistens nach liberalen Prinzipien und im Sinne von Grundsätzen, wie sie in der Aufklärung des 18. Jahrhundert entwickelt worden waren. Diese Fortschritte in Richtung einer bürgerlichen Gesellschaft (auch im Sinn von Zivilgesellschaft), in Richtung von Rechts- und Verfassungsstaatlichkeit, in Richtung zunehmender Partizipation in ständischen, allmählich parlamentarischen, ansatzweise auch demokratischen Formen wurden im Vormärz, in den Revolutionen von 1830 und 1848/49 und schließlich im Reichsgründungsjahrzehnt wie im neu errichteten Nationalstaat in harten Auseinandersetzungen fortgesetzt. Sie wurden umkämpft, häufig besiegt, immer wieder zurückgestaut und auch noch zum Ende des Jahrhunderts im Kaiserreich empfindlich beschränkt und behindert; aber als Gesamttrend des Jahrhunderts sind sie unbestreitbar. Diese gesellschafts- und verfassungsgeschichtliche Entwicklung unterschied das 19. Jahrhundert klar vom 18., aber auch von der ersten Hälfte des 20. Jahrhunderts mit seinen Abstürzen in Krieg, Diktatur und Katastrophen.

Die Umstürze des späten 18. und frühen 19. Jahrhunderts veränderten die Landkarte Europas und brachten das altmodische Heilige Römische Reich Deutscher Nation definitiv zum Ende. So öffneten sie den Raum für Nationsbildung, sie beschleunigten sie oder setzten sie gar erstmals in Gang. Auch dadurch unterschied sich das 19. vom 18. Jahrhundert. Wenn auch die großen übernationalen Imperien – so vor allem das Habsburger Reich, das Osmanische und das Zarenreich – durch das ganze 19. Jahrhundert hindurch machtvolle Akteure blieben und es zu einer Welle der Gründung von Nationalstaaten erst nach dem Ersten Weltkrieg kam, war doch Nationsbildung ein zentrales Kennzeichen des 19. Jahrhunderts. Der Nationalismus wurde zu seiner wohl mächtigsten Veränderungskraft und zugleich zerstörerischsten Dynamik, bis hinein in den Großen Krieg 1914–18 und über ihn hinaus. Diese Dynamik wurde in Europa erst durch den Zweiten Weltkrieg gebrochen. Erst in der zweiten Hälfte des 20. Jahrhunderts entstanden in Europa reale Ansätze einer übernationalen politischen Ordnung, die die Nationalstaaten aber nicht verdrängt oder ersetzt hat.

Niemand käme schließlich auf die Idee, das 18. Jahrhundert in Deutschland als »bürgerlich« zu charakterisieren; das Bürgertum des 18. Jahrhunderts war klein und schwach, das Konzept einer bürgerlichen Gesellschaft wurde zwar in den Diskursen der Aufklärung entwickelt, aber noch nicht realisiert. Im 20. Jahrhundert glaubten manche Historiker, den raschen Niedergang des Bürgertums zu beobachten; mindestens für Deutschland vom Ersten Weltkrieg bis in die 1950er Jahre trifft das zu, denn das Zeitalter der Diktaturen als bürgerlich zu bezeichnen, wäre absurd. Die Begriffe »Bürger« und »bürgerlich« verloren an Trennschärfe, zeitweise an Inhalt (ausgenommen als polemische Begriffe, als Bestandteil linker wie rechter Kritik). Jedoch spricht viel für die These, daß in der zweiten Hälfte des 20. Jahrhunderts in Deutschland und Europa – zunächst nur im Westen, nach 1990 ansatzweise auch im Osten – eine Renaissance des Bürgertums in stark veränderten Formen stattgefunden hat. Zweifellos endete das 20. Jahrhundert mit einer Rückbesinnung auf die bürgerliche Gesellschaft im Sinn von Zivilgesellschaft.[4]

Scharfe Abgrenzungen gegenüber vorher und nachher ergeben sich bei der Betrachtung dieser vier Bündel grundlegender struktureller Veränderungen also nicht. Doch sie lassen das lange 19. Jahrhundert bei aller inneren Heterogenität teils als grob abgrenzbare Epoche mit eigenen Merkmalen, teils als Durchbruchsphase mit fließenden Übergängen ins 20. Jahrhundert hinein erkennen.

b) Der deutsche Weg in Europa

In den vorangehenden Kapiteln wurden europäische Prozesse in ihrer deutschen Ausprägung untersucht. Die Wahl begrenzt generalisierender Begriffe – wie Industrialisierung, Nationsbildung und bürgerliche Gesellschaft – als tragende Pfeiler der Argumentation erlaubte eine teils implizit, teils explizit vergleichende Darstellung. Was sich dabei an Einsichten über Deutschland in Europa, über Eigenarten des deutschen Falls und seine Einbettung in den europäischen Zusammenhang ergab, sei jetzt knapp zusammengefaßt und ergänzt. Insgesamt erscheint die deutsche Entwicklung nicht als »Sonderweg«,[5] sondern als Version einer aus mehreren Varianten bestehenden gesamteuropäischen Entwicklung, deren typologisch-vergleichende Gesamtanalyse aber hier nicht geleistet werden kann.

Das Bild der europäischen Industrialisierung hat sich durch die Forschung der letzten Jahrzehnte geändert. Alte Typologien wurden in Frage gestellt, ohne daß neue entstanden. Doch unbestreitbar bleibt, daß die Industrialisierung in Deutschland im großen und ganzen später als in West- und früher als in Ost-, Nord- und Südeuropa begann, daß sie vom Westen beeinflußt wurde und auf den Osten Einfluß gewann. Das deutsche Industriewachstum begann relativ zum Westen spät, verlief dann aber vergleichsweise dynamisch. Die Eisenbahnen, die Produktionsgüter- und hierbei die Schwerindustrie spielten früh eine große Rolle, später errangen die Elektro- und Chemieindustrie – auf mit staatlicher Hilfe früh entwickelter natur- und technikwissenschaftlicher Grundlage – eine weltweit führende Rolle, gleichauf mit den USA. Die enge Verbindung von multifunktionalen Banken und anderen Wirtschaftsunternehmen besonders im produzierenden Gewerbe kennzeichnete das deutsche System international und gilt für das 19. Jahrhundert zumeist als wachstumsförderlicher Faktor. Die deutsche Wirtschaft brachte zeitig hochorganisierte, oft eng kooperierende Großunternehmen hervor. Der Manager-Kapitalismus entwickelte sich hier früher als anderswo in Europa. Seit den 1870er Jahren nehmen die staatlichen Interventionen in die Marktwirtschaft wieder zu. Der frühe Aufstieg der Manager und die große Bedeutung staatlicher Eingriffe hat Historiker veranlaßt, von Ansätzen zum »organisierten Kapitalismus« im Kaiserreich zu sprechen. Sie traten in Deutschland dank seiner starken und ungebrochenen beamtenstaatlichen oder bürokratischen Traditionen früher auf als in den meisten Nachbarländern. Doch die große Mehrheit der gewerblichen Unternehmen war auch in Deutschland kleinbetrieblich verfaßt. Das Handwerk blieb stark, die Landwirtschaft mächtig. Der Übergang zur Konsumgesellschaft begann im deutschsprachigen Mitteleuropa nur zögernd und später als im Westen Europas, vor allem seit den 1880er Jahren. Der Dienstleistungssektor hing schon damals zurück.[6] Im übrigen erweist die Forschung wieder und wieder, wie innerlich verflochten der europäische Industrialisierungsprozeß war, wie sehr er aus einem Geflecht regionaler Industrialisierungen bestand und wie wenig er als Folge und Summe nationaler Industrialisierungen hinreichend verstanden werden kann.

Die europäischen Länder unterschieden sich nach der Art, in der die alte feudal-ständische Ordnung zu Ende gebracht und der Kapitalismus in Landwirtschaft und Gewerbe durchgesetzt wurde. Dies waren komplizierte Prozesse mit zahllosen Differenzen von Land zu Land, von Region zu Region. Allgemein läßt sich sagen, daß in Deutschland Elemente des Feudalismus und der Zunftordnung länger überlebten und nachwirkten als im westlichen Europa, wo sie teilweise revolutionär (wie in Frankreich) oder durch frühere Kommerzialisierung radikaler beseitigt worden waren (wie in in den Niederlanden und England). Die Agrarreformen zogen sich in den deutschen Staaten vom Beginn des

Jahrhunderts bis ins Reichsgründungsjahrzehnt hin, mit Anfängen im 18. und Ausläufern im 20. Jahrhundert. In ihrem Kernbestand wurde die Zunftordnung in den Preußischen Reformen zu Beginn des Jahrhunderts rasch, in den süddeutschen Staaten im Laufe der nächsten Jahrzehnte zögerlich abgeschafft. Doch fast überall in Deutschland überlebten Restbestände in Form von Innungsrechten und Handwerksordnungen; sie wurden teilweise nach der Revolution 1848/49 und im Kaiserreich erneut verstärkt und erwiesen sich als kompatibel mit den Anforderungen der modernen Marktwirtschaft. Auch in anderen Hinsichten gilt: Vorkapitalistische Momente blieben im deutschen Kapitalismus lange stark, wie auch seine staatliche Regulierung und Beeinflussung mit den Reformen des frühen 19. Jahrhunderts nicht schlagartig zu Ende gingen und, wie erwähnt, seit den 1870er Jahren erneut verstärkt wurden.[7]

Die Bevölkerung wuchs im Deutschland des 19. Jahrhunderts rascher als in den meisten anderen europäischen Ländern. Der deutsche Beitrag zur Wanderung über den Atlantik war immens, doch ebbte er Ende des 19. Jahrhunderts ab, sehr viel früher als die süd- und osteuropäischen Kontingente, die erst im späten 19. Jahrhundert kräftig anschwollen und dann im 20. Jahrhundert teils abebbten, teils abgebremst wurden. Das Wirtschaftswachstum, das die eigenen Arbeitskraftreserven schließlich überforderte, wurde von einer sehr rasch wachsenden, jungen, mobilen Bevölkerung getragen. Diese wechselseitige Verstärkung von ökonomischem und demographischem Wachstum gehörte zum Kern jener eindrucksvollen sozialökonomischen Dynamik, die die Deutschen des Wilhelminischen Reichs mit so großem Stolz und viele Nachbarn mit Sorge betrachteten. In puncto Verstädterung lag Deutschland gegenüber dem Westen noch im mittleren 19. Jahrhundert eindeutig zurück, doch nahm die Differenz danach ab. Innerhalb Deutschlands blieben die Unterschiede der städtischen Verdichtung – als West-Ost-Gefälle – ungemein ausgeprägt. In weiten Gebieten besonders im Osten, Norden und Süden blieb Deutschland primär agrarisch, mit Städten als vereinzelten Inseln im dominierenden Land, das allerdings durch Kanäle, Straßen und Eisenbahnen zunehmend erschlossen wurde. Auf einer europäischen Landkarte der Armut des 19. Jahrhunderts dürften die deutschen Elendsgebiete zwischen Schwäbischer Alb, Schlesien und Minden-Ravensberg in der Periode des Pauperismus mit Tiefpunkt in den 1840er Jahren zu den dramatischsten Krisengebieten gehört haben. Noch am

Vorabend des Ersten Weltkriegs standen die deutschen Reallöhne, trotz erheblichen Wachstums in den vorangehenden Jahren, hinter den schwedischen und englischen – nicht mehr aber hinter den französischen – im Durchschnitt zurück.[8]

In Deutschland kam der Nationalstaat später als im westlichen, aber früher als im östlichen Europa. Man sollte nicht generell von »Verspätung« sprechen. Vorn wurden die Eigenarten deutscher Nations- und Nationalstaatsbildung im Vergleich zu Frankreich skizziert. Als deutsche Besonderheiten seien vor allem festgehalten: Die Staatsbildung war auf einzelstaatlicher Ebene weit fortgeschritten, als der Nationalstaat entstand – mit dem deutschen System des Föderalismus als Folge. Trotz aller Modifikationen durch die neueste Forschung erscheint mir weiterhin unbestreitbar, daß der deutsche Nations- und Staatsbürgerbegriff volks- und kulturnational eingefärbt und tendenziell ethnisch definiert war, was die deutsche den osteuropäischen Entwicklungen ähnlicher machte als den im Westen dominierenden.[9] Der deutsche Nationalstaat von 1870/71 und hinfort der deutsche Nationalismus waren weniger mit den Grundprinzipien von Volkssouveränität und Befreiung verknüpft, als es in anderen europäischen Nationalstaaten der Fall war, die sich auf erfolgreiche Akte des Aufstands gegen traditionale Obrigkeit oder fremde Oberherrschaft oder beides zurückführen konnten.

Es wäre jedoch nicht richtig, die deutsche Entwicklung im europäischen Vergleich durch einen besonderen Rückstand an Demokratisierung belastet zu sehen. Zunächst als Strömung innerhalb der großen liberalen Bewegung, dann sich schrittweise aus ihr lösend, war die demokratische Bewegung im Vormärz und in der Revolution 1848/49 in vielen deutschen Regionen stark und nicht schwächer als anderswo in Europa; auch ihre blutige Niederlage 1849 sowie ihre Marginalisierung durch Zensur und undemokratische Wahlrechte in den folgenden Jahren in den meisten Kommunen und Einzelstaaten waren keine deutschen Besonderheiten. Preußen und andere deutsche Staaten verfügten früh über ausgebaute Selbstverwaltung auf kommunaler Ebene – mit demokratischen Elementen. Die zunächst primär bürgerliche, sich aber in den mittleren Jahrzehnten des 19. Jahrhunderts auch für aktive Angehörige unterbürgerlicher Schichten öffnende Vereinsbewegung bot vielfach genutzte Mitwirkungsmöglichkeiten. Teile von ihr politisierten sich nach den bleiernen 1850er Jahren und trugen im Reichsgründungsjahrzehnt die wieder neu sich rührenden politischen Parteien mit, darunter regionale demokratische Parteien und – rasant wachsend – die nicht nur von Arbeitern, sondern auch von vielen anderen »kleinen Leuten« mit getragene Sozialistische bzw. (seit 1890) Sozialdemokratische Partei (SPD), bald die größte ihrer Art in Europa und zweifellos eine starke demokratische Bewegung. Diese demokratischen Strömungen waren älter als der unter preußischer Regie gegründete deutsche Nationalstaat, sie entwickelten sich aber teilweise im Kaiserreich weiter. Dabei bot das vergleichsweise früh (im Norddeutschen Bund 1867 und für den Reichstag 1871) eingeführte allgemeine gleiche Wahlrecht für Männer zusätzliche Chancen, nicht nur für den andernfalls vermutlich viel später und langsamer stattfindenden Aufstieg der SPD, sondern auch für das aktive politische Engagement oder doch für ein Stück breiter politischer Mobilisierung in den regelmäßig stattfindenden Reichstag-Wahlkämpfen. Margaret Lavinia Anderson hat diesen Zusammenhang, zuspitzend, als »Lehrjahre der Demokratie« bezeichnet. Auch als Rechts- und Verfassungsstaat konnte es das Deutsche Reich mit den Errungenschaften der meisten anderen europäischen Länder durchaus aufnehmen.

Was Deutschland verfassungsgeschichtlich von den meisten west-, nord- und südeuropäischen Ländern unterschied, war die deutliche Blockierung der Parlamentarisierung, der entschiedene Verzicht nicht auf Repräsentation per se, wohl aber auf die parlamentarische Regierungsform bis Oktober 1918. Dafür waren der Ausgang des preußischen Verfassungskonflikts und besonders das Jahr 1862 entscheidend, als die zum Greifen nahe Parlamentarisierung des größten deutschen Staates durch die Berufung Bismarcks in das Amt des preußischen Ministerpräsidenten unterblieb, der trotz – oder dank – aller späteren Zugeständnisse an Verfassung, Nation, Reichstag und Parteien, der Bürokratie und dem Militär ein großes Maß an Unabhängigkeit, Einfluß und Maßgeblichkeit sicherte. Für die Verfassung des Reichs wurde bekanntlich das von Bismarck geprägte Modell des Norddeutschen Bundes entscheidend, nicht die parlamentarismusfreundlichere Tradition mancher süddeutscher Staaten. In der Konsequenz konnten die in Deutschland ohnehin ungemein starken bürokratischen Traditionen die Verfassungswirklichkeit relativ ungebrochen prägen. Der Staat des Kaiserreichs war nicht nur ein »starker Staat« (Thomas Nipperdey), er blieb vielmehr auch in hohem Maße Beamten- und Obrigkeitsstaat. Das befähigte ihn zu außergewöhnlichen Leistungen, so zum frühen Aufbau eines Sozialstaats seit den 1880er Jahren und zur effektiven Förderung eines Bildungs- und Wissenschaftssystems, das seinesgleichen suchte. Mit seinen Mechanismen setzte der Beamtenstaat dem Klientelismus, dem Nepotismus und der Korruption enge Grenzen, und er ermöglichte intergenerationelle Aufstiege von der unteren Mittelschicht bis in die höheren Etagen der Macht. Doch langfristig erwies er sich auch als schwere Belastung. Ohne Parlamentarisierung verblieb für das »persönliche Regiment« eines ehrgeizigen, aber überforderten Monarchen wie Wilhelm II. mehr Spielraum als er ausfüllen konnte. Es fehlte auch an den entscheidenden Mechanismen, um die sozialen Kräfte in ihrer Vielfalt und Dynamik zum Wohle des Ganzen zusammenzufassen, Gesellschaft und Staat effektiv zu verknüpfen und dem Regieren jene flexible Stabilität zu geben, die es vor allem in tiefen Krisen brauchte. Die konstitutionelle Schwäche des Reichstags im vorparlamentarischen Regierungssystem des Kaiserreichs – fehlende parlamentarische Kontrolle der Regierung; wenig Einfluß auf das Militärbudget und die Militärpolitik; die starke, den Reichstag begrenzende Rolle des Bundesrats unter dem Einfluß von Einzelstaaten wie Preußen und Sachsen, in denen das Wahlrecht weiterhin sehr undemokratisch blieb – muß man in Rechnung stellen, bevor man das für den Reichstag geltende allgemeine gleiche Männerwahlrecht und die dadurch ermöglichte Mobilisierung der Öffentlichkeit eindeutig als Belege für eine fortschrittliche Demokratisierung des Kaiserreichs deutet. Der vorparlamentarische Charakter der »konstitutionellen Monarchie« hat auch das Parteiensystem und die politische Kultur des Kaiserreichs in einer Weise geprägt, die sich in der Weimarer Republik als eine veritable Belastung für die dann tatsächlich stattfindende Demokratisierung erwies. Die ältere Forschung zum Kaiserreich als Vorläufer der Weimarer Republik und ihres Scheiterns hat dies – zum Beispiel in den Arbeiten von Gerhard A. Ritter – deutlich herausgearbeitet.[10]

Falsch wäre es, von einer generellen Schwäche des deutschen Bürgertums im europäischen Vergleich zu sprechen. Hier hat die jüngere Forschung ältere Thesen revidiert. Zwar ist weiterhin an der ausgeprägten Staatslastigkeit, bürokratischen Einfärbung und mangelnden Zivilität großer Teile des deutschen Bürgertums nicht zu zweifeln. Bürokratische Traditionen waren und blieben im Deutschland des 19. Jahrhunderts stark, sie drangen in viele Bereiche des Lebens ein, prägten die Sozialstruktur und den Stil (»soziale Bürokratisierung«) und beeinflußten noch die Gestalt der mächtigen deutschen Arbeiterbewegung. Sie ließen Struktur und Geist des deutschen Bürgertums nicht unbeeinflußt, dessen – durch die Forschung der letzten Jahre neu unterstrichene – Kraft nicht zuletzt seinen beamteten Teilen in Verwaltung, Justiz und Bildungswesen zu verdanken war. Auch scheint klar, daß das Bürgertum Gesellschaft und Politik in Deutschland weniger stark geprägt hat, als es beispielweise in der Schweiz, in Frankreich, in den Niederlanden oder im nördlichen Italien der Fall war. Der Adel blieb bis ins 20. Jahrhundert stark, besonders in Preußen, dort mit Rückhalt im ostelbischen Gutsbesitz, am Hofe, im Heer. Dieses besaß Einfluß, Ansehen und Ausstrahlungskraft, verstärkt seit der militärisch entschiedenen Reichsgründung. Trotzdem drückte auch in Deutschland das Bürgertum dem Jahrhundert den Stempel auf. Die Verbürgerlichung der Gesellschaft reichte weit. Im Vergleich zu Ostmittel-, Südost- und Osteuropa war das deutsche Bürgertum kraftvoll und kohärent; nirgendwo sonst dürfte das Bildungsbürgertum ausstrahlungskräftiger gewesen sein als in Deutschland.[11]

Zwar mögen die sozialen und konfessionellen Zerklüftungen in Deutschland – zusätzlich zur regionalen und föderalen Differenziertheit – tiefer gereicht haben als anderswo. So sahen es informierte Zeitgenossen wie Otto Hintze vor dem Ersten Weltkrieg, dafür spricht auch die besondere Massivität der deutschen sozialdemokratischen Arbeiterbewegung, darauf deutet auch hin, daß hier die Unterscheidungslinie zwischen Bürgertum und Adel deutlicher blieb als im westlichen Europa und sich die Arbeiter-Angestellten-Differenz, die »Kragenlinie«, schärfer ausprägte als anderswo. Diese Zerklüftung im Inneren hing im Kaiserreich wechselseitig mit den Besonderheiten deutscher Staatlichkeit, ihrer obrigkeitlichen Starre und ihrer Bereitschaft zusammen, die gesellschaftlichen Lager zum Zweck der eigenen Machtsicherung gegeneinander auszuspielen.[12]

Trotz all dem gelang ein hohes Maß an Integration nach zivilgesellschaftlichem Muster, das entscheidend vom Bürgertum inspiriert war. Zivilgesellschaftliche Prinzipien faßten im Laufe des 19. Jahrhunderts auch in Deutschland Fuß, vielleicht weniger klar als in manchen Gesellschaften des Westens, aber zweifellos viel stärker als in den meisten ost-, ostmittel- und südosteuropäischen Gesellschaften und eindeutiger, als es die Forschung lange gesehen hat. Nicht nur wirtschaftliche Dynamik kennzeichnete das deutsche 19. Jahrhundert, sondern es entwickelte sich auch viel gesellschaftliche Selbsttätigkeit, kulturelle Kreativität, öffentliche Kritik und Motorik: am Ende eine Gesellschaft in rascher Bewegung, die keineswegs mehr »von oben« in Gang gehalten oder gar »von oben« gestaltet wurde. Trotz Einfluß und Macht des Adels, trotz der Schwerfälligkeit des groß bleibenden ländlichen Teils, trotz ausgeprägter Gängelung durch den mächtigen Obrigkeitsstaat mit militärischer Einfärbung, trotz eingeschliffener, mit Nationalismus, Rassismus und Antisemitismus gegen Ende des Jahrhunderts zunehmender Illiberalität in der politischen Kultur entwickelte sich auch in Deutschland eine starke Zivilgesellschaft mit deutlicher Verankerung im Bürgertum und mit Wirkung über dieses hinaus: mit Besonderheiten und Eigenarten, aber eindeutig als Teil eines variantenreichen gesamteuropäischen Phänomens.

Allerdings dauerte es vom Vorabend des Ersten Weltkriegs aus gesehen keine zwei Jahrzehnte, bis sich diese Zivilgesellschaft in einem Prozeß der inneren und nach außen gerichteten Barbarisierung befand, gegen den sie wenig Gegenwehr aufzubieten wußte: ein Extremfall sondergleichen im europäischen Rahmen. Diesen irritierenden Befund wird man nicht ausblenden können, auch wenn man – wie es zunehmend und mit voller Berechtigung geschieht – das Kaiserreich nicht primär als Vorgeschichte der Weimarer Republik und ihrer Überwältigung durch den Nationalsozialismus deutet, sondern einerseits als historische Konstellation in eigenem Recht und andererseits auch als Vorgeschichte der Bundesrepublik und der Gegenwart. In der deutschen Geschichte angelegte Langzeit-Bedingungen der Möglichkeit des Zivilisationsbruchs zu erkunden und zu benennen, der so bald nach dem Ende des langen 19. Jahrhunderts in Deutschland stattfand, bleibt deshalb für die Interpretation der Geschichte dieses Jahrhunderts eine legitime – viele würden sagen: eine notwendige – Perspektive. Eben dies war und ist das Erkenntnisinteresse, das die jahrzehntelange Debatte über den »deutschen Sonderweg« in Gang gesetzt hat und trägt, deren Ergebnisse, soweit sie nicht mittlerweile empirisch revidiert sind, weiterhin gewichtig sind, auch wenn man den Begriff als methodisch fragwürdig und mißverständlich meidet.[13]

Immer war deutsche Geschichte im Inneren von den Kraftströmen und Verflechtungen europäischer Politik beeinflußt, wie umgekehrt die Entwicklungen in Deutschland über die großen Linien und viele Details der europäischen Geschichte mitentschieden. Es waren europäische Ereignisse, die Französische Revolution und die Napoleonische Expansion, die in Deutschland – teils in Form der Übernahme und Anverwandlung, teils als Reaktion und »defensive Modernisierung« (Wehler) – jene tiefgreifenden Reformen auslösten oder doch beschleunigten, die zu Beginn des 19. Jahrhunderts auch im deutschen Bereich die alteuropäische Staatenwelt umstießen, dem Kapitalismus und der bürgerlichen Gesellschaft den Durchbruch ermöglichten und den Nationalismus als Bewegung in Gang setzten. Was im Vormärz auf dem Balkan geschah, konnte sich auf die innere Entwicklung in Deutschland auswirken, man denke an den Philhellenismus und seine Bedeutung für die liberale Bewegung im deutschen Vormärz. Die 48er Revolution war ein kontinentaleuropäisches Phänomen, ihre europäische Vernetzung erklärt zum guten Teil ihren Verlauf und ihre Niederlage. Was Ende der fünfziger Jahre in Italien geschah, setzte in Preußen die »Neue Ära« in Gang und verhalf dem Liberalismus zu neuem Aufschwung.

Die Gründung eines Nationalstaats in der Mitte Europas war ein eminentes Problem der europäischen Politik. Das Deutsche Reich mußte sich in den folgenden Jahrzehnten gar nicht so viel anders als andere Nationalstaaten seiner Größenordnung verhalten, um dennoch zu einer Quelle der Störung im internationalen Feld zu werden, um Druck auszuüben und Gegendruck zu erzeugen, der das Reich auch im Inneren prägte, bis tief hinein in die Verfassungs- und Gesellschaftsordnung. Dies um so mehr, als zwar Bismarck das neugegründete Reich für »saturiert« hielt, dagegen ein großer Teil der politischen Klasse nach ihm in Übereinstimmung mit einer zunehmend nationalistisch gestimmten und entsprechend beeinflußten öffentlichen Meinung eher dem Credo anhing, das der liberale Imperialist Max Weber, damals im besten Mannesalter, 1895 so formulierte: »Wir müssen begreifen, daß die Einigung Deutschlands ein Jugendstreich war, den die Nation auf ihre alten Tage beging und seiner Kostspieligkeit halber besser unterlassen hätte, wenn sie der Abschluß und nicht der Ausgangspunkt einer deutschen Weltmachtpolitik sein sollte.«[14] An Deutschland war lange die (west-)europäische Erfahrung des kolonialen Ausgreifens in die Welt vorbeigegangen. Deutsche Kolonialpolitik begann relativ spät und dauerte nicht lange.[15] Trotzdem erhält die deutsche Kolonialgeschichte (seit den 1880er Jahren) in der jüngsten Forschung erhebliche, durchweg kritische Aufmerksamkeit, oft mit Interesse an ihrer Rückwirkung auf die inneren Verhältnisse in Deutschland und manchmal mit der Frage nach ihrer Bedeutung für den späteren Holocaust.[16] Das Wilhelminische Reich versuchte, am Kampf um den »Platz an der Sonne«, an der imperialistischen Konkurrenz und

Expansion voll und ganz teilzunehmen: im ruhelosen Bestreben, den Vorsprung der anderen teilweise aufzuholen, mit großer Dynamik, viel Kraftmeierei und begrenztem Erfolg, aber erheblichen Störwirkungen auf das europäische Mächtesystem. Deutsche Geschichte blieb ein zentrales Stück europäischer Geschichte erst recht in den Ersten Weltkrieg hinein, an dessen Ausbruch das Deutsche Reich seinen großen Anteil hatte.[17] Immer waren innere und äußere Geschichte miteinander verfilzt und verflochten; die eine ist ohne die andere nicht rekonstruierbar.

c) Durchbruch der Moderne

Das Buch hat einen Überblick über das 19. Jahrhundert in mehreren Längsschnitten versucht. Keiner von ihnen umfaßte das Ganze. Ihrem Zusammenhang wurde durch zahlreiche Verweise auf Bedingungs-, Einwirkungs- und Abhängigkeitsverhältnisse, auch auf Entsprechungen und Spannungen zwischen ihnen nachgegangen.

Die Verknüpfung der Längsschnitte ist auch systematisch-theoretisch möglich. Theorieangebote mit synthetischem Anspruch sind allerdings knapp. Am ehesten kann man sich der in letzter Zeit wieder viel diskutierten Tragfähigkeit des Moderne-Begriffs vor dem Hintergrund der langen Auseinandersetzungen über Modernisierungstheorien bedienen. Reinhart Koselleck hat das späte 18. (und frühe 19.) Jahrhundert als »Sattelzeit« analysiert, in der sich in Europa die »moderne Welt« herausbildete. Der begriffsgeschichtliche Befund aus der Zeit selbst wie theoretische Überlegungen aus heutiger Perspektive unterstützen diese Interpretation. In dieselbe Richtung weist auch die – etwa von Hans-Ulrich Wehler erprobte – Denkfigur der »Doppelrevolution« um 1800, die auf den zeitlichen Zusammenfall der großen politischen Umbrüche in Nordamerika und Frankreich mit dem Beginn der Industrialisierung im westlichen Europa abhebt. Auch Autoren, die, wie Norbert Elias, die Geburt der Moderne als einen langfristigen, weiter in frühere Jahrhunderte zurückreichenden Prozeß beschreiben, leugnen seine Zuspitzung und Beschleunigung in der großen Zäsur des späten 18. Jahrhunderts nicht.[18]

Umgekehrt hat beispielsweise Detlev Peukert die Geschichte der Weimarer Republik als die »Krise der klassischen Moderne« analysiert. Diese selbst muß sich also vorher herausgebildet haben. Andere Historiker haben über die Modernität und die Modernisierungswirkung des

Nationalsozialismus gestritten; als Periode der klassischen Moderne begreift ihn mit gutem Grund niemand. Aber der deutsche Nationalsozialismus ist zum Hauptbefund für die Erkenntnis geworden, daß die Moderne viele Gesichter hat und außer Fortschritt auf dem Weg der Zivilisierung auch den Absturz in die Barbarei bereithalten kann.[19] Nach intensivem Gebrauch und vehementer Kritik des Modernisierungsbegriffs in den Sozialwissenschaften seit dem Zweiten Weltkrieg ist in den letzten Jahrzehnten vielstimmig darüber diskutiert worden, ob die Moderne oder ihre erste Phase längst oder kürzlich zu Ende gegangen sei und entweder der Postmoderne oder einer »zweiten Moderne« Platz gemacht habe. Zumeist wird dabei mehr vorausgesetzt als gezeigt, daß es früher so etwas wie eine erste, »klassische« Moderne gab, deren Zeit aber zu Ende und deren Eigenart erst aus der Differenz zu dem, was folgte, erkennbar ist.[20]

Nach Lage der Dinge kann dies in der deutschen Geschichte – wie in anderen Teilen jedenfalls des westlichen Europa – nur das 19. Jahrhundert (oder ein Teil davon) sein. Das 19. Jahrhundert als die »Epoche der klassischen Modernisierung«? Zweifellos sind viele der oben analysierten Veränderungen – Durchsetzung des Kapitalismus, Industrialisierung, demographischer Übergang, Mobilitätszunahme, Staatsbildung, Konstitutionalisierung und beginnende Demokratisierung der politischen Herrschaft, die Bewegung vom Stand zur Klasse, Bildungsexpansion, Aufstieg der Wissenschaften, Individualisierung – in klassischen Modernisierungstheorien seit Marx und Weber, bei Parsons und Smelser und auch bei Dahrendorf und Eisenstadt als zentrale Merkmale der Modernisierung analysiert worden. Es sind die Veränderungen, die auch das lange 19. Jahrhundert in Deutschland prägten. Aus Sicht der strukturell-funktionalen Theorie, auch in ihrer Weiterentwicklung durch Luhmann, ist die Ausdifferenzierung der historischen Wirklichkeit in zwar miteinander verbundene, aber nach ihrer Funktionslogik und institutionell voneinander unterschiedene Teilbereiche (Teilsysteme) ein entscheidendes Merkmal von Modernisierung. Solche Ausdifferenzierung fand im langen 19. Jahrhundert in Deutschland statt und ist von Historikern mit anderen Begriffen immer wieder bemerkt und erörtert worden: als Ausdifferenzierung von Staat, Gesellschaft, Wirtschaft und Kultur, auch als Schärfung der Unterscheidung von privat und öffentlich – wobei die Verrechtlichung und Konstitutionalisierung nach liberalen Grundsätzen eine wichtige Rolle spielten. Die Geschwindigkeit vieler – nicht aller – dieser Veränderungen beschleunigte sich, wie vor allem an der Wirtschaftsentwicklung, am demographischen Wandel und in der kulturellen Modernisierung des Kaiserreichs gezeigt wurde. Beschleunigung aber ist ein weiteres zentrales Merkmal von Modernisierung, jedenfalls in ihren ersten Phasen. Manches spricht für den Befund, daß sich in den 1880er Jahren eine weitere Beschleunigung und Intensivierung solcher Prozesse abzeichnete; deshalb sprechen manche seitdem (und bis in die 1970er Jahre) von der »Hochmoderne«. Wenn es um das Verständnis der fundamentalen Veränderungen des langen 19. Jahrhunderts als Aspekten von Modernisierung – anders ausgedrückt: um sie als Schritte zur Moderne – geht, ist mindestens ebenso wichtig, daß sie von aufmerksamen Zeitgenossen als solche erfahren, erkannt, reflektiert und sehr häufig kritisiert wurden. Selbstreflexion und Kritik (der Tradition wie einzelner Modernisierungen) gehörten ganz wesentlich zur Moderne auch schon in jener frühen Phase, nicht erst in ihren späteren Stadien. Die damit verbundenen Bewußtseinserweiterungen sind in der jüngeren Literatur, oft im Anschluß an Koselleck, vor allem im Hinblick auf sich verändernde, sich öffnende zeitgenössische Zukunftsvorstellungen untersucht worden: die Zukunft als zwar mit Gegenwart und Vergangenheit verknüpft, aber deutlich anders als diese, nicht determiniert, sondern, zumindest ein Stück weit, gestaltbar, oft optimistisch als zu erwartender, zu erreichender Fortschritt aufgrund von Erneuerungen interpretiert. Die proaktive Orientierung an Zukunft läßt sich im langen 19. Jahrhundert in sehr vielen Bereichen des intellektuellen wie auch des praktischen Lebens nachweisen – sei es als Kritik an den Verhältnissen zwischen den Geschlechtern oder in der Programmatik der Arbeiterbewegungen, sei es im Geschichtsverständnis der zu einer intellektuellen Großmacht werdenden historischen Profession, sei es im Kapitalismus, zu dem das risikobereite und profitorientierte Rechnen mit Zukünftigem wesentlich gehört.

Gleichwohl zögert man, das 19. Jahrhundert als Epoche der klassischen Moderne zu bezeichnen, denn viele dieser Veränderungen waren erst auf dem Weg und in Auseinandersetzungen wie auch in Mischungen mit herkömmlichen, modernisierungsresistenten, traditionellen Verhältnissen und Einstellungen befangen, wobei der Sinn für Tradition und ihre begriffliche Erfassung erst durch die Herausforderung der Moderne Profil gewonnen haben. Deshalb sind Formulierungen wie »Modernisierung«, »Durchbruch der Moderne« oder »Kampf um die Moderne«

vorzuziehen, wenn Kurzbezeichnungen für das lange 19. Jahrhundert gesucht sind.[21]

Die Attraktivität des Moderne-Begriffs ist ungebrochen, und sei es aus postmoderner Sicht.[22] Es gibt keinen anderen Begriff, der eine ganze Epoche so suggestiv, assoziationsreich und zugleich schillernd in diachrone Prozesse langfristigen Wandels einzuspannen vermag: als gegenwärtig im Unterschied zu vorher, als neu im Unterschied zu alt, aber auch als vorübergehend und damit zukunftsbezogen, mit unterschiedlichen Füllungen und Wertungen.[23] Die Öffnung der sozialwissenschaftlichen Gegenwartsdiagnose auf nicht-westliche Weltregionen hat nicht zur Verabschiedung des Moderne-Begriffs, vielmehr zu dessen Weiterentwicklung und Pluralisierung geführt. Er stellt eine der ganz wenigen begrifflichen Plattformen dar, auf der ein substantieller Dialog zwischen Intellektuellen aus verschiedenen Weltregionen möglich ist und fruchtbar geführt werden kann.[24] Wer aber von Moderne spricht, kann kaum vermeiden, sich für die Prozesse zu interessieren, die die Moderne hervorbrachten: Prozesse der Modernisierung.

Wenn man das 19. Jahrhundert als Durchbruch zur Moderne versteht, wird man deren Janusköpfigkeit ernst nehmen. Man ist auf Krisen gefaßt, von Anfang an, man unterstellt keine lineare Entwicklung und keine scharfen Zäsuren am Anfang und Ende der Epoche. Man weiß, daß die Modernisierung der verschiedenen Wirklichkeitsbereiche nicht zeitgleich, sondern zeitversetzt verlief, mit unterschiedlichen Tempi, aber mit Wechselwirkung zwischen Ökonomie, Verfassung, Sozialstruktur und Kultur. »Partielle Modernisierungen« waren die Regel, tiefe Spannungen und Krisen die Folgen. Im internationalen Vergleich zeigen sich die ausgeprägtesten Variationen; manche Autoren ziehen daher die Pluralform vor und sprechen von »modernities«, von »Modernitäten«.

Genaue Abgrenzungen und präzise Hypothesen gewinnt man durch die modernisierungshistorische Perspektive nicht. Sie kann die penible, kontextualisierende Kausalanalyse und interpretierende Deutung von Wandel durch quellennahe historische Argumentation, oft mit chronologischer Struktur und insofern als Erzählung, keineswegs ersetzen. Aber sie kann sie anregen, situieren und öffnen. In der Anwendung aufs lange 19. Jahrhundert hat sie einige besondere Vorteile. Drei davon seien abschließend genannt.

Zum einen: Die vergleichende Forschung hat manches, was einstmals als deutsche Besonderheit galt, z.B. die enge Verknüpfung von

Adel und Großbürgertum und dessen partielle »Feudalisierung«, als Teil umfassender europäischer Entwicklungen enthüllt. Von der alten These eines »deutschen Sonderwegs« ist viel revidiert worden. Aber wenn man in modernisierungshistorischen Kategorien denkt, entdeckt man eine fundamentale Eigenart der deutschen Entwicklung, die ansonsten leicht übersehen wird. Drei große Konflikte – über die territoriale Einheit und Abgrenzung, über die Verfassung und die Verteilung der politischen Macht sowie soziale Konflikte im Zusammenhang mit Klassenbildung und Industriekapitalismus – stellen regelmäßig auftretende Herausforderungen dar, mit denen die meisten modernisierenden Gesellschaften zurechtkommen mußten bzw. müssen, aber in der Regel nicht gleichzeitig, sondern in verschiedenen Phasen ihrer Entwicklung. Anders als in den meisten anderen europäischen Ländern gerieten diese drei fundamentalen Entwicklungsprobleme modernisierender Gesellschaften in Deutschland fast gleichzeitig, nämlich im dritten Viertel des 19. Jahrhunderts, auf die Tagesordnung: zum einen die Gründung des Nationalstaats nicht ohne Krieg, zum zweiten die Entscheidung in der Verfassungsfrage (gegen volle Parlamentarisierung) und zum dritten die soziale Frage und der Klassenkonflikt als Folge der bereits begonnenen kapitalistischen Industrialisierung. Mit der zeitlichen Überlappung und dem wechselseitigen Bedingungsverhältnis dieser drei Krisen hing die Art ihrer – unvollkommenen – Lösung zusammen, die vieles in Deutschland beeinflußt hat: so die frühe Demokratisierung des Wahlrechts im Reich, Eigenarten einer sehr früh selbständigen, fundamentaloppositionellen Arbeiterbewegung, die ausgeprägte Schwäche des Parteiliberalismus, die eng gezogenen Grenzen bürgerlicher Macht in der Politik des Kaiserreichs und illiberale Züge in der politischen Kultur, auch die Art der Nationalstaatsbildung mit »Blut und Eisen« und die dadurch erleichterte Aufwertung des Militärs in Gesellschaft und Staat. Die abgestufte Temporalität der Entwicklungen war ungemein wichtig, das *timing* zählte: Allein schon der relativ späte Zeitpunkt, zu dem das Deutsche Reich in die harte Konkurrenz der Großmächte um Interessenverteilung und Weltgeltung eintrat, erhöhte das deutsche Störpotenzial und die von ihm ausgehende Gefahr für den Erhalt des Friedens erheblich.[25]

Zum andern: Wenn man die ältere Diskussion über Modernisierungstheorien und die neueren Diskurse über die Moderne miteinander verknüpft, wie dies hier geschieht, wird möglich, was im Interesse eines umfassenden Verständnisses des 19. Jahrhunderts unumgänglich ist:

weder die sozial-ökonomischen und politikstrukturellen Umwälzungen noch die kultur- und alltagsgeschichtlichen Veränderungen zu verabsolutieren, sondern sie als zusammengehörig zu begreifen. Am Beispiel des Kaiserreichs: Vor allem die im weitesten Sinn kulturhistorische Forschung hat in den letzten Jahrzehnten zahlreiche Aspekte seiner unbestreitbaren Modernität vor allem seit den 1880er Jahren herausgearbeitet: epochale Fortschritte in den Natur-, Geistes- und Sozialwissenschaften, spektakuläre Neuerungen in Technik und Verkehr, die Bereitschaft und Fähigkeit zu Traditionskritik und Innovation auf vielen Lebensgebieten, die zivilgesellschaftliche Pluralisierung des städtischen Lebens, neue Inhalte und Formen der Massenunterhaltung, vielfältige Experimente der Lebensreform wie auch grundlegende und nachhaltig wirkende im Bereich der Künste (die hier nicht diskutiert werden konnten). Zu denken ist auch an die sozialstaatlichen Pionierleistungen des Deutschen Reichs wie – andererseits – an sehr moderne Formen populistischer Kritik, die sich von rechts gegen die Etablierten einschließlich der Konservativen wandten und sich in dieser Zeit des überschäumenden Imperialismus mit Ideologien des naturwissenschaftlich argumentierenden Rassismus und Sozialdarwinismus verbündeten. Die neuere Forschung hat aber nicht nur die tatsächliche Modernität des späten Kaiserreichs herausgearbeitet, sondern auch gezeigt, daß die Selbsteinschätzung als modern zum Lebensgefühl vieler damals lebender Deutscher gehörte, die ihre Zeit als Zeit beschleunigten Wandels, als vielversprechenden Aufbruch, aber oft auch als drohende Gefahr, jedenfalls als neu, als modern wahrnahmen. Unreflektiert war der Fortschritt des 19. Jahrhunderts nie, und seine Reflexion war häufig gebrochen: Die Industrialisierung wurde von Industrialisierungsängsten, die Verstädterung von verbreiteter Großstadtfeindschaft, die Verbürgerlichung von Antibürgerlichkeit begleitet. Die Modernität der Zeit wurde im Fühlen und Denken der Zeitgenossen – und in den Diskussionen der Intellektuellen – gespiegelt, wenn auch selektiv und kontrovers, oft verzerrt, vermischt mit Zukunftshoffnungen und Zukunftsängsten.[26] Doch der modernisierungshistorische Ansatz lädt dazu ein, diese kultur-, wissens- und lebensgeschichtlichen Veränderungen im Kontext der wirtschafts-, sozial-, verfassungs- und politikhistorischen Strukturen und Prozesse zu begreifen. Dadurch richtet sich der Blick auf die tiefen Ungleichheiten und explosiven Spannungen in jener Gesellschaft, auf Liberalisierungsdefizite des Kaiserreichs und seinen obrigkeitsstaatlichen Charakter, auf die starke Position traditionaler Eliten in der Verteilung der politischen Macht und des gesellschaftlichen Einflusses, auf Konfliktherde und die Instabilität des Gesamtsystems, das sich auch aufgrund dieser inneren Eigenarten als »ruheloses Reich« (Michael Stürmer) gebärdete und das ohnehin prekäre Gleichgewicht der europäischen Staatenwelt erheblich störte, bis in den Krieg hinein. Die zentralen Spannungen und Kämpfe spielten sich aber, je später desto klarer, nicht nur – nicht primär – zwischen Tradition und Fortschritt, Konservativen und Modernisierern ab, sondern auch zwischen unterschiedlichen Entwürfen der Moderne und den sie propagierenden Parteiungen, Gruppen und Akteuren. Es ist wichtig, die verschiedenen Seiten des Kaiserreichs in ihrer Widersprüchlichkeit zusammenzusehen, um auf diese Weise zu begreifen, daß sie sich nicht nur widersprachen, sondern auch gegenseitig bedingten und beförderten. Der modernisierungshistorische Ansatz ermöglicht dies im Prinzip.

Schließlich: Was die modernisierungshistorische Deutung des 19. Jahrhunderts in Deutschland vor allem erbringt, ist eine entschiedene Öffnung des Horizonts. Sie erlaubt es, rückblickend das 19. Jahrhundert in unterschiedliche Horizonte zu rücken. Man kann es – vor allem seine zweite Hälfte – als Teil der Vorgeschichte der scheiternden Weimarer Republik, des Sieges des Nationalsozialismus und seiner katastrophalen Folgen sehen. Diese Sichtweise herrschte lange vor, obsolet ist sie nicht. Sie schärft den Blick für ungelöste Probleme, Lasten und Defizite des 19. Jahrhunderts.

Man kann das 19. Jahrhundert aber auch in die Vorgeschichte der Bundesrepublik einordnen. Diese Sichtweise gewinnt an Boden. Sie rückt andere Aspekte in den Vordergrund, darunter nachhaltig wirkende Leistungen und Errungenschaften des 19. Jahrhunderts. Nimmt man diese Perspektive ein, staunt man, in wie vielen Hinsichten das 19. Jahrhundert – und gerade auch das Bismarck-Reich – in der Gegenwart weiterlebt. Solch wechselnde Perspektivierungen in kürzeren oder längeren Zeithorizonten machen Geschichte erst interessant, wenngleich das Jahrhundert in keiner dieser Perspektiven aufgeht. Denn es war nicht nur Vorgeschichte späterer Perioden, sondern vielmehr auch ein historisches Phänomen in eigenem Recht.

Die Deutung des 19. Jahrhunderts in Deutschland als Epoche des Durchbruchs der klassischen Moderne rückt es zugleich in breite und langfristige zivilisationsgeschichtliche Perspektiven. Sie ermöglichen nicht nur den innereuropäischen Vergleich, sondern auch die Einbettung in das große Thema des ungleichen und sich verändernden Verhältnisses zwischen Europa und anderen Teilen der Welt. Die Debatten über Modernisierung und Moderne werden zunehmend mit Blick auf globale Herausforderungen geführt. Die modernisierungshistorische Perspektive ordnet deshalb die Geschichte Deutschlands im 19. Jahrhundert zunehmend in globalgeschichtliche Zusammenhänge ein. Der Blick aufs 19. Jahrhundert dürfte sich erneut eintrüben, wenn die Frage nach dem radikal veränderten und sich weiter verändernden Verhältnis von Zivilisation und Natur im gefährdeten Anthropozän tatsächlich ins Zentrum unserer Selbstverständnis-Diskurse rückt. Das würde die nationalgeschichtliche Rahmung eindeutig sprengen. Aber schon jetzt ist die Dialektik von Fortschritt und seinen Kosten, die Janusköpfigkeit der Moderne, ein basso continuo modernisierungsgeschichtlicher Deutungen. Der Übergang von rasanter Modernisierung in einen brutalen Krieg macht das Ende des langen 19. Jahrhunderts zu einem bleibenden Lehrstück historischer Bildung. Das 19. Jahrhundert ist uns fremd geworden, es ist immer weiter entfernt. Aber als Durchbruch zur Moderne verstanden, bleibt es Vorgeschichte der Gegenwart.

ANHANG

EINE CHRONOLOGIE DES 19. JAHRHUNDERTS

1789	Beginn der Französischen Revolution 14. Juli: Sturm auf die Bastille 26. August: Erklärung der Menschen- und Bürgerrechte
1792	Beginn der Revolutionskriege
1794	Gründung der Monatsschrift »Die Horen« durch Friedrich Schiller und Johann Wolfgang von Goethe
1799	Staatsstreich Napoleons
1803	Reichsdeputationshauptschluß: Säkularisierung und Mediatisierung geistlicher Gebiete (außer Mainz), der kleineren Fürstentümer und Grafschaften sowie der meisten Reichsstädte in Deutschland
1804	Erstes bürgerliches Gesetzbuch in Frankreich (Code Napoléon)
1805–1808	Herausgabe der Liedersammlung »Des Knaben Wunderhorn« durch Achim von Arnim und Clemens Brentano
1806	»Faust. Der Tragödie Erster Teil« von Johann Wolfgang von Goethe vollendet Gründung des Rheinbundes durch 16 süd- und westdeutsche Fürsten Auflösung des »Heiligen Römischen Reiches Deutscher Nation«
1806/1807	Vierter Koalitionskrieg 14. Oktober: Niederlage der preußisch-sächsischen Armee bei Jena und Auerstedt 7.–9. Juli: Friede von Tilsit

1807–1811	Staats- und Verwaltungsreformen nach französischem Vorbild in den Rheinbundstaaten (zentrale Bürokratie, kommunale Selbstverwaltung, Gewerbe- und Religionsfreiheit, Steuer- und Rechtsgleichheit, staatliche Kirchen- und Schulaufsicht)
1807–1815	Preußische Reform (Bauernbefreiung, Städteordnung, Aufhebung des Zunftzwanges, Judenemanzipation, Verwaltungsreformen, Heeresreformen mit dem Ziel der Bildung eines patriotischen Volksheeres, Bildungsreformen im Sinne des Neuhumanismus)
1807/1808	Johann G. Fichte: »Reden an die deutsche Nation«
1809	Österreichisch-französischer Krieg, Oktober: Friede von Schönbrunn mit Gebietsverlusten Österreichs
1810	Gründung der Berliner Universität
1811	Gründung der Krupp-Gußstahlfabrik in Essen Friedrich Ludwig Jahn (1778–1852) begründet die Turnbewegung mit einem ersten Turnplatz in der Berliner Hasenheide
1812	Entwicklung der Schnellpresse (Koenig/Bauer) Französischer Rußlandfeldzug endet mit weitgehender Vernichtung der »Großen Armee« 30. Dezember: Verpflichtung der preußischen Hilfstruppen zur Neutralität (Konvention von Tauroggen)
1812–1815	Herausgabe der »Kinder- und Hausmärchen« der Brüder Jacob und Wilhelm Grimm
1813/1814	Befreiungskriege 17. März: Aufruf Friedrich Wilhelms III. »An mein Volk« Entstehung von freien Jägerverbänden (u.a. Freikorps Lützow), Verbreitung nationaler Lieder von Theodor Körner und Max von Schenkendorf 16.–19. Oktober: Völkerschlacht bei Leipzig, Niederlage Napoleons 30. Mai: Friede von Paris, im wesentlichen Wiederherstellung der französischen Grenzen von 1792 Konstruktion der ersten praxistauglichen durch Dampfkraft angetriebenen Lokomotiven (u.a. George Stephenson)

1814/1815	Wiener Kongreß: Neuordnung Europas nach den Prinzipien Restauration, Legitimität und Solidarität im Sinne des Fürsten Metternich
1815	8. Juni: Zusammenschluß von 39 Mitgliedern zum Deutschen Bund (bis 1866) 12. Juni: Gründung der Deutschen Burschenschaft in Jena 26. September: Stiftung der Heiligen Allianz zur Abwehr nationaler und liberaler Bestrebungen zwischen Rußland, Österreich und Preußen
1816	Verfassungen u. a. in Bayern und Baden
1817	17.–18. Oktober: Wartburgfest
1818	»Kreidefelsen auf Rügen« von C. D. Friedrich vollendet 18. Oktober: Gründung der Allgemeinen Deutschen Burschenschaft
1819	Gründung des »Deutschen Handels- und Gewerbevereins« durch Friedrich List zur Überwindung der 38 deutschen Zollsysteme 23. März: Ermordung des Dichters August von Kotzebue durch den Burschenschaftler Karl Ludwig Sand 20. September: Bestätigung der Karlsbader Beschlüsse durch den Bundestag (u. a. Verbot der Burschenschaft, Überwachung von Presse und Universitäten)
1820	15. Mai: Wiener Schlußakte
1821	Uraufführung des »Freischütz« von Carl Maria von Weber in Berlin
1821–1829	Griechischer Freiheitskampf; europäische Bewegung der Philhellenen (endet mit der Anerkennung der griechischen Souveränität auf der Londoner Konferenz 1830)
1823	Verbrennungsmotor (Gasmotor mit Wasserstoff) von Samuel Brown
1824	Uraufführung der »Neunten Symphonie« von Ludwig van Beethoven
1825	Eröffnung der ersten Eisenbahnlinie in Großbritannien Automatisierung der Spinnmaschine (»Selfaktor«)
1827	Erfindung des Zündnadelgewehrs (Johann N. Dreyse)

1828	Bildung begrenzter Zollvereine (Preußen und Hessen-Darmstadt, Bayern und Württemberg, Mitteldeutscher Handelsverein) gegen den Widerstand Metternichs
1830/1831	Unruhen und Aufstände in mehreren deutschen Bundesstaaten als Reaktion auf die Pariser Julirevolution, Verfassungen in Sachsen, Hannover, Braunschweig, Hessen-Kassel Bewegung des »Jungen Deutschland« (u.a. Ludwig Börne, Heinrich Heine)
1832	29. Januar: Gründung des »Deutschen Preß- und Vaterlandsvereins« 27. Mai: Hambacher Fest
1833	Johann Hinrich Wichern gründet in Horn bei Hamburg das »Rauhe Haus« für obdachlose Kinder
1834	1. Januar: Gründung des Deutschen Zollvereins unter preußischer Führung Entwicklung eines praxistauglichen Elektromotors (Hermann von Jacobi) »Bund der Geächteten« in Paris gegründet
1835	7. Dezember: Eröffnung der ersten deutschen Eisenbahnlinie Nürnberg-Fürth
1836	Abspaltung des radikalen Flügels des »Bundes der Geächteten« als »Bund der Gerechten« in Paris
1837	18. November: Protest der »Göttinger Sieben« (u.a. Jacob und Wilhelm Grimm) gegen die Aufhebung der hannoverschen Verfassung, Amtsenthebung
1839	Vorstellung photographischer Verfahren (u.a. Louis Jacques Mandé Daguerre)
1839/1841	Beginn der deutschen Lokomotivproduktion (Schubert/Dresden, Maffei/München, Borsig/Berlin)
Seit ca. 1840	Industrielle Revolution in Deutschland Gründung von Arbeiterbildungs- und Handwerkervereinen unter Führung des liberalen Bürgertums
1840	Rheinkrise durch französische Forderung der Rheingrenze, Entstehung patriotischer Lieder (Nikolaus Becker »Der deutsche Rhein«)
1840–1861	Regentschaft Friedrich Wilhelms IV.

1844	Juni: Aufstand der Weber in Peterswaldau und Langenbielau/Schlesien
1845–1854	Erste große Auswanderungswelle
1845	Allgemeine preußische Gewerbeordnung (u.a. Streik- und Koalitionsverbot für Arbeiter)
1846	Gründung des ersten katholischen Gesellenvereins in Elberfeld durch Adolf Kolping
	Einführung der Äther-Narkose (William Morton)
1847	11. April–26. Juni: Einberufung des Vereinigten Landtages in Berlin als beratende ständische Vertretung durch Friedrich Wilhelm IV.
	Juni: Umbenennung des »Bundes der Gerechten« in »Bund der Kommunisten« auf einem Kongreß in London
	12. September: Offenburger Programm der süd- und westdeutschen Demokraten
	10. Oktober: Heppenheimer Programm der süd- und westdeutschen Liberalen
	Gründung der Telegraphenbauanstalt Siemens & Halske in Berlin
	Gründung der Hapag in Hamburg
1848	22.–24. Februar: Februar-Revolution in Paris
	Ende Februar: Karl Marx/Friedrich Engels: »Manifest der Kommunistischen Partei«
	5. März: Heidelberger Versammlung, Vertreter süddeutscher Landtage beschließen die Einberufung eines Vorparlaments
	12./13. März: Erster Aufstand in Wien, Abdankung Metternichs
	18./19. März: Barrikadenkämpfe in Berlin
	21. März: Friedrich Wilhelm IV. »An mein Volk und an die deutsche Nation!«
	31. März–3. April: Frankfurter Vorparlament beschließt Einberufung einer deutschen Nationalversammlung; nichtdeutsche Nationalitäten Österreichs lehnen Teilnahme ab
	April: Aufstände in Baden und im Elsaß
	18. Mai: Eröffnung der Verfassungsgebenden Nationalversammlung in der Frankfurter Paulskirche unter dem Präsidenten Heinrich von Gagern

	22. Mai: Zusammentritt der preußischen Verfassungsgebenden Versammlung in Berlin
	Juli–Oktober: Beratung der Grundrechte in Frankfurt
	23. August–3. September: Allgemeiner Deutscher Arbeiter-Kongreß in Berlin, Gründung der »Arbeiter-Verbrüderung«
	26. August: Waffenstillstand von Malmö in der Auseinandersetzung um Schleswig-Holstein
	18. September: Erhebung der Linken gegen die Zustimmung der Frankfurter Nationalversammlung zum Waffenstillstand von Malmö; demokratische Aufstände und ihre blutige Unterdrückung in Baden, Hessen, Thüringen und der Pfalz
	September: Gründung der »Inneren Mission« auf dem Kirchentag in Wittenberg
	Oktober–März 1849: Verfassungsberatungen in Frankfurt
	27. November: Österreich lehnt Frankfurter Verfassungsentwurf ab
	5. Dezember: Auflösung der preußischen Verfassungsversammlung, oktroyierte Verfassung mit Dreiklassen-Wahlrecht
1849	27./28. März: Zustimmung der Frankfurter Nationalversammlung zur deutschen Reichsverfassung (mit »kleindeutscher« Lösung), Wahl Friedrich Wilhelms IV. zum Erbkaiser
	3. April: Ablehnung der Kaiserwürde durch Friedrich Wilhelm IV.
	17. Juni: Auflösung des »Rumpfparlaments« (zwischenzeitlich nach Stuttgart verlegt) durch die württembergische Regierung
Seit ca. 1850	Beginn der massenhaften Binnenwanderungsbewegung, zunächst überwiegend Nahwanderung; Verstädterung
1850	Gründung des ersten »Vorschußvereins« (Kreditgenossenschaft) durch Hermann Schulze-Delitzsch
	30. März–29. April: Unionsparlament in Erfurt zur Beratung einer Verfassung
	29. November: Wiederherstellung des Deutschen Bundes unter österreichischer Führung im Vertrag von Olmütz; Preußen gibt seine deutsche Unionspolitik auf

1851	Great Exhibition in London (erste Weltausstellung)
1852	Bildung der Katholischen Fraktion im preußischen Abgeordnetenhaus
	Londoner Protokoll: Personalunion der Herzogtümer Schleswig und Holstein mit Dänemark
1853	Erneuerung des Deutschen Zollvereins ohne Österreich
1853–1856	Krimkrieg
1854	Erster Band des »Deutschen Wörterbuchs« der Brüder Grimm erschienen
	Verkündung des Dogmas der Unbefleckten Empfängnis Mariens durch Pius IX.
1856	Erste kommerziell herstellbare synthetische Farben: ein Ausgangspunkt der chemischen Großindustrie
	Inbetriebnahme des ersten Berliner Wasserwerkes
1857	Schwere Wirtschaftskrise (bis 1859)
	Gründung des Norddeutschen Lloyd
1858	26. Oktober: Übernahme der Regentschaft durch Prinz Wilhelm von Preußen; Beginn der »Neuen Ära« (bis 1862) in Preußen mit dem Wiederaufleben liberaler Bestrebungen
1859	Charles Darwin: »Entstehung der Arten durch natürliche Zuchtwahl«
	29. April–11. Juli: Krieg zwischen Österreich und Frankreich/Piemont in Italien, Waffenstillstand von Villafranca
	15.–16. September: Gründung des »Deutschen Nationalvereins« in Frankfurt
	10. November: Schiller-Gedenkfeiern; Friede von Zürich beendet Krieg in Italien
1861	Erste Vorführung einer Fernsprechverbindung (Johann Philipp Reis)
	6. Juni: Gründung der Deutschen Fortschrittspartei
1862	Preußischer Verfassungskonflikt um die Bewilligung des Heeresetats
	24. September: Bismarck wird zum preußischen Ministerpräsidenten ernannt und regiert gegen Verfassung und Landtag (Lückentheorie)
1863	Patent für eine einsatztaugliche Rotationsdruckmaschine für den Buchdruck (William Bullock)

	1. März: Ferdinand Lassalle: »Offenes Antwortschreiben«, für Bildung einer eigenständigen Arbeiterpartei 23. Mai: Gründung des »Allgemeinen Deutschen Arbeiter-Vereins« (ADAV) in Leipzig
1864–1873	Zweite große Auswanderungswelle
1864	1. Februar: Beginn des österreichisch-preußischen Kriegs gegen Dänemark 28. September: Gründung der Internationalen Arbeiter-Assoziation (»Erste Internationale«) in London 30. Oktober: Friede von Wien, Dänemark tritt Schleswig, Holstein und Lauenburg an Preußen und Österreich ab
1865	Vererbungsregeln (Gregor Johann Mendel) Gründung der BASF in Mannheim Oktober: Gründung des »Allgemeinen Deutschen Frauenvereins« (ADF) in Leipzig Dezember: Gründung des »Allgemeinen Deutschen Zigarrenarbeitervereins«
1866	9. April: preußischer Antrag auf Bundesreform unter Ausschluß Österreichs Mai: Gründung des »Deutschen Buchdruckerverbandes« 15. Juni–26. Juli: Deutscher Krieg (Deutscher Bund und Österreich gegen Preußen) 3. Juli: Sieg Preußens in der Schlacht von Königgrätz 23. August: Friede von Prag; Auflösung des Deutschen Bundes, Bildung des Norddeutschen Bundes unter preußischer Vorherrschaft mit Zustimmung Österreichs 3. September: Ende des preußischen Verfassungskonfliktes durch Annahme der Indemnitätsvorlage im preußischen Abgeordnetenhaus
1867	Patent auf Eisenbeton (Josef Monier) Entwicklung des Dynamits (Alfred Nobel) Einführung der antiseptischen Wundbehandlung (Edward Joseph Lister) 12. Februar: Wahl zum verfassungsgebenden Norddeutschen Reichstag 12. Juni: Gründung der »Nationalliberalen Partei« September: Karl Marx »Das Kapital« (erster Band)

1868	Uraufführung von »Ein deutsches Requiem« von Johannes Brahms in Bremen
1869	7.–8. August: Gründung der Sozialdemokratischen Arbeiterpartei (SDAP) unter Beteiligung August Bebels und Wilhelm Liebknechts in Eisenach
1870–1873	Gründer-Boom
1870	Gründung der »Deutschen Zentrums-Partei« in Rheinland-Westfalen, kurz danach auf Reichsebene
	1. Vatikanisches Konzil: Unfehlbarkeitsdogma
	März: Gründung der Deutschen Bank
	19. Juli: Kriegserklärung Frankreichs als Reaktion auf die von Bismarck gekürzte »Emser Depesche« im Streit um die Hohenzollern-Kandidatur für den spanischen Thron
	2. September: Niederlage der französischen Truppen bei Sedan, Gefangennahme Napoleons III.
Seit ca. 1871	Zunahme der Fernwanderung im Rahmen der Binnenwanderungsbewegung
1871	18. Januar: Kaiserproklamation in Versailles, Wilhelm I. wird Deutscher Kaiser
	18. März–26. Mai: Aufstand der Pariser Kommune
1872–1876	Bau des Festspielhauses in Bayreuth, dort u. a. Uraufführung des »Ring des Nibelungen« von Richard Wagner 1876
1872–1879	»Kulturkampf« gegen die katholische Kirche
1872	Schulaufsichtsgesetz; Verbot des Jesuitenordens
	Gründung des »Vereins für Socialpolitik« mit dem Ziel, Wege zur Lösung der »sozialen Frage« zu finden
1873	Gründerkrach, schwere Wirtschaftskrise bis 1876/1879
1873/1874	»Maigesetze«: staatliche Vorschriften über die Ausbildung von Geistlichen und über die kirchliche Disziplinargewalt
1874	Januar: »Ära Tessendorf« in Preußen, zunehmende Verfolgung der Arbeiterorganisationen, wenig später: Verbot des ADAV in Preußen
1874/1875	Einführung der Zivilehe, »Sperrgesetz« gegen den Klerus
1875	»Eisenwalzwerk« von Adolph von Menzel vollendet
	Ernennung Anton von Werners zum Direktor der Akademischen Hochschule für Bildende Künste in Berlin

	März–Mai: »Krieg-in-Sicht-Krise« zwischen dem Deutschen Reich und Frankreich, England und Rußland
	22.–27. Mai: Vereinigungskongreß in Gotha von ADAV und SDAP zur Sozialistischen Arbeiterpartei Deutschlands (SAP), seit 1890 Sozialdemokratische Partei Deutschlands (SPD)
1876	Gründung der Deutsch-Konservativen Partei
	Patentierung des Telefons (Alexander Graham Bell)
	30. März: Verbot der SAP in Preußen
1878	Innenpolitischer Kurswechsel: Abwendung Bismarcks von den Liberalen, Abschwächung des Kulturkampfes
	18. Januar: Gründung der Christlich-sozialen Arbeiterpartei des Hofpredigers Adolf Stoecker
	Antisemiten-Liga in Berlin durch Wilhelm Marr gegründet
	21. Oktober: »Gesetz gegen die gemeingefährlichen Bestrebungen der Sozialdemokratie« (Sozialistengesetz)
1879	Erster öffentlicher Einsatz einer Elektro-Lokomotive (Werner von Siemens)
	Zweibund-Vertrag des Deutschen Reiches mit Österreich-Ungarn (geheimes Verteidigungsbündnis, bis 1918)
	12. Juli: Reichstag beschließt gegen die Stimmen der Sozialdemokratie die Einführung von Schutzzöllen
1879/1880	Berliner Antisemitismusstreit (u. a. zwischen Heinrich von Treitschke und Theodor Mommsen)
1880–1893	Dritte große Auswanderungswelle
1881/1882	Judenpogrome in Rußland
1881	18. Juni: Dreikaiservertrag zwischen Deutschland, Österreich-Ungarn und Rußland, Zusicherung »wohlwollender Neutralität« im Kriegsfall
	17. November: »Kaiserliche Botschaft« Wilhelms I., Ankündigung von sozialpolitischen Reformen
Seit 1882	Gründung Evangelischer Arbeitervereine
1882	Entdeckung des Tuberkelbazillus durch Robert Koch
	Dreibund-Vertrag zwischen dem Deutschen Reich, Österreich-Ungarn und Italien als geheimes Verteidigungsbündnis

1883–1889	Einführung der staatlichen Sozialgesetzgebung in Deutschland (Krankenversicherung 1883, Unfallversicherung 1884, Alters- und Invalidenversicherung 1889)
Seit 1884	Einrichtung von katholischen Arbeitervereinen nach dem Vorbild der Kolping-Vereine (vgl. 1846)
1884	Entwicklung der Setzmaschine (Ottmar Mergenthaler) Gründung der Gesellschaft für deutsche Kolonisation durch Carl Peters
1884/1885	Kongo-Konferenz in Berlin: Bildung eines neutralen Kongostaates unter Leopold II. von Belgien, Abgrenzung von Interessensphären; deutsche Schutzgebiete: Deutsch-Südwestafrika, Kamerun, Togo, Deutsch-Ostafrika, Kaiser-Wilhelm-Land/Südsee
1885	Erstes (öffentliches) Elektrizitätswerk in Berlin Präsentation des modernen Maschinengewehrs (Rückstoßlader) durch Hiram Stevens Maxim Öffentlichkeitswirksame Vorführung des Kraftwagens (Carl Benz)
1887	Deutscher Rückversicherungsvertrag mit Rußland, geheimes Zusatzprotokoll sagt deutsche Unterstützung der russischen Meerengen-Politik zu
1888	»Dreikaiserjahr«: Tod Wilhelms I. und Friedrichs III. nach 99 Tagen Regentschaft, Wilhelm II. wird Kaiser
1889	3. Mai–6. Juni: Streik der Bergarbeiter im Ruhrgebiet, in Schlesien und im Saargebiet 14.–20. Juli: Gründung der II. Internationale mit Sitz in Brüssel Gründung der antisemitischen Deutschsozialen Partei auf dem Bochumer Antisemitentag
1890	»Neuer Kurs« Wilhelms II., Nichterneuerung des Rückversicherungsvertrages mit Rußland 20. Februar: Reichstagswahl, Sozialdemokraten erhalten den höchsten Stimmenanteil aller Parteien 20. März: Entlassung Bismarcks durch Wilhelm II. 30. September: Ende des Sozialistengesetzes 16./17. November: Zusammenschluß der sozialistischen Gewerkschaften zur »Generalkommission der Gewerkschaften Deutschlands«

1890–1894	Reichskanzler Leo Graf Caprivi
1891	Gründung des »Allgemeinen Deutschen Verbandes« (ab 1. Juli 1894 »Alldeutscher Verband«) 14.–20. Oktober: Parteitag der SPD in Erfurt, »Erfurter Programm«
1892	Uraufführung von Gerhart Hauptmanns »Die Weber«
1893	Eröffnung des ersten staatlichen Mädchengymnasiums in Baden
1894	Gründung des katholischen »Gewerkvereins christlicher Bergarbeiter« in Essen Bürgerlicher »Bund Deutscher Frauenvereine« wird gegründet
1894–1900	Reichskanzler Chlodwig Fürst zu Hohenlohe-Schillingsfürst
1895	Eröffnung des Nord-Ostsee-Kanals Vorführung des Kinematographen (Gebrüder Lumière) Beschreibung der Röntgenstrahlen (Wilhelm Konrad Röntgen)
1896	Theodor Herzl: »Der Judenstaat«, Begründung der zionistischen Bewegung Berliner Gewerbeausstellung mit Kolonialausstellung Entdeckung der Uran-Strahlen (Louis Becquerel) Theodor Fontanes »Effi Briest« erschienen; wird zum großen zeitgenössischen Romanerfolg
1897	Bildung der Künstlervereinigung »Secession« in Wien Erster zionistischer Weltkongreß in Basel Erfolgreiche Erprobung drahtloser Telegraphie (Guglielmo Marconi)
1897/1898	Besetzung Kiautschous, das von China an Deutschland auf 99 Jahre zur Pacht abgetreten werden muß
1898	10. April: Beginn des Flottenbauprogramms unter Tirpitz' Leitung Juli: Faschoda-Krise zwischen England und Frankreich (nach Eroberung des Sudans durch England); ergebnislose deutsch-englische Bündnisbesprechungen
1899	18. Mai–27. Juli: Verabschiedung der »Haager Landkriegsordnung« auf der ersten Haager Friedenskonferenz (26 Staaten)

1900	Spektakuläre Erprobung eines frühen Luftschiffs durch Ferdinand von Zeppelin Quanten-Theorie (Max Planck) Erstmalige Zulassung von Frauen zum Universitätsexamen in Baden (in Preußen ab 1908) Einführung des Bürgerlichen Gesetzbuchs (BGB) Juni/Juli: Boxer-Aufstand in China, »Hunnenrede« Wilhelms II. zur Entsendung deutscher Truppen nach China
1900–1909	Reichskanzler Graf Bernhard von Bülow (ab 1905 »Fürst«)
1901	Thomas Manns »Buddenbrooks« erschienen
1902	1. November: Neutralitätsabkommen zwischen Frankreich und Italien
1904–1907	Aufstand der Herero und Nama in Deutsch-Südwestafrika wird blutig niedergeschlagen (ca. 80 % der Herero und ca. 50 % der Nama kommen ums Leben)
1904	8. April: »Entente cordiale« zwischen England und Frankreich
1905	Spezielle Relativitätstheorie (Albert Einstein) 22. Januar: »Blutsonntag« in Petersburg, erste russische Revolution 7. Juni: Gründung der Künstlervereinigung »Die Brücke« durch Ernst Ludwig Kirchner, Erich Heckel, Karl Schmidt-Rottluff und Fritz Bleyl in Dresden Ende 1905/Anfang 1906: Wahlrechtsbewegung in Sachsen, Hamburg und Preußen gegen Dreiklassenwahlrecht bzw. Wahlrechtsverschlechterungen
1905/1906	Erste Marokko-Krise (deutscher Protest gegen Frankreichs Marokkopolitik)
1907	15. Juni–18. Oktober: Gründung des Haager Schiedsgerichthofes auf der zweiten Haager Friedenskonferenz (44 Staaten)
1908	8. April: Reichsvereinsgesetz, Frauen wird die politische Betätigung erlaubt, für Jugendliche unter 18 Jahren bleibt sie verboten
1909	Gründung der Deutschen Gesellschaft für Zoologie
1909–1917	Reichskanzler Theobald von Bethmann Hollweg

Um 1910	Abwendung Arnold Schönbergs von der Tonalität, Begründung der Neuen Wiener Schule mit Alban Berg und Anton von Webern
1910	Januar–April: Zweite Wahlrechtsbewegung in Preußen
1911	Patentierter Entwurf eines modernen Panzers (Gunther Burstyn)
	Gründung der »Kaiser-Wilhelm-Gesellschaft zur Förderung der Wissenschaften« (heutige Max-Planck-Gesellschaft)
	Zweite Marokkokrise (Entsendung eines deutschen Kanonenboots als Protest gegen das militärische Eingreifen Frankreichs in Marokko)
1912	12. Januar: Reichstagswahl, SPD wird mit 34,8 % der Stimmen stärkste Fraktion
	Oktober: Erster Balkan-Krieg (Balkanbund aus Serbien, Bulgarien, Montenegro und Griechenland gegen die Türkei)
1913	Gründung des Internationalen Gewerkschaftsbundes
	Juni: Zweiter Balkankrieg (zunächst Bulgarien gegen Serbien, dann auch Griechenland, Rumänien und die Türkei auf der Seite Serbiens)
1914	Heinrich Manns »Der Untertan« als Fortsetzungsroman in der Zeitschrift »Zeit im Bild« erschienen (Buchausgabe 1918)
	28. Juni: Attentat auf den österreichischen Thronfolger Erzherzog Franz Ferdinand und seine Gemahlin Sophie in Sarajewo
	6. Juli: Deutschland versichert Österreich-Ungarn seiner unbedingten Bündnistreue (»Blankovollmacht«)
	28. Juli: Kriegserklärung Österreich-Ungarns an Serbien
	30. Juli: Generalmobilmachung in Rußland
	1. August: Deutsche Mobilmachung, Kriegserklärung an Rußland
	3. August: Deutsche Kriegserklärung an Frankreich und Einmarsch in Belgien
	4. August: Kriegserklärung Englands an Deutschland
1914–1918	Erster Weltkrieg

VERZEICHNIS DER TABELLEN

VERZEICHNIS DER ABKÜRZUNGEN

ADB	Allgemeine Deutsche Biographie
AFGK	Archiv für Frankfurts Geschichte und Kunst
AfS	Archiv für Sozialgeschichte
AGS	Archiv für die Geschichte des Sozialismus und der Arbeiterbewegung
AHR	American Historical Review
AJS	American Journal of Sociology
AKG	Archiv für Kulturgeschichte
ASS	Archiv für Sozialwissenschaft und Sozialpolitik
BDLG	Blätter für deutsche Landesgeschichte
BGA	Beiträge zur Geschichte der Arbeiterbewegung
BHR	Business History Review
BHS	Beiträge zur Historischen Sozialkunde
BzG	Beiträge zur Geschichte der Arbeiterbewegung
CEH	Central European History
CSSH	Comparative Studies in Society and History
DVS	Deutsche Vierteljahresschrift
EDG	Enzyklopädie Deutscher Geschichte
EHQ	European History Quarterly
EHR	English Historical Review
ESS	Encyclopaedia of the Social Sciences, 15 Bde.
FBPG	Forschungen zur brandenburgischen und preußischen Geschichte
FOG	Forschungen zur osteuropäischen Geschichte
Francia	Francia. Forschungen zur westeuropäischen Geschichte
GG	Geschichte und Gesellschaft

GGr	Geschichtliche Grundbegriffe
GWU	Geschichte in Wissenschaft und Unterricht
HDWSG	Handbuch der deutschen Wirtschafts- und Sozialgeschichte
HEG	Handbuch der Europäischen Geschichte
HEWS	Handbuch der Europäischen Wirtschafts- und Sozialgeschichte
HJ	Historical Journal
HJb	Historisches Jahrbuch
HPB	Historisch-Politisches Buch
HSF	Historische Sozialforschung
HSR	Historical Social Research
HT	History and Theory
HW	History Workshop
HZ	Historische Zeitschrift
IASL	Internationales Archiv für Sozialgeschichte der deutschen Literatur
IESBS	International Encyclopedia of the Social and Behavioral Sciences
IESS	International Encyclopaedia of the Social Sciences, 17 Bde.
IRSH	International Review of Social History
IWK	Internationale Wissenschaftliche Korrespondenz zur Geschichte der deutschen Arbeiterbewegung
JbS	Jahrbuch für Sozialwissenschaft
JbSBPS	Jahrbuch für die amtliche Statistik des Preußischen Staats
JbVK	Jahrbuch für Volkskunde und Kulturgeschichte
JbWG	Jahrbuch für Wirtschaftsgeschichte
JCH	Journal of Contemporary History
JEEH	Journal of European Economic History
JEH	Journal of Economic History
JHI	Journal of the History of Ideas
JIH	Journal of Interdisciplinary History
JMEH	Journal of Modern European History
JMH	Journal of Modern History
JSH	Journal of Social History
KSG	Kritische Studien zur Geschichtswissenschaft

KZSS	Kölner Zeitschrift für Soziologie und Sozialpsychologie
MEGA	Marx-Engels Gesamtausgabe
MEW	Marx-Engels Werke, 39 Bde.
MGM	Militärgeschichtliche Mitteilungen
MIÖG	Mitteilungen des Instituts für Österreichische Geschichtsforschung
MWG	Max Weber-Gesamtausgabe
NDB	Neue Deutsche Biographie
NPL	Neue Politische Literatur
PP	Past and Present
PSQ	Political Science Quarterly
PVS	Politische Vierteljahrschrift
RH	Revue Historique
RHES	Revue d'Histoire Économique et Sociale
RHM	Revue d'Histoire Moderne
RHMC	Revue d'Histoire Moderne et Contemporaine
Saec	Saeculum. Jahrbuch für Universalgeschichte
SH	Social History
SM	Scripta Mercaturae
Sowi	Sozialwissenschaftliche Informationen
SSH	Social Science History
StdDtR	Statistik des Deutschen Reichs
StorStor	Storia della storiografia
TechnikG	Technikgeschichte
TRE	Theologische Realenzyklopädie
VSDR	Vierteljahrshefte zur Statistik des Deutschen Reichs
VSWG	Vierteljahrschrift für Sozial- und Wirtschaftsgeschichte
WZB	Wissenschaftszentrum Berlin
ZAA	Zeitschrift für Agrargeschichte und Agrarsoziologie
ZBLG	Zeitschrift für Bayerische Landesgeschichte
ZfG	Zeitschrift für Geschichtswissenschaft
ZfO	Zeitschrift für Ostmitteleuropa-Forschung
ZfU	Zeitschrift für Unternehmensgeschichte
ZHF	Zeitschrift für Historische Forschung
ZKG	Zeitschrift für Kirchengeschichte
ZVdS	Zeitschrift des Vereins für deutsche Statistik

BIBLIOGRAPHIE

Die folgende Bibliographie ist hochgradig selektiv und an der Gliederung des Buchs orientiert. Sie konzentriert sich auf Werke übergreifenden Inhalts. Zahlreiche Hinweise auf Schriften zu einzelnen Themen finden sich zusätzlich in den Anmerkungen. Der Reihentitel wird in der Regel nicht genannt, der Untertitel nur dann, wenn es aus Informationsgründen unabdingbar ist. Die vor dem Erscheinungsjahr hochgestellte Auflagenziffer bezeichnet in der Regel die letzte *veränderte* Auflage.

1 Bibliographien, Literatur- und Forschungsberichte

W. BAUMGART, Bücherverzeichnis zur deutschen Geschichte. Hilfsmittel, Handbücher, Quellen, [18]2014.

Bibliographien zur Geschichte des Parlamentarismus und der politischen Parteien, Hg. KOMMISSION FÜR GESCHICHTE DES PARLAMENTARISMUS UND DER POLITISCHEN PARTEIEN, 1953–.

F. C. DAHLMANN u.a., Quellenkunde der deutschen Geschichte. Bibliographie der Quellen und der Literatur zur deutschen Geschichte, Hg. H. HEIMPEL u.a., Bd. 1–11, 1969–1998.

R. DIMPFEL, Biographische Nachschlagewerke, Adelslexika, Wappenbücher, 1922/1969.

D. DOWE, Bibliographie zur Geschichte der deutschen Arbeiterbewegung, sozialistischen und kommunistischen Bewegung von den Anfängen bis 1863 (1945–1975), 1976.

Handbuch der bibliographischen Nachschlagewerke, Hg. W. TOTOK u.a., [4]1972.

A. HEIT, Bibliographie deutschsprachiger geschichtswissenschaftlicher Reihen nach Stücktiteln, Tl. 1, 1990.

A. HEIT u.a., Maße und Gewichte des Mittelalters und der Neuzeit. Bibliographie zur Historischen Metrologie, Tl. 1, 1990.

A. HEIT, Bibliographie deutschsprachiger Festschriften, Gedenkschriften und Sammelschriften aus dem Bereich der Geschichtswissenschaft, 1991.

Historical Abstracts, 1955–.

International Bibliography of Historical Sciences, 1926–.

Internationale Jahresbibliographie der Festschriften, 1, 1980 (1982)–.

Jahrbuch der historischen Forschung in der Bundesrepublik Deutschland, Hg. R. MORSEY u.a., 1974–2012.

Jahresberichte für deutsche Geschichte, 1925–1939/40, NF 1949–2015.

Katalog der Fest- und Denkschriften wirtschaftlicher Betriebe (Schacht-Sammlung), 1937.

C. G. KAYSER, Vollständiges Bücherlexikon (Deutschland 1750–1910), Bd. 1–36, 1834–1911/1961–1963.

O. LEISTNER, Internationale Bibliographie der Festschriften von den Anfängen bis 1979, Bd. 1–2, [2]1984–1986.

J. OLTMER u.a., Migration und Integration in Europa seit der Frühen Neuzeit. Eine Bibliographie zur Historischen Migrationsforschung, 2005.

E. SAGARRA, Quellenbibliographie autobiographischer Schriften von Frauen im deutschen Kulturraum 1730–1918, in: IASL 11, 1986, 175–231.

J. STAMMHAMMER, Bibliographie des Sozialismus und Kommunismus, Bd. 1–3, ^{1}1893–1908, ^{2}1963/64.

Statistisches Jahrbuch für das Deutsche Reich, 1913, S. XIII–XXXII: Übersicht über die Veröffentlichungen des Kaiserlichen Statistischen Amtes.

K. TENFELDE u.a., Bibliographie zur Geschichte der deutschen Arbeiterschaft und Arbeiterbewegung 1863–1914 (1945–1975), 1981.

H.-P. ULLMANN, Bibliographie zur Geschichte der deutschen Parteien und Interessenverbände, 1978.

Wahlstatistik in Deutschland. Bibliographie 1848–1975, Hg. N. DIEDERICH u.a., 1976.

World Bibliography of Bibliographies, Hg. T. BESTERMANN, Bd. 1–5, ^{4}1965/66.

2 *Handbücher, Nachschlagewerke, Lexika, Hilfsmittel*

Allgemeine Deutsche Biographie, Bd. 1–56, 1875–1912.

A. BETTELHEIM, Biographisches Jahrbuch und Deutscher Nekrolog, 1897–1917 f. d. Jahre 1896–1913 (fortgeführt als Deutsches Biographisches Jahrbuch, Bd. 1–11, 1914–1932).

Biographisches Wörterbuch zur deutschen Geschichte, Bd. 1–3, ^{2}1973–1975.

A. VON BRANDT, Werkzeug des Historikers, ^{18}2012.

G. DEHIO, Handbuch der deutschen Kunstdenkmäler (Neubearb.) 1971–.

Deutscher Städteatlas, Hg. H. STOOB, Lfg. 1–, 1973–.

M. F. FELDKAMP, Regentenlisten und Stammtafeln zur Geschichte Europas. Vom Mittelalter bis zur Gegenwart, 2002.

Das Fischer Lexikon Geschichte, Hg. R. VAN DÜLMEN, ^{2}2003.

G. FRANZ, Biographisches Wörterbuch zur deutschen Geschichte, 1952.

Geschichte der deutschen Länder (Territorien-Ploetz), Bd. 2: Die deutschen Länder vom Wiener Kongreß bis zur Gegenwart, Hg. G. SANTE u.a., 1971.

Geschichtliche Grundbegriffe, Hg. O. BRUNNER u.a., Bd. 1–8, 1972–1997.

Großer Historischer Weltatlas, Tl. 3–4, Hg. Bayerischer Schulbuch-Verlag, [4]1981–1995.
H. GROTEFEND, Zeitrechnung des deutschen Mittelalters und der Neuzeit, Bd. 1–2, 1891–1898.
Handbuch der historischen Stätten Deutschlands, Bd. 1–15, 1958–1998.
Handwörterbuch des deutschen Aberglaubens, Bd. 1–9, Reg.-Bd., 1927–1942.
Hilfswörterbuch für Historiker. Mittelalter und Neuzeit, Hg. E. HABERKERN u.a., 1935.
T. JUNG u.a., Das lange 19. Jahrhundert, in: Clio-Guide. Ein Handbuch zu digitalen Ressourcen für die Geschichtswissenschaften (= Historisches Forum 23), Hg. R. HOHLS u.a., 2018, Abs. C.4, 1–34.
G. KOEBLER, Historisches Lexikon der deutschen Länder, [7]2007.
Kürschners Deutscher Gelehrtenkalender, Bd. 1–3, [18]2001.
Lexikon für Theologie und Kirche, Bd. 1–10, [3]1993–2001.
Lexikon Geschichtswissenschaft. Hundert Grundbegriffe, Hg. S. JORDAN, 2002.
Neue Deutsche Biographie (NDB), Bd. 1–, 1953–.
E. OPGENOORTH u.a., Einführung in das Studium der Neueren Geschichte, [7]2010.
PLOETZ. Epochen der modernen Geschichte, Hg. G. NIEMETZ u.a., 1986.
Der Große PLOETZ. Die Enzyklopädie der Weltgeschichte. [35]2008
F.-W. PUTZGER, Historischer Weltatlas, erw. Ausgabe mit Reg., [105]2021.
U. SAUTTER, Deutsche Geschichte seit 1815, Daten, Fakten, Dokumente, Bd. 1–3, 2004.
M. SCHWARZ, MdR, Biographisches Handbuch der Reichstage, 1965.
B. SPULER, Regenten und Regierungen der Welt, Tl. 2: Neuere Zeit (1492–1965), Bd. 1–3, [2]1962–1966.
Theologische Realenzyklopädie (TRE), Bd. 1–36, 1977–2004.
www.clio-online.de.
www.deutsche-biographie.de.
www.hsozkult.de.
www.ieg-ego.eu.
www.sehepunkte.de.

3 Theorie, Methoden, Geschichte der Geschichtsschreibung

K. ACHAM u.a., Methoden der Geschichtswissenschaft und Archäologie, 1974.

E. BERNHEIM, Lehrbuch der historischen Methoden und der Geschichtsphilosophie, [5/6]1914.

M. BLOCH, Apologie der Geschichte oder Der Beruf des Historikers, Hg. L. FEBVRE, P. SCHÖTTLER [2]2002.

J. BURCKHARDT, Weltgeschichtliche Betrachtungen, Hg. P. GANZ, 1982.

1750–1870. Wege zur modernen Welt, Hg. S. CONRAD/J. OSTERHAMMEL, 2016.

U. DANIEL, Kompendium Kulturgeschichte. Theorien, Praxis, Schlüsselwörter, [5]2006.

A. C. DANTO, Analytical Philosophy of History, 1965 (dt. Analytische Philosophie der Geschichte, 1973).

Debating New Approaches to History, Hg. P. BURKE u.a., 2019.

»Discussion Forum: The Vanishing Nineteenth Century in European History?«, in: Central European History 51 (2018), No 4, S. 611–695.

J. G. DROYSEN, Historik, [8]1977.

K.-G. FABER, Theorie der Geschichtswissenschaft, [5]1982.

H.-G. GADAMER, Wahrheit und Methode, [7]2010.

Geschichte intellektuell. Theoriegeschichtliche Perspektiven, Hg. F. W. GRAF u.a., 2015.

Geschichte schreiben in der Postmoderne, Hg. C. CONRAD u.a., 1994.

Geschichte. Studium – Wissenschaft – Beruf. Eine Einführung, Hg. G. BUDDE u.a., 2008.

Geschichte und Vergleich, Hg. H.-G. HAUPT u.a., 1996.

Geschichtsdiskurs, Hg. W. KÜTTLER u.a., Bd. 1–5, 1993–1999.

J. HABERMAS, Theorie des kommunikativen Handelns, Bd. 2, 1981, 461–488.

J. HABERMAS, Zur Logik der Sozialwissenschaften, [2]1970.

Handbuch der Geschichtsdidaktik, Hg. K. BERGMANN, Bd. 1–2, [3]1985.

W. HARDTWIG, Geschichtskultur und Wissenschaft, 1990.

O. HINTZE, Soziologie und Geschichte, Hg. G. OESTREICH, [3]1982.

E. HOBSBAWM, On History (dt. Wieviel Geschichte braucht die Zukunft?), 1998.

L. HÖLSCHER, Zeitgärten. Zeitfiguren in der Geschichte der Neuzeit, 2020.

G. G. IGGERS, Deutsche Geschichtswissenschaft, ²1997.

G. G. IGGERS, Geschichtswissenschaft im 20. Jahrhundert. Ein kritischer Überblick im internationalen Zusammenhang, 2007.

G. G. IGGERS u.a., Geschichtskulturen. Weltgeschichte der Historiografie von 1750 bis heute, 2013.

S. JORDAN, Theorien und Methoden der Geschichtswissenschaft, ⁴2018.

H. KAELBLE, Der historische Vergleich. Eine Einführung zum 19. und 20. Jahrhundert, 1999.

J. KOCKA, Sozialgeschichte, ²1986.

J. KOCKA, Nach dem Ende des Sonderwegs. Zur Tragfähigkeit eines Konzepts. Doppelte Zeitgeschichte, Hg.von A. Bauerkämper u.a., 1998, 364–375.

J. KOCKA, Looking Back on the Sonderweg, in: Central European History 51, 2018, 137–142.

J. KOCKA, Historians and the future, 2020.

R. KOSELLECK, Vergangene Zukunft. Zur Semantik geschichtlicher Zeiten, ¹¹1988.

R. KOSELLECK, Zeitschichten. Studien zur Historik, 2000.

R. KOSELLECK, Begriffsgeschichten, 2006.

T. S. KUHN, Die Struktur wissenschaftlicher Revolutionen, 1967.

Kultur & Geschichte, Hg. C. CONRAD u.a., 1998.

W. KÜTTLER, Theoriegeschichte und methodologische Probleme historischer Formationsanalyse, in: Formationstheorie und Geschichte, Hg. E. ENGELBERG u.a., 1978, 719–736.

K. MARX, Das Kapital. Kritik der politischen Ökonomie (MEW, Bde. 23–25), 1962–1964

F. METZGER, Geschichtsschreibung und Geschichtsdenken im 19. und 20. Jahrhundert, 2011.

W. J. MOMMSEN, Die Geschichtswissenschaft jenseits des Historismus, ²1972.

T. NIPPERDEY, Gesellschaft, Kultur, Theorie, 1976.

Objektivität und Parteilichkeit in der Geschichtswissenschaft, Hg. R. KOSELLECK, 1977.

O. G. OEXLE, Die Wirklichkeit und das Wissen, 2011.

Probleme der marxistischen Geschichtswissenschaft, Hg. E. ENGELBERG, 1972.

L. v. RANKE, Die großen Mächte. Politisches Gespräch (Kleine Vandenhoeck-Reihe) 1963.
L. RAPHAEL, Geschichtswissenschaft im Zeitalter der Extreme. Theorie, Methoden, Tendenzen von 1900 bis zur Gegenwart, [2]2010.
A. RECKWITZ, Die Gesellschaft der Singularitäten. Zum Strukturwandel der Moderne, 2017.
J. RÜSEN, Grundzüge einer Historik, Bd. 1–3, 1983–1989.
T. SCHIEDER, Geschichte als Wissenschaft, [2]1968.
W. SCHULZE, Deutsche Geschichtswissenschaft nach 1945, 1993.
W. SCHULZE, Sozialgeschichte, Alltagsgeschichte, Mikro-Historie, 1994.
L. STONE, The Past and the Present, 1981.
Theorie und Erzählung in der Geschichte, Hg. J. KOCKA u.a., 1979.
Transnationale Geschichte. Themen, Tendenzen und Theorien, Hg. G. BUDDE u.a., 2006.
Über das Studium der Geschichte, Hg. W. HARDTWIG, 1990.
M. WEBER, Wirtschaft und Gesellschaft. Grundriß der verstehenden Soziologie, Hg. J. WINCKELMANN, [5]2002.
M. WEBER, Wirtschaft und Gesellschaft. Soziologie. Unvollendet. 1919–1920, Hg. K. BORCHARDT, u.a., MWG, I/23, 2013.
M. WEBER, Gesammelte Aufsätze zur Wissenschaftslehre, 1988.
H.-U. WEHLER, Deutsche Historiker, 1973.
H.-U. WEHLER, Historische Sozialwissenschaft und Geschichtsschreibung, 1980.
H. V. WHITE, Metahistory, 1991.

4 Zeitschriften

American Historical Review (AHR), 1895/96–.
Annales, 1929– (zunächst: Annales d'histoire économique et sociale. ab 1946: Annales. Economies. Sociétés. Civilisations [Annales ESC], ab 1994: Annales. Histoire, Science Sociales [Annales HSS]).
Archiv für Kulturgeschichte (AKG), 1903–.
Archiv für Sozialgeschichte (AfS), 1961–.
Beiträge zur Geschichte der Arbeiterbewegung (BzG), 1959–1982.
Blätter für deutsche Landesgeschichte (BDLG), 1853–.
Central European History (CEH), 1968–.
Comparative Studies in Society and History (CSSH), 1958/59–.

English Historical Review (EHR), 1886–.
Forschungen zur brandenburgischen und preußischen Geschichte (FBPG), 1888–1943, NF 1991–.
Forschungen zur Osteuropäischen Geschichte (FOG), 1954–.
Francia. Forschungen zur westeuropäischen Geschichte (Francia), 1973–.
Gender & History, 1989–.
Geschichte in Wissenschaft und Unterricht (GWU), 1950–.
Geschichte und Gesellschaft (GG), 1975–.
Historical Social Research – Historische Sozialforschung (HSR), 1979–.
Historisch-politisches Buch (HPB), 1953–.
Historische Anthropologie, 1993–.
Historische Zeitschrift (HZ), 1859–.
Historisches Jahrbuch (HJb), 1880–.
History. The Journal of the Historical Association, 1916/17–.
History and Computing, 1987–.
History and Theory (HT), 1960–.
L'Homme. Zeitschrift für Feministische Geschichtswissenschaft, 1990–.
International Review of Social History (IRSH), 1956–.
Internationale Wissenschaftliche Korrespondenz zur Geschichte der deutschen Arbeiterbewegung (IWK), 1965–2006.
Jahrbuch für Geschichte, 1966–.
Jahrbuch für Wirtschaftsgeschichte (JbW), 1960–.
Jahrbücher für Geschichte Osteuropas (JbbGO), 1936–.
Jahrbücher für Nationalökonomie und Statistik, 1862–.
Journal of Contemporary History, 1966–.
Journal of Economic History (JEH), 1941–.
Journal of European Economic History (JEEH), 1972–.
Journal of Family History, 1976–.
Journal of Interdisciplinary History (JIH), 1970–.
Journal of Modern European History (JMEH), 2003–.
Journal of Modern History (JMH), 1929–.
Labor History, 1960–.
Militärgeschichtliche Mitteilungen (MGM), 1967–.
Le Mouvement Social, 1952–.
Neue politische Literatur (NPL), 1956–.

Past & Present (PP), 1952–.
Revue d'histoire moderne et contemporaine (RHMC), 1954–.
Revue historique (RH), 1876–.
Schmollers Jahrbuch für Wirtschafts- und Sozialwissenschaften, 1877–1970, NF Zeitschrift für Wirtschafts- und Sozialwissenschaften, 1971–.
Saeculum. Jahrbuch für Universalgeschichte (Saec), 1950–.
Scripta Mercaturae (SM), 1967–.
Social History (SH), 1976–.
Sozialwissenschaftliche Informationen für Unterricht und Studium, 1972–2005.
Storia della storiografia (StorStor), 1982–.
Technikgeschichte (TechnikG), 1965–.
Tel Aviver Jahrbuch für deutsche Geschichte, 1972–.
Tradition. Zeitschrift für Firmengeschichte und Unternehmerbiographie, 1956–1976, NF Zeitschrift für Unternehmensgeschichte (ZfU), 1977–.
Urban History (Yearbook), 1974–.
Vierteljahrschrift für Sozial- und Wirtschaftsgeschichte (VSWG), 1903–.
Zeitschrift für Agrargeschichte und Agrarsoziologie (ZAA), 1953–.
Zeitschrift für Bayerische Landesgeschichte (ZBLG), 1928–1943/44, 1946–.
Zeitschrift für die Geschichte des Oberrheins (ZGO), 1886–.
Zeitschrift für Geschichtswissenschaft (ZfG), 1953–.
Zeitschrift für Historische Forschung (ZHF), 1974–.
Zeitschrift für Kirchengeschichte (ZKG), 1887–.
Zeitschrift für Ostmitteleuropa-Forschung. NF der Zeitschrift für Ostforschung (ZfO), 1952–.

5 *Quellen*

Acta Borussica, Abt. A-B, Berlin 1892–1982.
Bevölkerung und Wirtschaft 1872–1972, Hg. Statistisches Bundesamt, 1972.
Das Deutsche Kaiserreich 1871–1918. Ein historisches Lesebuch, Hg. G. A. Ritter, [4]1981.
Datenhandbuch zur deutschen Bildungsgeschichte, Bd. 1,1–6, 1987–2016.

Freiherr vom Stein-Gedächtnisausgabe. Ausgewählte Quellen zur deutschen Geschichte des Mittelalters und der Neuzeit, Reihe A-D, 1955–.

G. F. W. Ghillany, Diplomatisches Handbuch 1648–1867, Bd. 1–3, 1855–1868.

W. H. Hubbard, Familiengeschichte. Materialien zur deutschen Familie seit dem Ende des 18. Jahrhunderts, 1983.

K. Marx u. F. Engels, Über Deutschland und die deutsche Arbeiterbewegung, 3 Bde., hg. v. Institut für Marxismus-Leninismus beim ZK der SED, [4]1961, 1970, 1980 (Sammlung einschlägiger Schriften, Briefe und Auszüge).

Preußen als Kulturstaat, Abteilung I: Das Preußische Kultusministerium als Staatsbehörde und gesellschaftliche Agentur (1817–1934), Hg. Berlin-Brandenburgische Akademie der Wissenschaften (= Acta Borussica NF, 2. Reihe), 2009–2018.

Die Protokolle des Preußischen Staatsministeriums 1817–1934/38, Hg. Berlin-Brandenburgische Akademie der Wissenschaften (= Acta Borussica NF, 1. Reihe), 1999–2004.

Quellen und Forschungen zur historischen Statistik von Deutschland, Hg. W. Fischer u.a., Bd. 1–17, 1986–1995.

Quellen zum politischen Denken der Deutschen im 19. und 20. Jahrhundert, Bd. 1–11, 1977–2013.

Quellen zur Alltagsgeschichte der Deutschen 1815–1870, Hg. H. Brandt u.a., 2005.

Quellen zur Bevölkerungs-, Sozial- und Wirtschaftsstatistik Deutschlands 1815–1875, Hg. W. Köllmann, Bd. 1–5, 1980–1995.

Quellen zur deutschen Wirtschafts- und Sozialgeschichte im 19. Jahrhundert bis zur Reichsgründung, Hg. W. Steitz, 1980.

Quellen zur deutschen Wirtschafts- und Sozialgeschichte von der Reichsgründung bis zum Ersten Weltkrieg, Hg. W. Steitz, 1985.

Quellen zur Geschichte des Deutschen Bundes, Hg. J. Müller, 1988–.

Quellen zur Geschichte des Parlamentarismus und der politischen Parteien, Reihe 1: Von der konstitutionellen Monarchie zur parlamentarischen Republik, Hg. Kommission für Geschichte des Parlamentarismus und der politischen Parteien, 1959–.

Quellenkunde zur deutschen Geschichte der Neuzeit von 1500 bis zur Gegenwart, Bd. 2: 1815 bis 1918, Hg. W. Baumgart, [3]2018.

Quellensammlung zur Geschichte der deutschen Sozialpolitik 1867 bis 1914, Hg. K. E. Born u.a., 1966–2016.

G. Schönbrunn, Das Bürgerliche Zeitalter 1815–1914 (= Geschichte in Quellen, Bd. 4.2), 1980.

H. Schulthess, Europäischer Geschichtskalender, 1861–1940.

Sozialgeschichtliches Arbeitsbuch I [1815–1870], Hg. W. Fischer u.a., 1982.

Sozialgeschichtliches Arbeitsbuch II [1870–1914], Hg. G. Hohorst u.a., [2]1978.

Vom Deutschen Bund zum Kaiserreich 1815–1871, Hg. W. Hardtwig u.a. (= Deutsche Geschichte in Quellen und Darstellungen, Bd. 7), 1997.

Von der Französischen Revolution bis zum Wiener Kongreß 1789–1915, Hg. W. Demel u.a. (= Deutsche Geschichte in Quellen und Darstellungen, Bd. 6), 1995.

6 *Übergreifende Darstellungen*

a *Europa:*

A Companion to Nineteenth-Century Europe, 1789–1914, Hg. S. Berger, 2006.

G. A. Craig, Geschichte Europas 1815–1980. Vom Wiener Kongress bis zur Gegenwart, 1995.

A. Doering-Manteuffel, Vom Wiener Kongress zur Pariser Konferenz, 1991.

Europa im Zeitalter der Nationalstaaten und europäische Weltpolitik bis zum Ersten Weltkrieg, Hg. T. Schieder (= HEG, Bd. 6), 1968.

Europa von der Französischen Revolution zu den nationalstaatlichen Bewegungen des 19. Jahrhunderts, Hg. W. Bussmann (= HEG, Bd. 5), 1981.

Europe 1789 to 1914. Encyclopedia of the Age of Industry and Empire, Hg. J. Merriman u.a., Bd. 1–5, 2006.

R. J. Evans, Das europäische Jahrhundert. Ein Kontinent im Umbruch 1815–1914, 2018.

A. Fahrmeir, Revolutionen und Reformen. Europa 1789–1850, 2010.

E. Fehrenbach, Vom Ancien Régime zum Wiener Kongreß, [5]2008.

J. FISCH, Europa zwischen Wachstum und Gleichheit 1850–1914, 2002.

L. GALL, Europa auf dem Weg in die Moderne 1850–1980, [5]2009.

R. GILDEA, Barricades and Borders. Europe 1800–1914, 1987.

M. GÖRTEMAKER, Geschichte Europas 1850–1918, 2002.

E. J. HOBSBAWM, Europäische Revolutionen. 1789–1848, 1962 [unverändert 2017].

E. J. HOBSBAWM, Die Blütezeit des Kapitals. Eine Kulturgeschichte der Jahre 1848–1875, 1977.

E. J. HOBSBAWM, Das imperiale Zeitalter 1875–1914, 1989.

M. JONES u.a., Europe 1783–1914, [3]2015.

H. A. KISSINGER, Das Gleichgewicht der Großmächte. Metternich, Castlereagh und die Neuordnung Europas 1812–1822, 1990.

R. KOSELLECK, Das 19. Jahrhundert – eine Übergangszeit, in: DERS., Vom Sinn und Unsinn der Geschichte, 2014, 131–150.

D. LANGEWIESCHE, Europa zwischen Restauration und Revolution 1815–1849, [3]1993.

R. LIEDTKE, Geschichte Europas. Von 1815 bis zur Gegenwart, 2010.

A. MAYER, Adelsmacht und Bürgertum. Die Krise der europäischen Gesellschaft 1848–1914, 1984.

Der Mensch des 19. Jahrhunderts, Hg. U. FREVERT u.a., 1999.

C. MORAZÉ, Das Gesicht des 19. Jahrhunderts, 1959.

The Nineteenth Century. Europe 1789–1914, Hg. T. C. W. BLANNING, 2000.

E. NOLTE, Geschichte Europas 1848–1918. Von der Märzrevolution bis zum Ende des Ersten Weltkriegs, 2007.

C. NONN, Das 19. und 20. Jahrhundert, [3]2014.

R. R. PALMER u.a., A History of Europe in the Modern World, 2014.

J. PAULMANN, Globale Vorherrschaft und Fortschrittsglaube. Europa 1850–1914, 2019.

T. SCHIEDER, Staatensystem als Vormacht der Welt 1848–1918 (= Propyläen Geschichte Europas, Bd. 5), 1975.

G. SCHMIDT, Der europäische Imperialismus, 1985.

G. SCHÖLLGEN u.a., Das Zeitalter des Imperialismus, [5]2009.

V. SELLIN, Das Jahrhundert der Restaurationen, 1814 bis 1906, 2014.

J. SPERBER, Europe, 1850–1914: Progress, Participation and Apprehension, 2009.

W. STEINMETZ, Europa im 19. Jahrhundert, 2019.
D. STERNBERGER, Gerechtigkeit für das neunzehnte Jahrhundert, 1975, 11–63.
E. TROELTSCH, Das Neunzehnte Jahrhundert (1913), in: DERS., Aufsätze zur Geistesgeschichte und Religionssoziologie, 1925, 614–649.
E. WEIS, Der Durchbruch des Bürgertums 1776–1847 (= Propyläen Geschichte Europas, Bd. 4), 1978.

b Deutschland:

The Ashgate Research Companion to Imperial Germany, Hg. M. JEFFERIES, 2015.
F. J. BAUER, Das »lange« 19. Jahrhundert. Profil einer Epoche, ³2010.
V. BERGHAHN, Das Kaiserreich 1871–1914, 2003.
D. BLACKBOURN, The Long Nineteenth Century. A History of Germany, 1780–1918, ²2003.
D. BLACKBOURN u.a., The Peculiarities of German History, 1984.
W. BLEEK, Vormärz. Deutschlands Aufbruch in die Moderne 1815–1848, 2019.
M. BOTZENHART, Reform, Restauration, Krise. Deutsche Geschichte 1789–1847, 1985.
G. A. CRAIG, Deutsche Geschichte 1866–1945, 1980.
R. DAHRENDORF, Gesellschaft und Demokratie in Deutschland, 1965.
Das Deutsche Kaiserreich in der Kontroverse, Hg. S. O. MÜLLER u.a., 2009.
Deutsche Geschichte, Bd. 2: Von 1789 bis 1917, 1965 [Synthese aus DDR-historischer Sicht].
Deutschland. Globalgeschichte einer Nation, Hg. A. FAHRMEIR, 2020.
N. ELIAS, Studien über die Deutschen. Machtkämpfe und Habitusentwicklung im 19. und 20. Jahrhundert, 1989.
E. FEHRENBACH, Verfassungsstaat und Nationsbildung 1815–1871, ²2007.
German History since 1800, Hg. M. FULBROOK u.a., 1997.
Germany, 1800–1870, Hg. J. SPERBER, 2010.
H.-W. HAHN u.a., Reformen, Restauration und Revolution 1806–1848/49, 2010.
D. HEIN, Deutsche Geschichte im 19. Jahrhundert, 2016.

J. JÄGER, Das vernetzte Kaiserreich. Die Anfänge von Modernisierung und Globalisierung in Deutschland, 2020.

H. JAMES, Deutsche Identität 1770–1890, 1991.

M. JEFFERIES, Contesting the German Empire, 1871–1918, 2008.

J. KOCKA, Das lange 19. Jahrhundert. Arbeit, Nation und bürgerliche Gesellschaft, 2001.

S. KOTT, L'Allemagne du XIXe siècle, 1999.

Das »lange« 19. Jahrhundert. Alte Fragen und neue Perspektiven, Hg. N. FREYTAG u.a., ^{2}2015.

D. LANGEWIESCHE, Liberalismus in Deutschland, 1988.

F. LENGER, Industrielle Revolution und Nationalstaatsgründung, 2003.

W. LOTH, Das Kaiserreich. Obrigkeitsstaat und politische Mobilisierung, 1996.

H. H. LUTZ, Zwischen Habsburg und Preußen. Deutschland 1815–1866, 1985.

G. MANN, Deutsche Geschichte des 19. und 20. Jahrhunderts, 1958.

H. MÖLLER, Fürstenstaat oder Bürgernation. Deutschland 1763–1815, 1989.

W. J. MOMMSEN, Das Ringen um den nationalen Staat (1850–1890), 1993.

W. J. MOMMSEN, Bürgerstolz und Weltmachtstreben (1890–1918), 1995.

Nineteenth Century Germany. Politics, Culture and Society 1780–1918, Hg. J. BREUILLY, 2001.

T. NIPPERDEY, Deutsche Geschichte 1800–1866, 1983.

T. NIPPERDEY, Deutsche Geschichte 1866–1918, Bd. 1–2, 1990, 1992.

J. RADKAU, Das Zeitalter der Nervosität. Deutschland zwischen Bismarck und Hitler, 1998.

J. RETALLACK, Red Saxony. Election Battles and the Spectre of Democracy in Germany, 1860–1918, 2017.

H. ROSENBERG, Große Depression und Bismarckzeit. Wirtschaftsablauf, Gesellschaft und Politik in Mitteleuropa, 1967.

R. RÜRUP, Deutschland im 19. Jahrhundert 1815–1871, in: Deutsche Geschichte, Bd. 3, 1985, 3–200.

F. SCHNABEL, Deutsche Geschichte im neunzehnten Jahrhundert, Bd. 1–4, 1929–1937.

J. J. SHEEHAN, Der Ausklang des alten Reiches. Deutschland seit dem Ende des Siebenjährigen Krieges bis zur gescheiterten Revolution 1763–1850, 1994.

W. SIEMANN, Gesellschaft im Aufbruch. Deutschland 1849–1871, 1990.

W. SIEMANN, Vom Staatenbund zum Nationalstaat. Deutschland 1806–1871, 1995.

H. SPENKUCH, Preußen – eine besondere Geschichte. Staat, Wirtschaft, Gesellschaft und Kultur 1648–1947, 2019.

C. STERN u.a., Wendepunkte deutscher Geschichte 1848–1990, [2]1994.

M. STÜRMER, Das ruhelose Reich. Deutschland 1866–1918, 1983.

H.-P. ULLMANN, Das Deutsche Kaiserreich 1871–1918, 1995.

V. ULLRICH, Die nervöse Großmacht 1871–1918, 1997.

Vormärz-Handbuch, Hg. N. O. EKE, 2020.

H. WALSER SMITH, The Continuities of German History. Nation, Religion, and Race across the Long Nineteenth Century, 2008.

H.-U. WEHLER, Das Deutsche Kaiserreich 1871–1918, in: Deutsche Geschichte, Bd. 3, 1985, 203–404 [bereits separat [3]1977].

H.-U. WEHLER, Deutsche Gesellschaftsgeschichte, Bd. 1–5, 1987–2008.

H. A. WINKLER, Der lange Weg nach Westen, Bd. 1: Deutsche Geschichte vom Ende des Alten Reiches bis zum Untergang der Weimarer Republik, 2000.

c global, transnational:

C. BAYLY, Die Geburt der modernen Welt. Eine Globalgeschichte 1780–1914, 2006.

S. CONRAD, Globalgeschichte. Eine Einführung, 2013.

Durchbruch der Moderne? Neue Perspektiven auf das 19. Jahrhundert, Hg. B. ASCHMANN, 2019.

Die Geschichte der Welt, Bd. 4: 1750–1870. Wege zur modernen Welt, Hg. S. CONRAD u.a., 2016.

A. ECKERT, Geschichte der Sklaverei, 2021.

Global History, Globally. Research and Practice around the World, Hg. S. BECKERT u.a., 2018.

A. GRABNER-HAIDER u.a., Kulturgeschichte des 19. Jahrhunderts, 2015.

M. v. HELLFELD, Das lange 19. Jahrhundert. Zwischen Revolution und Krieg 1776–1914, 2015.

Das Kaiserreich transnational. Deutschland in der Welt 1871–1914, Hg. S. CONRAD u.a., 2004.
H. KÖLLER, Verbürgerlichung der Welt. Zur Weltgeschichte von 1770 bis 1870, 2004.
J. OSTERHAMMEL, In Search of a Nineteenth Century, in: Bulletin of the German Historical Institute Washington, DC 32 (Spring 2003), 9–28.
J. OSTERHAMMEL, Die Verwandlung der Welt. Eine Geschichte des 19. Jahrhunderts, 2009.
W. REINHARD, Die Unterwerfung der Welt. Globalgeschichte der europäischen Expansion 1415–2015, 2016.
M. SCHULZ u.a., Das 19. Jahrhundert (1789–1914), 2011.
WBG Weltgeschichte, Bd. 5: Entstehung der Moderne. 1700 bis 1914, Hg. W. DEMEL u.a., 2010.
Die Welt im 19. Jahrhundert, Hg. M. MANN, 2009.
Zivilisierungsmissionen. Imperiale Weltverbesserung seit dem 18. Jahrhundert, Hg. B. BARTH u.a., 2005

7 Das Jahrhundert der Industrialisierung

a Europa und allgemein:

I. T. BEREND, An Economic History of Nineteenth-Century Europe. Diversity and Industrialization, 2013.
C. BUCHHEIM, Industrielle Revolutionen. Langfristige Wirtschaftsentwicklung in Großbritannien, Europa und Übersee, 1994.
The Cambridge Economic History of Modern Europe, Bd. 1: 1700–1870.
Bd. 2: 1870 to the Present, Hg. S. BROADBERRY u.a., 2010.
The Economics of Take-Off into Sustained Growth, Hg. W. W. ROSTOW, 1963.
Europäische Wirtschaftsgeschichte, Hg. C. M. CIPOLLA u.a. (dt. Ausg. v. The Fontana Economic History of Europe), Bd. 4 u. 5, 1977, 1986.
A. GERSCHENKRON, Economic Backwardness in Historial Perspective, 1962.
Handbuch der europäischen Wirtschafts- und Sozialgeschichte, Hg. W. FISCHER u.a., Bd. 4 u. 5, 1983, 1985.
J.-O. HESSE u.a., Wirtschaftsgeschichte. Entstehung und Wandel der modernen Wirtschaft, ^{2}2019.

E. L. JONES, Das Wunder Europas. Umwelt, Wirtschaft und Geopolitik in der Geschichte Europas und Asiens, 1991.

J. KOCKA, Geschichte des Kapitalismus, [3]2017.

J. KOCKA, Industrialisierung oder Kapitalismus: Alternative Zentralbegriffe, in: JbWG 61,2 2020, Ht. 2, 285–295. - DOI: https://doi.org/10.1515/jbwg-2020-0012.

D. S. LANDES, Der entfesselte Prometheus. Technologischer Wandel und industrielle Entwicklung in Westeuropa von 1750 bis zur Gegenwart, 1973.

D. S. LANDES, Wohlstand und Armut der Nationen. Warum die einen reich und die anderen arm sind, 1999.

A. MILWARD u.a., The Economic Development of Continental Europe [1780–1914], Bd. 1–2, 1973, 1977.

J. MOKYR, A Cultural Growth. The Origins of the Modern Economy, 2017.

T. PIERENKEMPER, Wirtschaftsgeschichte. Die Entstehung der modernen Volkswirtschaft, [2]2015.

W. PLUMPE, Das kalte Herz. Kapitalismus: Die Geschichte einer andauernden Revolution, 2019.

S. POLLARD, Peaceful Conquest. The Industrialization of Europe 1760–1970, 1981.

S. POLLARD, Typology of Industrialization Processes in the Nineteenth Century, 1990.

W. W. ROSTOW, Stadien wirtschaftlichen Wachstums, [2]1967.

K. H. O'ROURKE u.a., Globalization and History. The Evolution of a Nineteenth Century Atlantic Economy, 1999.

R. SAAGE, Utopische Profile, Bd.3: Industrielle Revolution und technischer Staat im 19. Jahrhundert, 2002.

W. SOMBART, Der moderne Kapitalismus, 6 Bde. (1902–1927), 1987.

P. N. STEARNS, The Industrial Revolution in World History, 1993.

I. WALLERSTEIN, The Modern World System, Bd. 1–4, 1974–2011.

M. WEBER, Wirtschaftsgeschichte, 1923.

b Deutschland:

R. BOCH, Staat und Wirtschaft im 19. Jahrhundert, 2004.

K. BORCHARDT, Die Industrielle Revolution in Deutschland, 1972.

C. BURHOP, Wirtschaftsgeschichte des Kaiserreichs 1871–1918, 2011.

F. CONDRAU, Die Industrialisierung in Deutschland, 2005.

W. FISCHER, Wirtschaft und Gesellschaft im Zeitalter der Industrialisierung, 1972.

W. FISCHER, Expansion, Integration, Globalisierung. Studien zur Geschichte der Weltwirtschaft, 1998.

German Industry and German Industrialization, Hg. W. R. LEE, 1991.

H.-W. HAHN, Die Industrielle Revolution in Deutschland, [3]2011.

Handbuch der deutschen Wirtschafts- und Sozialgeschichte (HDWSG), Hg. H. AUBIN u.a., Bd. 2, 1976.

F.-W. HENNING, Die Industrialisierung in Deutschland 1800–1914, 1973.

F.-W. HENNING, Handbuch der Wirtschafts- und Sozialgeschichte Deutschlands, Bd. 2: Deutsche Wirtschafts- und Sozialgeschichte im 19. Jahrhundert, 1996.

W. G. HOFFMANN u.a., Das Wachstum der deutschen Wirtschaft seit der Mitte des 19. Jahrhunderts, 1965.

H. KIESEWETTER, Industrielle Revolution in Deutschland. Regionen als Wachstumsmotoren, [2]2004.

T. PIERENKEMPER, Gewerbe und Industrie im 19. und 20. Jahrhundert, [2]2007.

T. PIERENKEMPER u.a., The German Economy During the Nineteenth Century, 2005.

W. PLUMPE, Unternehmensgeschichte im 19. und 20. Jahrhundert, 2018.

R. SPREE, Wachstumstrends und Konjunkturzyklen in der deutschen Wirtschaft von 1820 bis 1913, 1978.

R. H. TILLY, Vom Zollverein zum Industriestaat. Die wirtschaftlich-soziale Entwicklung Deutschlands 1834 bis 1914, 1990.

R. H. TILLY/M. KOPSIDIS, From Old Regime to Industrial State. A History of German Industraliziation from the Eighteenth Century to World War I, 2020.

C. TORP, Die Herausforderung der Globalisierung. Wirtschaft und Politik in Deutschland 1860–1914, 2005.

U. WENGENROTH, Deutsche Wirtschafts- und Technikgeschichte im 19. und 20. Jahrhundert, in: Deutsche Geschichte, Hg. M. VOGT, 1987, 298–348.

C. WISCHERMANN u.a., Die institutionelle Revolution. Eine Einführung in die deutsche Wirtschaftsgeschichte des 19. und frühen 20. Jahrhunderts, 2004.

D. ZIEGLER, Die industrielle Revolution, [3]2012.

c *Einzelaspekte:*

Auf der Suche nach der Ökonomie. Historische Annäherungen, Hg. C. DEJUNG u.a., 2014.

Besiegte Natur. Geschichte der Umwelt im 19. und 20. Jahrhundert, Hg. F.-J. BRÜGGEMEIER u.a., [2]1989.

D. BLACKBOURN, Die Eroberung der Natur. Eine Geschichte der deutschen Landschaft, 2007.

P. BORSCHEID, Naturwissenschaft, Staat und Industrie in Baden (1848–1914), 1976.

Deutschland 1871. Die Nationalstaatsbildung und der Weg in die moderne Wirtschaft, Hg. U. PFISTER u. a., 2021.

Europäische Konsumgeschichte, Hg. H. SIEGRIST u.a., 1997.

W. HÄDECKE, Poeten und Maschinen. Deutsche Dichter als Zeugen der Industrialisierung, 1993.

Industrie und Umwelt, Hg. H. POHL, 1991.

H. KAELBLE, Industrialisierung und soziale Ungleichheit, 1983.

J. KOCKA, Unternehmer in der deutschen Industrialisierung, 1975.

P. KRIEDTE u.a., Industrialisierung vor der Industrialisierung, 1977.

J. RADKAU, Technik in Deutschland. Vom 18. Jahrhundert bis zur Gegenwart, 1988.

J. RADKAU, Natur und Macht. Eine Weltgeschichte der Umwelt, 2000.

L. RAPHAEL, Die Verwissenschaftlichung des Sozialen als methodische und konzeptionelle Herausforderung für eine Sozialgeschichte des 20. Jahrhunderts, in: GG 22, 1996, 165–193.

F. REDLICH, Der Unternehmer, 1964.

Sozialgeschichte des Kapitalismus im 19. und 20. Jahrhundert, Hg. F. LENGER u.a., 2016.

P. N. STEARNS, Debating the Industrial Revolution, 2015.

F. UEKÖTTER, Umweltgeschichte im 19. und 20. Jahrhundert, 2007.

Wirtschaftsgeschichte als Kulturgeschichte. Dimensionen eines Perspektivenwechsels, Hg. H. BERGHOFF u.a., 2004.

W. ZORN, Arbeit in Europa vom Mittelalter bis ins Industriezeitalter, in: Der Mensch und seine Arbeit, Hg. V. SCHUBERT, 1986, 181–212.

8 Das Jahrhundert der Bevölkerungsexplosion und der Wanderungen

W. ABEL, Massenarmut und Hungerkrisen im vorindustriellen Deutschland, ^{2}1977.

W. ABEL, Agrarkrisen und Agrarkonjunktur in Mitteleuropa vom 13. bis zum 19. Jahrhundert, ^{3}1978.

A. ARMENGEAUD, Population in Europa 1700–1914, 1970.

K. J. BADE, Europa in Bewegung. Migration vom späten 18. Jahrhundert bis zur Gegenwart, 2000.

Bevölkerungs-Ploetz, Bd. 4, ^{3}1965.

H. BLASCHKE, Bevölkerungsgeschichte von Sachsen bis zur industriellen Revolution, 1967.

J. EHMER, Bevölkerungsgeschichte und historische Demographie 1800–2010, ^{2}2013.

J. EHMER u.a., Fertilität in historischer Perspektive, in: Zukunft mit Kindern. Fertilität und gesellschaftliche Entwicklung in Deutschland, Österreich und der Schweiz, Hg. M. KOHLI u.a., 2012, 32–71.

Enzyklopädie Migration in Europa. Vom 17. Jahrhundert bis zur Gegenwart, Hg. K. J. BADE u.a., 2007.

G. FERTIG u.a., Das postmalthusianische Zeitalter. Die Bevölkerungsentwicklung in Deutschland 1815–1871, in: VSWG 105, 2018, 6–33.

R. GÖMMEL, Realeinkommen in Deutschland. Ein internationaler Vergleich (1815–1914), 1979.

M. GÜNTHER, Auf dem Weg in die Neue Welt. Die Atlantiküberquerung im Zeitalter der Massenauswanderung 1818–1914, 2005.

Handbuch Staat und Migration in Deutschland seit dem 17. Jahrhundert, Hg. J. OLTMER, 2015.

D. HOERDER, Geschichte der deutschen Migration. Vom Mittelalter bis heute, 2010.

G. HOHORST, Wirtschaftswachstum und Bevölkerungsentwicklung in Preußen 1816–1914, 1977.

M. HUBERT, Deutschland im Wandel. Geschichte der deutschen Bevölkerung seit 1815, 1998.

A. E. IMHOF, Die Lebenszeit, 1988.
A. E. IMHOF u. a., Lebenserwartungen in Deutschland vom 17. bis 19. Jahrhundert, 1990.
A. J. KNODEL, The Decline of Fertility in Germany 1871–1939, 2016.
W. KÖLLMANN, Bevölkerung in der industriellen Revolution, 1974.
W. KÖLLMANN, Bevölkerungsgeschichte 1800–1970, in: HDWSG II, 1976, 9–50.
R. LEE, Germany, in: European Demography and Economic Growth, Hg. DERS., 1979, 144–195.
F. LENGER, Metropolen der Moderne. Eine europäische Stadtgeschichte seit 1850, ²2014.
P. MARSCHALCK, Bevölkerungsgeschichte Deutschlands im 19. und 20. Jahrhundert, 1984.
A. VON NELL, Die Entwicklung der generativen Strukturen bürgerlicher und bäuerlicher Familien von 1750 bis zur Gegenwart, 1973.
J. OLTMER, Migration vom 19. bis zum 21. Jahrhundert, ³2016.
C. PFISTER, Bevölkerungsgeschichte und historische Demographie 1500–1800, ²2007.
U. PFISTER u. a., From Malthusian disequilibrium to the post-Malthusian era. The evolution of the preventive and positive checks in Germany, 1730–1870, in: Demography 57, 2020, 1145–1170.
J. REULECKE, Geschichte der Urbanisierung in Deutschland, 1985.
P. THER, Die Außenseiter. Flucht, Flüchtlinge und Integration im modernen Europa, 2017.
C. ZIMMERMANN, Die Zeit der Metropolen. Urbanisierung und Großstadtentwicklung, 2015.

9 Nationsbildung, Verfassung, Politik

a Nation, Nationalstaat, Nationalismus:

B. ANDERSON, Die Erfindung der Nation, 1993.
S. BERGER, Germany. Inventing the Nation, 2004.
J. BREUILLY, Nationalism and the State, ²1993.
R. BRUBAKER, Staats-Bürger: Deutschland und Frankreich im historischen Vergleich (engl. 1992), 1994.
C. CLARK, Die Schlafwandler. Wie Europa in den Ersten Weltkrieg zog, 2013.

S. CONRAD, Deutsche Kolonialgeschichte, [4]2019.
S. CONRAD, Globalisierung und Nation im Deutschen Kaiserreich, 2006.
O. DANN, Nation und Nationalismus in Deutschland 1870–1990, 1993.
W. DEUTSCH, Der Nationalismus und seine Alternativen, 1972.
Europäische Zivilgesellschaft in Ost und West, Hg. M. HILDERMEIER u.a., 2000.
A. FAHRMEIR, Die Deutschen und ihre Nation. Geschichte einer Idee, 2017.
E. GELLNER, Nationalismus und Moderne, 1991.
D. GOSEWINKEL, Einbürgern und Ausschließen. Die Nationalisierung der Staatsangehörigkeit vom Deutschen Bund bis zur Bundesrepublik Deutschland, 2001.
A. GREEN, Fatherlands. State-Building and Nationhood in Nineteenth-Century Germany, 2001.
Grenzfälle. Über alten und neuen Nationalismus, Hg. M. JEISMANN u.a., 1993.
J. D. HANSEN, Mapping the Germans. Statistical Science, Cartography, and the Visualization of the German Nation, 1848–1914, 2015.
U. v. HIRSCHHAUSEN u.a., Empires und Nationalstaaten im 19. Jahrhundert, 2009.
E. J. HOBSBAWM, Nation und Nationalismus, 1991.
M. HROCH, Das Europa der Nationen. Die moderne Nationsbildung im europäischen Vergleich, 2005.
C. JANSEN u.a., Nation, Nationalität, Nationalismus, 2007.
J. KOCKA, Probleme der politischen Integration der Deutschen 1867 bis 1945, in: Die Rolle der Nation in der deutschen Geschichte und Gegenwart, Hg. O. BÜSCH u.a., 1985, 118–136.
R.-U. KUNZE, Nation und Nationalismus, 2005.
D. LANGEWIESCHE, Der gewaltsame Lehrer. Europas Kriege in der Moderne, 2019.
D. LANGEWIESCHE, Nation, Nationalismus, Nationalstaat in Deutschland und Europa, 2000.
D. LANGEWIESCHE, Reich, Nation, Föderation. Deutschland und Europa, 2008.
D. LANGEWIESCHE, Nationalismus im 19. und 20. Jahrhundert. Zwischen Partizipation und Aggression, 1994.

E. LEMBERG, Nationalismus, 2 Bde., 1964.
W. J. MOMMSEN, Die Urkatastrophe Deutschlands. Der Erste Weltkrieg 1914–1918, 2002.
G. L. MOSSE, Die Nationalisierung der Massen. Politische Symbolik und Massenbewegungen in Deutschland von den Napoleonischen Kriegen bis zum Dritten Reich, 1976.
Nation und Emotion. Deutschland und Frankreich im Vergleich, Hg. E. FRANÇOIS u. a., 1995.
Nationalismus, Hg. H. A. WINKLER, 1978.
U. PLANERT u. a., Revolution, Krieg und die Geburt von Staat und Nation. Staatsbildung in Europa und den Amerikas 1770–1930, 2016.
W. SAUER, Das Problem des deutschen Nationalstaats, in: PVS 3, 1962, 159–186.
T. SCHIEDER, Das Deutsche Kaiserreich als Nationalstaat, 1961.
T. SCHIEDER, Nationalismus und Nationalstaat, [2]1992.
D. SCHNAPPER, Community of Citizens. On the Modern Idea of Nationality, 1998.
H. SCHULZE, Staat und Nation in der europäischen Geschichte, 1994.
J. J. SHEEHAN, The Problem of the Nation in German History, in: Die Rolle der Nation in der deutschen Geschichte und Gegenwart, Hg. O. BÜSCH u. a., 1985, 3–20.
H.-U. WEHLER, Nationalismus, [4]2011.
S. WEICHLEIN, Nationalbewegungen und Nationalismus in Europa, [2]2015.
S. WEICHLEIN, Nationalismus und Nationalstaat in Deutschland und Europa. Ein Forschungsüberblick, in: NPL 51, 2006, 265–351.
Writing the Nation. National Historiographies and the Making of Nation States in 19th and 20th Century Europe, Hg. S. BERGER u. a., 9 Bde., 2007–2015.

b Verfassung und Politik:

M. L. ANDERSON, Ein Demokratiedefizit? Das Deutsche Kaiserreich in vergleichender Perspektive, in: GG 44, 2018, 367–398.
M. L. ANDERSON, Lehrjahre der Demokratie. Wahlen und politische Kultur im Deutschen Kaiserreich, 2009.
E. CONZE, Schatten des Kaiserreichs. Die Reichsgründung von 1871 und ihr schwieriges Erbe, 2020.

Deutsche Verwaltungsgeschichte, Hg. K. G. A. JESERICH u.a., Bd. 2–3, 1983, 1984.

Elections, Mass Politics, and Social Change in Modern Germany, Hg. L. E. JONES u.a., 1992.

Föderative Nation. Deutschlandkonzepte von der Reformation bis zum Ersten Weltkrieg, Hg. D. LANGEWIESCHE u.a., 2000.

D. GRIMM, Die Grundrechte im Entstehungszusammenhang der bürgerlichen Gesellschaft, in: DERS., Die Zukunft der Verfassung, 1991, 67–100.

H. HEFFTER, Die deutsche Selbstverwaltung im 19. Jahrhundert, [2]1969.

K. HILDEBRAND, Das vergangene Reich. Deutsche Außenpolitik von Bismarck bis Hitler, 1995.

O. HINTZE, Staat und Verfassung. Gesammelte Abhandlungen zur allgemeinen Verfassungsgeschichte, [2]1962.

E. R. HUBER, Deutsche Verfassungsgeschichte, Bd. 1–5, 1957–1978.

M. KIRSCH, Monarch und Parlament im 19. Jahrhundert, 1999.

Konstitutionalismus in Europa. Entwicklung und Interpretation, Hg. D. LEHNERT, 2014.

D. LANGEWIESCHE, Die Monarchie im Jahrhundert Europas. Selbstbehauptung durch Wandel im 19. Jahrhundert, 2013.

D. LANGEWIESCHE, Vom vielstaatlichen Reich zum föderativen Bundesstaat. Eine andere deutsche Geschichte, 2021.

M. R. LEPSIUS, Parteiensystem und Sozialstruktur. Zum Problem der Demokratisierung der deutschen Gesellschaft, in: DERS., Demokratie in Deutschland. Ausgewählte Aufsätze, 1993, 25–50 (erstmals 1966).

H. LÜBBE, Politische Philosophie in Deutschland, 1963.

C. NONN, Bismarck. Ein Preuße und sein Jahrhundert, 2015.

L. RAPHAEL, Recht und Ordnung. Herrschaft durch Verwaltung im 19. Jahrhundert, 2000.

W. REINHARD, Geschichte der Staatsgewalt. Eine vergleichende Verfassungsgeschichte Europas von den Anfängen bis zur Gegenwart, 1999.

H. RICHTER, Moderne Wahlen. Eine Geschichte der Demokratie in Preußen und den USA im 19. Jahrhundert, 2017.

H. RICHTER, Demokratie. Eine deutsche Affäre. Vom 18. Jahrhundert bis zur Gegenwart, 2020.

G. A. RITTER, Entwicklungsprobleme des deutschen Parlamentarismus, in: Gesellschaft, Parlament und Regierung. Zur Geschichte des Parlamentarismus in Deutschland, Hg. DERS., 1974, 11–54.
G. A. RITTER, Arbeiterbewegung, Parteien und Parlamentarismus, 1976.
G. A. RITTER, Wahlgeschichtliches Arbeitsbuch 1871–1918, 1980.
G. A. RITTER, Der Sozialstaat. Entstehung und Entwicklung im internationalen Vergleich, [3]2010.
J. C. G. RÖHL, Wilhelm II., 3 Bände, 2009, 2001, 2008.
P. SCHIERA, Laboratorium der bürgerlichen Welt. Deutsche Wissenschaft im 19. Jahrhundert, 1992.
G. SCHÖLLGEN, Deutsche Außenpolitik. Von 1815–1945, 2013.
M. STOLLEIS, Der lange Abschied vom 19. Jahrhundert. Die Zäsur von 1914 aus rechtshistorischer Perspektive, 1997.
Die Verfassungen in Europa 1789–1949, Hg. D. GOSEWINKEL u.a., 2006.
S. WEICHLEIN, Nation und Region. Integrationsprozesse im Bismarckreich, 2004.
M. WIENFORT, Monarchie im 19. Jahrhundert, 2018.

10 Ein bürgerliches Jahrhundert

a Klassenbildung und Arbeiter:

Die Arbeiter, Hg. W. RUPPERT, 1986.
Arbeiter im Industrialisierungsprozeß. Herkunft, Lage und Verhalten, Hg. W. CONZE u.a., 1979.
Arbeiter in Deutschland, Hg. D. LANGEWIESCHE u.a., 1981.
Arbeiter und Arbeiterbewegung im Vergleich, Hg. K. TENFELDE, 1986.
Arbeiter und Bürger im 19. Jahrhundert. Varianten ihres Verhältnisses im europäischen Vergleich, Hg. J. KOCKA, 1986.
Arbeiterexistenz im 19. Jahrhundert, Hg. W. CONZE u.a., 1981.
A. CARUSO, »Blut und Eisen auch im Innern«. Soziale Konflikte, Massenpolitik und Gewalt in Deutschland vor 1914, 2021.
L. GALL, Von der ständischen zur bürgerlichen Gesellschaft, [2]2012.
H. GREBING, Arbeiterbewegung. Sozialer Protest und kollektive Interessenvertretung bis 1914, 1989.

H. GREBING, Geschichte der sozialen Ideen in Deutschland, 2000.
T. GROSSBÖLTING, »Im Reich der Arbeit«. Die Repräsentation gesellschaftlicher Ordnung in den deutschen Industrie- und Gewerbeausstellungen 1790–1914, 2008.
H.-G. HAUPT, Klassen im sozialen Raum. Aufsätze zur europäischen Sozialgeschichte des 19. und 20. Jahrhunderts, 2018.
A. HERZIG, Unterschichtenprotest in Deutschland 1790–1870, 1988.
H. KAELBLE, Mehr Reichtum, mehr Armut. Soziale Ungleichheit in Europa vom 20. Jahrhundert bis zur Gegenwart, 2017.
H. KAELBLE, Soziale Mobilität und Chancengleichheit im 19. und 20. Jahrhundert, 1983.
W. KASCHUBA, Lebenswelt und Kultur der unterbürgerlichen Schichten im 19. und 20. Jahrhundert, 1990.
Klassen in der europäischen Sozialgeschichte, Hg. H.-U. WEHLER, 1979.
J. KOCKA, Lohnarbeit und Klassenbildung. Arbeiter und Arbeiterbewegung in Deutschland 1800–1875, 1983.
J. KOCKA, Weder Stand noch Klasse. Unterschichten um 1800, 1990.
J. KOCKA, Arbeitsverhältnisse und Arbeiterexistenzen, 1990.
J. KOCKA, Arbeiterleben und Arbeiterkultur. Die Entstehung einer sozialen Klasse, 2015.
J. KOCKA, Hunger, Ungleichheit und Protest. Historische Befunde, 2016.
Poverty and Welfare in Modern German History, Hg. L. RAPHAEL, 2017.
G. A. RITTER, Staat, Arbeiterschaft und Arbeiterbewegung in Deutschland 1840–1933, 1980.
G. A. RITTER u.a., Arbeiter im Deutschen Kaiserreich, 1992.
F. ROTHENBACHER, Soziale Ungleichheit im Modernisierungsprozeß des 19. und 20. Jahrhunderts, 1989.
G. SCHILDT, Die Arbeiterschaft im 19. und 20. Jahrhundert, 1996.
G. SCHILDT, Die Landarbeiter im 19. Jahrhundert – eine unvollendete Klasse, in: AfS 36, 1996, 1–26.
J. SCHMIDT, Arbeiter in der Moderne. Arbeitsbedingungen, Lebenswelten, Organisationen, 2015.
J. SCHMIDT, Brüder, Bürger und Genossen. Die deutsche Arbeiterbewegung zwischen Klassenkampf und Bürgergesellschaft 1830–1870, 2018.

K. SCHÖNHOVEN, Die deutschen Gewerkschaften, 1987.
Soziale Mobilität in Berlin 1825–1957, Hg. H. KAELBLE u.a., 1990.
Sozialer Protest, Hg. H. VOLKMANN u.a., 1984.
Streik, Hg. K. TENFELDE u.a., 1981.
K. TENFELDE, Germany, in: The Formation of Labour Movements, 1870–1914, Hg. M. VAN DER LINDEN u.a., 1990, 243–269.
R. H. TILLY, Kapital, Staat und sozialer Protest in der deutschen Industrialisierung, 1980.
T. WELSKOPP, Das Banner der Brüderlichkeit. Die deutsche Sozialdemokratie vom Vormärz bis zum Sozialistengesetz, 2000.
Work in a Modern Society. The German Historical Experience in Comparative Perspective, Hg. J. KOCKA, 2010.
H. ZWAHR, Proletariat und Bourgeoisie in Deutschland. Studien zur Klassendialektik, 1980.

b Geschlechtergeschichte:
I. BIERMANN, Von Differenz zu Gleichheit. Frauenbewegung und Inklusionspolitiken im 19. und 20. Jahrhundert, 2009.
G. BOCK, Frauen in der europäischen Geschichte. Vom Mittelalter bis zur Gegenwart, 2000.
G. BUDDE, Geschlechtergeschichte, in: Geschichtswissenschaften. Eine Einführung, Hg. C. CORNELISSEN, 2000, 282–294.
K. CANNING, Gender History, in: IESBS, 2001, 6006–6011.
K. CANNING, Gender History in Practice. Historical Perspectives on Bodies, Class and Citizenship, 2006.
Europäische Geschlechtergeschichten, Hg. M. BÜHNER u.a., 2018.
G. FRAISSE u.a., Das 19. Jahrhundert (= Geschichte der Frauen, Hg. G. DUBY u.a., Bd. 4), 1994.
Frauen in der Geschichte des Rechts. Von der Frühen Neuzeit bis zur Gegenwart, Hg. U. GERHARD, 1997.
Frauen suchen ihre Geschichte, Hg. K. HAUSEN, 1983.
U. FREVERT, »Mann und Weib, und Weib und Mann«. Geschlechter-Differenzen in der Moderne, 1995.
Gender and Class in Modern Europe, Hg. L. L. FRADER u.a., 1996.
U. GERHARD, Verhältnisse und Verhinderungen. Frauenarbeit, Familie und Recht der Frauen im 19. Jahrhundert, 1978.
U. GERHARD, Unerhört. Die Geschichte der deutschen Frauenbewegung, 1990.

Geschlecht, Klasse, Ethnizität, Hg. G. HAUCK, 1993.
Geschlechtergeschichten der Neuzeit. Ideen, Politik, Praxis, Hg. G. BOCK, 2014.
Geschlechtergeschichte und Allgemeine Geschichte, Hg. H. MEDICK u.a., 1998.
Geschlechterhierarchie und Arbeitsteilung, Hg. K. HAUSEN, 1993.
K. HAUSEN, Geschlechtergeschichte als Gesellschaftsgeschichte, 2013.
C. HONEGGER, Die Ordnung der Geschlechter. Die Wissenschaften vom Menschen und das Weib, 1991.
C. KERSTING, »Frauenbewegung«, in: Handbuch der Reformpädagogik (1890–1933), Hg. W. Keim u.a., 2013, 109–214.
Klasse und Geschlecht, Hg. J. KOCKA (= GG 18, 1992, H. 2).
U. KNAPP, Frauenarbeit in Deutschland, 2 Bde., ²1986.
Landsknechte, Soldatenfrauen und Nationalkrieger. Militär, Krieg und Geschlechterordnung im historischen Wandel, Hg. K. HAGEMANN u.a., 1998.
Männergeschichte – Geschlechtergeschichte. Männlichkeit im Wandel der Moderne, Hg. T. KÜHNE, 1996.
E. SAURER, Liebe und Arbeit. Geschichte der Geschlechterbeziehungen im 19. und 20. Jahrhundert, 2014.
A. SCHASER, Frauenbewegung in Deutschland 1848–1933, 2006.

c *Bürgertum, bürgerliche Kultur:*

T. ADAM, Zivilgesellschaft oder starker Staat? Das Stiftungswesen in Deutschland (1815–1989), 2018.
D. L. AUGUSTINE, Patricians and Parvenus: Wealth and High Society in Wilhelmine Germany, 1994.
Bildungsbürgertum im 19. Jahrhundert, Hg. W. CONZE u.a., Tl. 1–4, ²1992, 1990, 1992, 1989.
G. BUDDE, Auf dem Weg ins Bürgerleben. Kindheit und Erziehung in deutschen und englischen Bürgerfamilien, 1840–1914, 1994.
G. BUDDE, Blütezeit des Bürgertums. Bürgerlichkeit im 19. Jahrhundert, 2009.
Bürger in der Gesellschaft der Neuzeit, Hg. H.-J. PUHLE, 1991.
Bürger und Bürgerlichkeit im 19. Jahrhundert, Hg. J. KOCKA, 1987.
Bürgerinnen und Bürger, Hg. U. FREVERT, 1988.
Bürgerkultur im 19. Jahrhundert, Hg. D. HEIN u.a., 1996.

Bürgerliche Berufe, Hg. H. SIEGRIST, 1988.
Bürgertum. Bilanzen, Perspektiven, Begriffe, Hg. M. HETTLING u.a., 2019.
Bürgertum im 19. Jahrhundert, Hg. J. KOCKA, Bd. 1–3, 1995 (zuerst 1988).
Bürgertum in der Habsburgermonarchie, Hg. E. BRUCKMÜLLER u.a., 1990.
Bürgertum nach dem bürgerlichen Zeitalter. Leitbilder und Praxis seit 1945, Hg. G. BUDDE u.a., 2010.
U. ENGELHARDT, Bildungsbürgertum, 1986.
L. GALL, Bürgertum in Deutschland, 1989.
The Global Bourgeoisie. The Rise of the Middle Classes in the Age of Empire, Hg. C. DEJUNG u.a., 2019.
W. HARDTWIG, Nationalismus und Bürgerkultur in Deutschland 1500–1914, 1994.
S.-L. HOFFMANN, Geselligkeit und Demokratie. Vereine und zivile Gesellschaft im transnationalen Vergleich, 1750–1914, 2003.
J. KOCKA, Industrial Culture and Bourgeois Society. Business, Labour, and Bureaucracy in Modern Germany, 1999.
M. R. LEPSIUS, Zur Soziologie des Bürgertums und der Bürgerlichkeit, in: Bürger und Bürgerlichkeit im 19. Jahrhundert, Hg. J. KOCKA, 1987, 79–100.
T. MERGEL, Zwischen Klasse und Konfession. Katholisches Bürgertum im Rheinland 1794–1914, 1994.
L. NIETHAMMER u.a., Bürgerliche Gesellschaft in Deutschland, 1990.
M. RIEDEL, »Bürger, Stadtbürger, Bürgertum«, in: GGr, Bd. 1, 1972, 672–725.
M. RIEDEL, »Gesellschaft, bürgerliche«, in: GGr, Bd. 2, 1975, 719–800.
A. SCHÄFER, Geschichte des Bürgertums. Eine Einführung, 2009.
J. SCHMIDT, Zivilgesellschaft. Bürgerschaftliches Engagement von der Antike bis zur Gegenwart. Texte und Kommentare, 2007.
A. SCHULZ, Lebenswelt und Kultur des Bürgertums im 19. und 20. Jahrhundert, [2]2014.
Sozial- und Kulturgeschichte des Bürgertums. Eine Bilanz des Bielefelder Sonderforschungsbereichs (1986–1997), Hg. P. LUNDGREEN, 2000.

Stadt und Bürgertum im Übergang von der traditionalen zur modernen Gesellschaft, Hg. L. GALL, 1993.
Wege zur Geschichte des Bürgertums, Hg. K. TENFELDE u.a., 1994.
H.-U. WEHLER, Wie bürgerlich war das Deutsche Kaiserreich?, in: Bürger und Bürgerlichkeit im 19. Jahrhundert, Hg. J. KOCKA, 1987, 243–280.
Zivilgesellschaft als Geschichte. Studien zum 19. und 20. Jahrhundert, Hg. R. JESSEN u.a., 2004.
Zwischen Stadt, Staat und Nation. Bürgertum in Deutschland, Hg. S. GERBER u.a., 2014.

d Adel:

Adel und Bürgertum in Deutschland, Bd. 1, Entwicklungslinien und Wendepunkte im 19. Jahrhundert, Hg. H. REIF, 2000.
Adel und Moderne. Deutschland im europäischen Vergleich im 19. und 20. Jahrhundert, Hg. E. CONZE u.a., 2005.
Der Adel an der Schwelle des bürgerlichen Zeitalters 1780–1860, Hg. A. VON REDEN-DOHNA u.a., 1988.
F. L. CARSTEN, Geschichte der preußischen Junker, 1988.
W. DEMEL, Der deutsche Adel. Lebensformen und Geschichte, 2014.
H. GOLLWITZER, Die Standesherren, ^{2}1964.
D. LIEVEN, Abschied von Macht und Würden. Der europäische Adel 1815–1914, 1995.
H. REIF, Westfälischer Adel 1770–1860, 1979.
H. REIF, Adel im 19. und 20. Jahrhundert, ^{2}2012.
H. REIF, Adel, Aristokratie, Elite. Sozialgeschichte von oben, 2016.
H. SPENKUCH, Das Preußische Herrenhaus. Adel und Bürgertum in der Ersten Kammer des Landtages 1854–1918, 1998.
R. VON TRESKOW, Adel in Preußen: Anpassung und Kontinuität einer Familie 1800–1918, in: GG 17, 1991, 344–369.
M. WIENFORT, Der Adel in der Moderne, 2006.

e Mittelschichten:

G. CROSSICK u.a., The petite bourgeoisie in Europe 1780–1914. Enterprise, Family and Independence, 2016.
H.-G. HAUPT u.a., Die Kleinbürger. Eine europäische Sozialgeschichte des 19. Jahrhunderts, 1998.

J. KOCKA, Die Angestellten in der deutschen Geschichte 1850–1980, 1981.
F. LENGER, Sozialgeschichte der deutschen Handwerker seit 1800, 1988.
H. SCHILLING, Kleinbürger. Mentalität und Lebensstil, 2003.
G. SCHULZ, Die Angestellten seit dem 19. Jahrhundert, 2000.

f Weitere Aspekte:

Antisemitismus im 19. Jahrhundert aus internationaler Perspektive. Nineteenth Century Anti-Semitism in International Perspective, Hg. M. KÖNIG u.a., 2019.
R. BEACHY, Das andere Berlin. Die Erfindung der Homosexualität, eine deutsche Geschichte 1867–1933, 2015.
H. BERDING, Moderner Antisemitismus in Deutschland, 1988.
W. K. BLESSING, Staat und Kirche in der Gesellschaft. Institutionelle Autorität und mentaler Wandel in Bayern während des 19. Jahrhunderts, 1982.
A. DAUM, Wissenschaftspopularisierung im 19. Jahrhundert. Bürgerliche Kultur, naturwissenschaftliche Bildung und die deutsche Öffentlichkeit 1848–1914, 1998.
Deutsch-jüdische Geschichte in der Neuzeit, Hg. M. A. MEYER, Bd. 2 (1780–1871) u. 3 (1871–1918), 1996, 1997.
Deutsche Schulgeschichte von 1800 bis zur Gegenwart, Hg. H.-G. HERRLITZ u.a., [5]2009.
Deutsche Sozialgeschichte. Dokumente und Skizzen, Bd. 1 (1815–1870), Hg. W. PÖLS, 1973 u. 2 (1870–1914), Hg. G. A. RITTER u.a., 1974.
W. FAULSTICH, Medienwandel im Industrie- und Massenzeitalter 1830–1900, 2004.
M. FRIEDRICH, Kirche im gesellschaftlichen Umbruch. Das 19. Jahrhundert, 2006.
P. GAY, Bürger und Boheme. Kunstkriege des 19. Jahrhunderts, 1999.
Geselliges Vergnügen. Kulturelle Praktiken von Unterhaltung im langen 19. Jahrhundert, Hg. A. ANANIEVA u.a., 2011.
G. GEISSLER, Schulgeschichte in Deutschland. Von den Anfängen bis in die Gegenwart, [2]2013.
Handbuch der deutschen Bildungsgeschichte, Hg. K.-E. JEISMANN u.a., Bd. 3 (1800–70), 1987 u. 4 (1870–1918), Hg. C. BERG, 1991.

Handbuch der Religionsgeschichte im deutschsprachigen Raum, Bd. 5: 1750–1900, Hg. M. Pammer, 2007.

W. Hardtwig, Hochkultur des bürgerlichen Zeitalters, 2005.

A. Herzig, Jüdische Geschichte in Deutschland. Von den Anfängen bis zur Gegenwart, 1997.

Idylle oder Aufbruch? Das Dorf im bürgerlichen 19. Jahrhundert, Hg. W. Jacobeit u.a., ²1991.

Intellektuelle im Kaiserreich, Hg. G. Hübinger u.a., 1993.

Jahrhundertwende. Der Aufbruch in die Moderne 1880–1930, Hg. A. Nitschke u.a., 1990.

Konfessionen im Konflikt. Deutschland zwischen 1800 und 1970. Ein zweites konfessionelles Zeitalter, Hg. O. Blaschke, 2002.

H.-C. Kraus, Kultur, Bildung und Wissenschaft im 19. Jahrhundert, 2008.

Kultureller Wandel im 19. Jahrhundert, Hg. G. Wiegelmann, 1972.

S. Lässig, Jüdische Wege ins Bürgertum. Kulturelles Kapital und sozialer Aufstieg im 19. Jahrhundert, 2004.

W. Lepenies, Die drei Kulturen, 1988.

P. Longerich, Antisemitismus. Eine deutsche Geschichte, 2021.

W. J. Mommsen, Bürgerliche Kultur und künstlerische Avantgarde. Kultur und Politik im deutschen Kaiserreich 1870–1918, 1994.

Das 19. Jahrhundert als Mediengesellschaft = Les médias au XIXe siècle, Hg. J. Requate, 2009.

Protestants, Catholics and Jews in Germany, 1800–1914, Hg. H. Walser Smith, 2001.

Religion und Gesellschaft im 19. Jahrhundert, Hg. W. Schieder, 1993.

J. Requate, Journalismus als Beruf. Entstehung und Entwicklung des Journalistenberufs im 19. Jahrhundert. Deutschland im internationalen Vergleich, 1995.

H. Rosenbaum, Formen der Familie, 1982.

R. Rürup, Emanzipation und Antisemitismus. Studien zur »Judenfrage« der bürgerlichen Gesellschaft, 1975.

Säkularisierung, Dechristianisierung, Rechristianisierung im neuzeitlichen Europa. Bilanz und Perspektiven der Forschung, Hg. H. Lehmann, 1997.

R. Sieder, Sozialgeschichte der Familie, 1987.

S. Volkov, Die Juden in Deutschland 1780–1918, 1994.

P. WAGNER, Bauern, Junker und Beamte. Lokale Herrschaft und Partizipation im Ostelbien des 19. Jahrhunderts, 2006.

11 Das 19. Jahrhundert und die Moderne

B. ASCHMANN, »Das Säkulum der Widersprüche«: Das 19. Jahrhundert und der Durchbruch der Moderne? Eine Einleitung, in: Durchbruch der Moderne? (wie 6c), 7–28.

Z. BAUMANN, Moderne und Ambivalenz. Das Ende der Eindeutigkeit, 1992.

U. BECK u.a., Reflexive Modernization: Politics, Traditions, and Aesthetics in the Modern Social Order, 1994.

H. BLUMENBERG, Die Legitimität der Neuzeit, 1966.

C. CHARLE, La discordance des temps: und brève histoire de la modernité, 2012.N. DEGELE u.a., Modernisierungstheorie. Eine Einführung, 2005.

Dimensionen der Moderne, FS f. Christof Dipper, Hg. U. SCHNEIDER u.a., 2008.

C. DIPPER, Moderne, Version: 2.0, in: Docupedia-Zeitgeschichte, 17.1.2018, URL: http://docupedia.de/zg/Dipper_moderne_v2_de_2018

S. N. EISENSTADT, Tradition, Change, and Modernity, 1973.

S. N. EISENSTADT, Multiple Modernities, in: Multiple Modernities (= Daedalus, Winter 2000), 1–29.

N. ELIAS, Über den Prozeß der Zivilisation, 1976.

Epochenschwelle und Epochenbewußtsein, Hg. R. HERZOG u.a., 1981.

Europa und die Moderne im langen 18. Jahrhundert, Hg. O. ANSBACH, 2014.

German Modernities From Wilhelm to Weimar. A Contest of Futures, Hg. G. ELEY u.a., 2016.

A. GIDDENS, The Consequences of Modernity, 1990.

H. U. GUMBRECHT, »Modern, Modernität, Moderne«, in: GGr, Bd. 4, 1978, 93–131.

Handbuch Moderneforschung, Hg. F. JAEGER u.a., 2015.

W. HEINRICHS, Die Moderne. Bilanz einer Epoche, 2017.

Jahrhundertwende. Der Aufbruch in die Moderne 1880–1930, Hg. A. NITSCHKE u.a., Bd. 1, 1990.

D. LERNER u.a., Modernization, in: IESS 10, 1968, 386–409.

T. MERGEL, Geht es weiterhin voran? Die Modernisierungstheorie auf dem Weg zu einer Theorie der Moderne, in: Geschichte zwischen Kultur und Gesellschaft, Hg. DERS. u.a., 1997, 203–232.

T. NIPPERDEY, Probleme der Modernisierung in Deutschland, in: Saeculum 30, 1979, 292–303.

P. NOLTE, Modernization and Modernity in History, in: IESBS 15, 2nd ed., 2015, 700–706.

P. NOLTE, Abschied vom 19. Jahrhundert, oder Auf der Suche nach einer anderen Moderne, in: Wege der Gesellschaftsgeschichte, Hg. D. LANGEWIESCHE u.a. 2006, 103–132.

Orte der Moderne. Erfahrungswelten des 19. und 20. Jahrhunderts, Hg. A. GEISTHÖVEL u.a., 2005.

D. J. K. PEUKERT, Max Webers Diagnose der Moderne, 1989.

W. SCHLUCHTER, Paradoxes of Modernity. Culture and Conduct in the Theory of Max Weber, 1996.

Studien zum Beginn der modernen Welt, Hg. R. KOSELLECK, 1977.

Theorien und Experimente der Moderne. Europäische Gesellschaften im 20. Jahrhundert, Hg. L. RAPHAEL, 2012.

P. WAGNER, Soziologie der Moderne, 1995.

H.-U. WEHLER, Modernisierungstheorie und Geschichte, 1975.

B. WITTROCK, Early Modernities: Varieties and Transitions, in: Early Modernities (= Daedalus, Summer 1998), 19–40.

B. WITTROCK, Modernity: One, None, or Many?, in: Multiple Modernities (= Daedalus, Winter 2000), 31–60.

ANMERKUNGEN

Vorwort

1 Gebhardt. Handbuch der Deutschen Geschichte, 10. Aufl., Hg. BENZ, HAVERKAMP, KOCKA u. REINHARD, Bd. 13, 2001. – Für Hilfen bei der Vorbereitung des vorliegenden Buches danke ich besonders Jens Herold und Lilly Kempf.

Kapitel 1
Bilder vom 19. Jahrhundert im Wandel

1 Zur methodologischen Position des Verfassers KOCKA, Geschichte als Wissenschaft, in: Geschichte. Studium–Wissenschaft–Beruf (wie 3), 12–30; klassisch: WEBER, Die »Objektivität« sozialwissenschaftlicher und sozialpolitischer Erkenntnis, in: DERS., Gesammelte Aufsätze zur Wissenschaftslehre (wie 3), 146–214.

2 RANKE, Die großen Mächte (wie 3), 38, 40; GERVINUS, Einleitung in die Geschichte des neunzehnten Jahrhunderts, 1853, 6, 152f., 167f.; BURCKHARDT, Weltgeschichtliche Betrachtungen (wie 3), 248.

3 Die Bilanz des Jahrhunderts, in: Berliner Illustrirte Zeitung, 25.12.1898, 10.2., 5.3. und 12.3.1899; ZIEGLER, Die geistigen und socialen Strömungen des Neunzehnten Jahrhunderts, 1899, 686; GERVINUS, Einleitung (wie oben Anm. 2), 166; LENZ, Die großen Mächte. Ein Rückblick auf unser Jahrhundert, in: Deutsche Rundschau 26, 1900, 74–97, 269–287, 422–446, hier 84, 89. Vgl. auch PFLEIDERER, Über den geschichtlichen Charakter unserer Zeit, 1898; BÜCHNER, Am Sterbelager des Jahrhunderts, 1898; KAUFMANN, Politische Geschichte Deutschlands im Neunzehnten Jahrhundert, 1900. Insgesamt auch Das Neue Jahrhundert. Europäische Zeitdiagnosen und Zukunftsentwürfe um 1900, Hg. FREVERT (= Geschichte und Gesellschaft. Sonderh. 18), 2000 sowie: SAAGE, Utopische Profile (wie 7a).

4 ZIEGLER, Strömungen (wie oben Anm. 3), 4; SEIGNOBOS, Politische Geschichte des modernen Europa, 1910 (nach der 5. Aufl. des frz. Originals, frz. erstmals 1897), 768.

5 PFLEIDERER, Charakter (wie oben Anm. 3), 8f.

6 MARX u. ENGELS, Manifest der Kommunistischen Partei (1848), in: MEW, Bd. 4, 1974, 459–493; DIES., Über Deutschland (wie 5); WEBER, Der Nationalstaat und die Volkswirtschaftspolitik (1895), in: DERS., Gesammelte politische Schriften, ^{2}1958, 1–25, hier 21–23; TROELTSCH, Das Neunzehnte Jahrhundert (wie 6a), 618, 640.

7 TUCHOLSKY, Politische Texte, 1971, 104. – MORAZÉ, Gesicht (wie 6a), 7: »Es (das 19. Jahrhundert) ist alles in allem ein Heldenlied des Bürgertums.« – STERN-

BERGER, Gerechtigkeit (wie 6a), 12: Das neunzehnte Jahrhundert wird als »das bürgerliche Zeitalter« bezeichnet. – HOBSBAWM, Das imperiale Zeitalter (wie 6a), 23: »Seit 1914 gehört das Jahrhundert des Bürgertums der Geschichte an«, ähnlich 418, 420. Kritisch: GAY, Erziehung der Sinne. Sexualität im bürgerlichen Zeitalter, 1986, 45f.

8 CROCE, Geschichte Europas im neunzehnten Jahrhundert, [2]1935, 7f., 376f.: »Vor dem Kriege war der Gedanke der Freiheit ein fester Glaube oder zumindest eine Praktik mit schwachem Glauben. Jetzt ist die Idee der Freiheit auch dort aus den Gemütern verschwunden, wo sie noch in Institutionen erhalten geblieben ist«. – Die 1931 dennoch verbliebene Hoffnung sieht Croce 1947 schmerzhaft enttäuscht. Die erhoffte Wiedererweckung des Freiheitsideals habe nicht stattgefunden. »Einigen Trost kann man jedoch stets an den Worten Hegels gewinnen: daß die Idee keine Eile hat« (387). Croce starb 1952. Wie hätte sein Schlußwort 1967 oder 1997 gelautet?

9 SCHNABEL, Deutsche Geschichte (wie 6b), Bd. 1, [2]1937, 3–5.

10 Vgl. CROCE, Geschichte Europas (wie Anm. 8), 7; SCHNABEL, Deutsche Geschichte (wie 6b u. oben Anm. 9), 4; vgl. auch STERNBERGER, Gerechtigkeit (wie 6a), 12, für den das »bürgerliche« 19. Jahrhundert allerdings »frühestens mit dem Sturz Napoleons, eigentlich erst mit der Juli-Revolution von 1830 oder ... auch mit Goethes Tod im Jahre 1832« begann. Aus der neueren Literatur vgl. The Nineteenth Century (wie 6a); BLACKBOURN, Long Nineteenth Century (wie 6b); BAUER, Das »lange« 19. Jahrhundert (wie 6b); HEIN, Deutsche Geschichte (wie 6b), HELLFELD, Das lange 19. Jahrhundert (wie 6c). Ausführlich zur Periodisierung OSTERHAMMEL, In Search (wie 6c), 10–19; DERS., Die Verwandlung (wie 6c), 84–128. Osterhammel spricht auch vom »langen 19. Jahrhundert«, datiert es jedoch in globalgeschichtlicher Sicht auf die Zeit von den 1770er bis in die 1920er Jahre (S. 87).Von den Napoleonischen Kriegen bis zum Ersten Weltkrieg datiert: SIEMANN, Das »lange« 19. Jahrhundert. Alte Fragen und neue Perspektiven, in: Das »lange« 19. Jahrhundert, Hg. FREYTAG u.a. (wie 6b), 9–26.

11 MANN, Deutsche Geschichte (wie 6b), 6f.; zur später wieder abflauenden Europäisierung der Fragestellungen in der deutschen Historiographie unmittelbar nach 1945: CONRAD, Auf der Suche nach der verlorenen Nation. Geschichtsschreibung in Westdeutschland und Japan 1945–1960, 1999. – Mit guter Begründung für die weitere Geltung der nationalgeschichtlichen Sicht: FABER, Deutsche Geschichte im 19. Jahrhundert. Restauration und Revolution von 1815 bis 1851 (= Handbuch der deutschen Geschichte, Hg. L. JUST, Bd. 3/Ib), 1979, 12.

12 Zum Aufschwung der Komparatistik: Geschichte und Vergleich (wie 3), bes. 111–130 (von KAELBLE zusammengestellte Bibliographie); KAELBLE, Der historische Vergleich (wie 3); Comparative and Transnational History. Central European Approaches and New Perspectives, Hg. HAUPT u.a., 2009 – Beispiele für Darstellungen des 19. Jahrhunderts mit europäischer Reichweite: LANGEWIESCHE, Europa (wie 6a); GALL, Europa (wie 6a); CRAIG, Geschichte Europas (wie 6a); The Nineteenth Century. Europe 1789–1914 (wie 6a); NONN, Das 19. und 20. Jahrhundert (wie 6a); EVANS, Das europäische Jahrhundert (wie 6a). Über Europa hinausgreifend: HOBSBAWM, Europäische Revolutionen (wie 6a); DERS., Blütezeit (wie 6a); DERS., Zeitalter (wie 6a); BAYLY, Die Geburt der modernen Welt (wie 6c); OSTERHAMMEL, Die Verwandlung (wie 6c); CONRAD, Globalgeschichte (wie 6c); EPPLE, Die Größe zählt! Aber wie? Globalgeschichte zwischen großen Synthesen, Skeptizismus und neuem Empirismus, in: NPL 59, 2014, 409–436; Global History, Globally (wie 6c); ASCHMANN, »Das Säkulum der Widersprüche« (wie 11); bes. 9–11.

13 Am umfassendsten bei WEHLER, Gesellschaftsgeschichte (wie 6b).
14 GALL, Europa (wie 6a), 3.
15 Vgl. FOUCAULT, Überwachen und Strafen. Die Geburt des Gefängnisses, 1979; BAUMANN, Moderne (wie 11); NOLTE, Abschied vom 19. Jahrhundert (wie 11).
16 Dazu grundsätzlich: HÖLSCHER, Zeitgärten (wie 3), 269–278.
17 Mit der wichtigsten Literatur pro und contra diese Sichtweise: KOCKA, Nach dem Ende des Sonderwegs (wie 3); aus der älteren Diskussion BLACKBOURN u.a., The Peculiarities (wie 6b); NIPPERDEY, 1933 und die Kontinuität der deutschen Geschichte, in: HZ 227, 1978, 86–111; jüngere Beiträge: WINKLER, Der lange Weg (wie 6b); WALSER SMITH, The Continuities (wie 6b); Das Deutsche Kaiserreich in der Kontroverse (wie 6b); KOCKA, Looking Back (wie 3); ANDERSON, Ein Demokratiedefizit? (wie 9b); RICHTER, Demokratie (wie 9b).
18 Vgl. WEHLER, Modernisierungstheorie (wie 11); DERS., Gesellschaftsgeschichte (wie 6b); WINKLER, Der lange Weg (wie 6b); NIPPERDEY, Probleme (wie 11); RÜRUP, Deutschland (wie 6b); aus DDR-marxistischer Sicht: Deutsche Geschichte (wie 6b); MERGEL, Geht es weiterhin voran (wie 11); NOLTE, Modernization (wie 11); modernisierungshistorischer Ansatz auch bei HEIN, Deutsche Geschichte (wie 6b), 9f. u. 123–125; German Modernities (wie 11), 1–82.
19 Siehe HERBERT, Europe in High Modernity. Reflections on a Theory of the 20th Century, in: JMEH 5, 2007, 5–21, bes. 10f.: überstarke Betonung der Beschleunigung und Verallgemeinerung des Wandels auf sehr vielen Gebieten als in den 1880er Jahren neu im Vergleich zu den vorherigen Jahrzehnten. Entsprechend HERBERT, Geschichte Deutschlands im 20. Jahrhundert, 2014, Kap. 1 (über 1870–1914). Siehe auch RAPHAEL, Ordnungsmuster der »Hochmoderne«? Die Theorie der Moderne und die Geschichte der europäischen Gesellschaften im 20. Jahrhundert, in: Dimensionen der Moderne (wie 11), 73–91.
20 Vgl. HOBSBAWM, Europäische Revolutionen (wie 6a) (erstmals engl. 1962), 1, 10f. (noch unsicher hinsichtlich der Ausweitung auf 1776, doch schon mit dem Begriff der »doppelten Revolution«); DERS., Imperiales Zeitalter (wie 6a), 18: »Das lange 19. Jahrhundert 1776–1914«; zur »Doppelrevolution« dann WEHLER, Gesellschaftsgeschichte (wie 6b), Bd. 1, 345–352; Bd. 2, 3f., 787 (für den Zeitraum 1789–1848, unter Bezugnahme auf HOBSBAWM, ENGELS und BURCKHARDT). Vorher schon: CURTIUS, Kritische Essays, [3]1963, 31f.: 1750–1830 als Epoche einer dreifachen Revolution. – Zur »Sattelzeit«: Studien zum Beginn der modernen Welt (wie 11). – Die Epoche 1789–1914 auch schon bei MOMMSEN, Geschichte des Abendlandes. Von der Französischen Revolution bis zur Gegenwart. 1789–1945, 1951, 20f.; auch bei: Der Mensch (wie 6a), 9–18, bes. 9 (mit dem Hinweis, daß es sich um eine eminent europäische Periodisierung handelt). Vgl. oben Anm. 10.
21 Europa, Hg. SCHIEDER (wie 6a), 1–7, bes. 1; STERNBERGER, Gerechtigkeit (wie 6a), 1. Vgl. die sich stark wandelnde, vorsichtiger werdende Akzentsetzung in WEHLER, Das Deutsche Kaiserreich (wie 6b, erstmals 1973), mit DERS., Wie bürgerlich war das Deutsche Kaiserreich?, in: Bürger und Bürgerlichkeit (wie 10c), 243–280, sowie WEHLER, Gesellschaftsgeschichte (wie 6b), Bd. 3, Tl. 6. Zum Kaiserreich zusammenfassend ULLRICH, Die nervöse Großmacht (wie 6b). Das Deutsche Kaiserreich in der Kontroverse (wie 6b); JEFFERIES, Contesting the German Empire, 2008; die Modernität und die demokratischen Züge des Kaiserreichs betonend: ANDERSON, Ein Demokratiedefizit (wie 9b); RICHTER, Demokratie (wie 9b), 117–170; erneute Betonung einer kritischen Sicht: CONZE, Schatten (wie 9b); Literatur zur Sonderweg-Debatte (wie oben Anm. 17).

22 Vgl. noch Europa, Hg. BUSSMANN (wie 6a), 4: »Will man den Inhalt des Jahrhunderts in Formeln zum Ausdruck bringen, so kann man sagen: Die Zauberworte der Epoche sind Nationalstaat, Verfassung, Maschine und soziale Frage …«

23 Vgl. u.a. Europa, Hg. SCHIEDER (wie 6a), 3; GALL, Europa (wie 6a), 1. Ähnlich schon ANDERSON u.a., Political Institutions and Social Change in Continental Europe in the Nineteenth Century, 1967, 2; zuletzt ASCHMANN, »Das Säkulum der Widersprüche« (wie 11); vom 19. Jahrhundert als »Übergangszeit« sprach KOSELLECK, Das 19. Jahrhundert (wie 6a) schon 1978.

24 Vgl. MAYER, Adelsmacht (wie 6a); RADKAU, Das Zeitalter (wie 6b).

25 Europa, Hg. SCHIEDER (wie 6a), 4f. SCHIEDER spricht vom Rationalismus und Irrationalismus des Jahrhunderts, von Historismus und Antihistorismus, Nationalismus und Antinationalismus etc.

26 BREDOW u.a., Lehren des Abgrunds. Politische Theorie für das 19. Jahrhundert, Tl. 1, 1991, 292f.; DIES., Luftbrücken. Politische Theorie für das 19. Jahrhundert, Tl. 2, 1993.

27 Die These vom »kurzen 20. Jahrhundert« u.a. bei HOBSBAWM, Das Zeitalter der Extreme. Weltgeschichte des 20. Jahrhunderts, 1994, und WEHLER, Gibt es das »kurze 20. Jahrhundert«?, in: 1990 – Eine Epochenzäsur? Helmstedter Colloquien, H. 8, Hg. SABROW, 2006, 69–76; dagegen DINER, Das Jahrhundert verstehen. Eine universalhistorische Deutung, 1999. Vgl. auch SIEMANN, Staatenbund (wie 6b), 15–18.

28 TROELTSCH, Das Neunzehnte Jahrhundert (wie 6a), 628; zur großen Rolle der Zukunftsvorstellungen für die Interpretation der Vergangenheit vgl. KOCKA, Historians (wie 3).

29 NOLTE, Abschied (wie 11); Discussion Forum. The Vanishing Nineteenth Century (wie 3).

30 Ähnlich GALL, Europa (wie 6a); HEIN, Deutsche Geschichte (wie 6b), 7–9; sowie zuletzt ASCHMANN, »Das Säkulum der Widersprüche« (wie 11), 22–26: Betonung der jüngst wieder zunehmenden Relevanz des 19. Jahrhunderts für die Gegenwart.

31 Siehe den repräsentativen und insgesamt sehr gelungenen Sammelband »Durchbruch der Moderne?« (wie 6c) von 2019, der aber die Wirtschaftsgeschichte des 19. Jahrhunderts marginalisiert.

32 KOCKA, Historische Sozialwissenschaft, in: JORDAN, Lexikon Geschichtswissenschaft (wie 3), 164–167. Zur Entwicklung der Geschichtswissenschaft in den letzten Jahrzehnten: RAPHAEL, Geschichtswissenschaft (wie 3); sowie IGGERS u.a., Geschichtskulturen (wie 3).

33 Was »Deutschland« im Sinne eines Untersuchungsraums bedeutet, stellt sich für das 19. Jahrhundert als weniger problematisch dar als für die vorangehenden Jahrhunderte, nämlich im wesentlichen das Territorium zunächst des Deutschen Bundes und dann das des Deutschen Reiches.

Kapitel 2
Das Jahrhundert der Industrialisierung

1 HOBSBAWM, Industrie und Empire, Bd. 1: Britische Wirtschaftsgeschichte seit 1750, 1969, 14; CIPOLLA, Die Industrielle Revolution in der Weltgeschichte, in: Die Industrielle Revolution, Hg. BORCHARDT, 1976, 1–10, hier: 10.

2 KIESEWETTER, Industrielle Revolution (wie 7b); PIERENKEMPER, Regionen und Regionale Industrialisierung. Zur wirtschaftlichen Entwicklung ostmitteleuropäischer Regionen im 19. Jahrhundert, 2009.

3 Siehe BURHOP, Wirtschaftsgeschichte (wie 7b), 31–48. Vorher: HAHN, Die Industrielle Revolution (wie 7b), 96–98; HOLTFRERICH, The Growth of Net Domestic

Product in Germany 1850–1913, in: Productivity in the Economies of Europe, Hg. FREMDLING u.a., 1983, 124–132; FREMDLING, German National Accounts for the 19th and Early 20th Century, in: Scandinavian Economic History Review 43/1, 1995, 77–100; RITSCHL u.a., Das Bruttosozialprodukt in Deutschland nach den amtlichen Volkseinkommens- und Sozialproduktsstatistiken 1901–1995, in: JbWG 1997/2, 27–54; PIERENKEMPER u.a., The German Economy (wie 7b), 13–22; BURHOP u.a., A Compromise Estimate of German Net National Product, 1851–1913, and its Implications for Growth and the Business Cycle, in: Journal of Economic History 65, 2005, 613–657. Die Zahlenreihen in den Tabellen beruhen hauptsächlich auf HOFFMANN u.a., Das Wachstum der deutschen Wirtschaft (wie 7b).

4 HENNING, Die Industrialisierung (wie 7b), 25; PIERENKEMPER, Gewerbe (wie 7b), 116f.; BUCHHEIM, Industrielle Revolutionen (wie 7a), 37ff.; PIERENKEMPER, Wirtschaftsgeschichte (wie 7a), 79, 83.

5 BARKIN, The Controversy over German Industrialization 1890–1902, 1970, 1. – Zur Diskussion verschiedener Industrialisierungsbegriffe und zur Begründung der hier präferierten Variante: KOCKA, Arbeitsverhältnisse (wie 10a), 61–64; HAHN, Die Industrielle Revolution (wie 7b), 51–59.

6 FISCHER, Ökonomische und soziologische Aspekte der frühen Industrialisierung, in: DERS., Wirtschaft (wie 7b), 15–27; zuletzt zusammenfassend: ZIEGLER, Wirtschaftlich-industrieller Strukturwandel, in: Vormärz-Handbuch (wie 6b), 94–105; und als ausführliche Synthese: TILLY/KOPSIDIS, From Old Regime (wie 7b), 13–118.

7 Dafür hat sich, vor allem auf der Grundlage von Studien zu frühneuzeitlichen Jahrhunderten, teilweise die Bezeichnung »protoindustriell« durchgesetzt. Vgl. KRIEDTE u.a., Industrialisierung (wie 7c); MEDICK, Weben und Überleben in Laichingen 1650–1900. Lokalgeschichte als Allgemeine Geschichte, 1996.

8 Bisweilen steht »Industrielle Revolution« (oder »industrielle Revolution«) für das, was hier mit »Industrialisierung« bezeichnet wird. Beide Begriffe werden dann der Tendenz nach synonym gebraucht. Im Sprachgebrauch dieses Buches bezeichnet dagegen »Industrielle Revolution« eine Phase – die erste oder Durchbruchsphase – der Industrialisierung, die als ein langfristiger, sich über das ganze Jahrhundert und darüber hinaus erstreckender Prozeß verstanden wird. Zur Begriffsgeschichte: HILGER/HÖLSCHER, Art. »Industrie, Gewerbe«, in: GGr, Bd. 3, 1982, 237–304, bes. 289–304; zur Diskussion der Begriffe mit wichtiger Literatur: CONDRAU, Die Industrialisierung (wie 7b), 1–12, 25–28.

9 Vgl. HOLTFRERICH, Quantitative Geschichte des Ruhrbergbaus im 19. Jahrhundert, 1973; FREMDLING, Eisenbahnen und deutsches Wirtschaftswachstum, 1975; SPREE, Wachstumstrends (wie 7b); Geschichte des deutschen Bergbaus, Bd. 3: Motor der Industrialisierung. Deutsche Bergbaugeschichte im 19. und frühen 20. Jahrhundert, Hg. TENFELDE u.a., 2016; ROTH, Das Jahrhundert der Eisenbahn. Die Herrschaft über Raum und Zeit 1800 bis 1914, 2005. – ROSTOW, Stadien (wie 7a); GERSCHENKRON, Economic Backwardness (wie 7a).

10 Alfred Krupps Briefe 1826–1887, Hg. BERDROW, 1928, 259; verläßlicher Überblick: WEHLER, Gesellschaftsgeschichte (wie 6b), Bd. 3, 38–105; ausführlich: HENNING, Handbuch (wie 7b), 321–780.

11 Vgl. ROSENBERG, Große Depression und Bismarckzeit, 1967, 22–57; GRABAS, Die Gründerkrise von 1873/79, in: JbWG 2011, H. 1, 69–96; Organisierter Kapitalismus. Voraussetzungen und Anfänge, Hg. WINKLER, 1974; WEHLER, Theorieprobleme der modernen deutschen Wirtschaftsgeschichte, in: DERS., Historische Sozialwissenschaft (wie 3), 106–125; BOCH, Staat und Wirtschaft (wie 7b), hier

77–80 kritisch zum Begriff »Organisierter Kapitalismus«. – WEHLER, Gesellschaftsgeschichte (wie 6b), Bd. 3, 493–699, bes. 662–80 (zieht den Begriff »Korporatismus« vor); zuletzt TILLY/KOPSIDIS, From Old Regime (wie 7b), 165–250.

12 ZIEGLER, Die industrielle Revolution (wie 7b). Zur Theorie der »langen Wellen« in der Geschichtsschreibung siehe ROSENBERG, Große Depression (wie Anm. 11) sowie CONDRAU, Die Industrialisierung (wie 7b), 28–32.

13 Der Forschungsstand bei BURHOP, Wirtschaftsgeschichte (wie 7b), 49–65.

14 Vgl. JAMES, Deutsche Identität (wie 6b).

15 Ein breites Themenspektrum abschreitend: Auf der Suche nach der Ökonomie (wie 7c). Zu Teilaspekten jeweils: Physiologie und industrielle Gesellschaft. Studien zur Verwissenschaftlichung des Körpers im 19. und 20. Jahrhundert, Hg. SARASIN u.a., 1998; EISENBERG, »English Sports« und deutsche Bürger. Eine Gesellschaftsgeschichte 1800–1933, 1999; KAELBLE, Industrialisierung (wie 7c); LUNDGREEN, Bildung und Wirtschaftswachstum im Industrialisierungsprozeß des 19. Jahrhunderts, 1973; BRAUN, Sozialer und kultureller Wandel in einem ländlichen Industriegebiet (Zürcher Oberland) unter Einwirkung des Maschinen- und Fabrikwesens im 19. und 20. Jahrhundert, 1965. Unter Rudolf Brauns Einfluß entstand mit breitem, nicht nur wirtschaftsgeschichtlichem Spektrum: Untersuchungen zur Geschichte der frühen Industrialisierung vornehmlich im Wirtschaftsraum Berlin/Brandenburg, Hg. BÜSCH, 1970. Siehe BRAUN, Von den Heimarbeitern zur europäischen Machtelite. Ausgewählte Aufsätze, 2000.

16 Vgl. KOCKA, Mehr Last als Lust. Arbeit und Arbeitsgesellschaft in der europäischen Geschichte, in: JbWG 2005/2, 185–206; CONZE, Art. »Arbeit«, in: GGr, Bd. 1, 1972, 154–215; ZORN, Arbeit (wie 7c); KOCKA, Arbeitsverhältnisse (wie 10a); DERS., Arbeiterleben (wie 10a); Geschichte und Zukunft der Arbeit, Hg. KOCKA u.a., 2000.

17 Einflußreich: MOKYR, The Gifts of Athena. Historical Origins of the Knowledge Economy, 2002; DERS., A Cultural Growth (wie 7a).

18 Vgl. Wirtschaftsgeschichte als Kulturgeschichte (wie 7c); ERKER, Aufbruch zu neuen Paradigmen. Unternehmensgeschichte zwischen sozialgeschichtlicher und betriebswirtschaftlicher Erweiterung, in: AfS 37, 1997, 321–365; BERGHOFF, Moderne Unternehmensgeschichte. Eine themen- und theorieorientierte Einführung, 2004; Unternehmer – Fakten und Fiktionen. Historisch-biografische Studien, Hg. PLUMPE, 2014; SZÖLLÖSI-JANZE, Wissensgesellschaft in Deutschland. Überlegungen zur Neubestimmung der deutschen Zeitgeschichte über Verwissenschaftlichungsprozesse, in: Neue Wege der Wissenschaftsgeschichte, Hg. HARDTWIG (= GG 30, 2004, H. 2), 277–313; WENGENROTH, Science, Technology, and Industry, in: From Natural Philosophy to the Sciences. Writing the History of Nineteenth-Century Science, Hg. CAHAN, 2003, 221–253; WENGENROTH, Industrialisierung, in: Handbuch Wissenschaftsgeschichte, Hg. SOMMER u.a., 2017, 294–301; DAUM, Wissenschaftspopularisierung (wie 10f); RAPHAEL, Die Verwissenschaftlichung des Sozialen (wie 7c); WISE, Aesthetics, Industry, and Science: Hermann von Helmholtz and the Berlin Physical Society, 2018.

19 KOCKA, Industrialisierung oder Kapitalismus (wie 7a); DERS., Geschichte des Kapitalismus (wie 7a); DERS., Capitalism. The History of the Concept, in: IESBS 3, [2]2010, 105–110; DERS., Durch die Brille der Kritik. Wie man Kapitalismusgeschichte auch schreiben kann, in: JMEH 15, 2017, H. 4, 480–488; PLUMPE, Der Kapitalismus als Problem der Geschichtsschreibung, in: ebd., 457–469; Capitalism. The Reemergence of a Historical Concept, Hg. KOCKA u.a., 2016.

20 KAELBLE, Industrialisierung (wie 7c); den gegenwärtigen Forschungsstand auch zum 19. Jahrhundert zusammenfassend und mit der neueren Literatur: DERS.,

Mehr Reichtum (wie 10a), 17–31, 178–181. Auch auf das 19. Jahrhundert eingehend: PIKETTY, Das Kapital im 21. Jahrhundert, 2014; DERS., Kapital und Ideologie, 2020. ROTHENBACHER, Soziale Ungleichheit im Modernisierungsprozess des 19. Jahrhunderts, 1989; Arm und Reich. Zur gesellschaftlichen und wirtschaftlichen Ungleichheit in der Geschichte, Hg. SCHULZ, 2015.

21 PLUMPE, Das kalte Herz (wie 7a); WELSKOPP, Kapitalismus und Konzepte von Arbeit. Wie systemisch zentral ist »freie Lohnarbeit« für den Kapitalismus?, in: Arbeit und Kapitalismus, Hg. KOCKA u.a. (= GG 43, 2017, H. 2), 197–216; KOCKA, Arbeiterleben (wie 10a); Moralizing Capitalism: Agents, Discourses and Practices of Capitalism and Anti-Capitalism in the Modern Age, Hg. BERGER/PRZYREMBEL, 2020; Die Konsumgesellschaft in Deutschland 1890–1990. Ein Handbuch, Hg. HAUPT u.a., 2009; Der Kampf um das tägliche Brot. Nahrungsmangel, Versorgungspolitik und Protest 1770–1990, Hg. GAILUS u.a., 1994; zu den Klassikern der Kapitalismusforschung: KOCKA, Geschichte des Kapitalismus (wie 7a), 9–23.

22 Vgl. CRUTZEN u.a., Das Raumschiff Erde hat keinen Notausgang. Energie und Politik im Anthropozän, 2011; Das Anthropozän. Zum Stand der Dinge, Hg. RENN u.a., 2016; HORN/BERGTHALLER, Anthropozän zur Einführung, 2019; SCHUMPETER, Kapitalismus, Sozialismus und Demokratie, [8]2005, Tl. II.

23 WINDFUHR, Zukunftsvisionen. Von christlichen, grünen und sozialistischen Paradiesen und Apokalypsen, 2017; HÖLSCHER, Zeitgärten (wie 3), 269–278 (»Beschleunigung und Apokalypse«). – Besiegte Natur (wie 7c); UEKÖTTER, Umweltgeschichte (wie 7c); RADKAU, Natur (wie 7c); BLACKBOURN, Die Eroberung der Natur (wie 7c); SIEFERLE, Nachhaltigkeit in universalhistorischer Perspektive, in: Umweltgeschichte. Themen und Perspektiven, Hg. SIEMANN, 2003, 39–60; SCHMOLL, Erinnerung an die Natur. Die Geschichte des Naturschutzes im deutschen Kaiserreich, 2004; Natur und Gesellschaft. Perspektiven der interdisziplinären Umweltgeschichte, Hg. JAKUBOWSKI-TIESSEN u.a., 2014; HÄDECKE, Poeten (wie 7c); KOCKA, Familie, Unternehmer und Kapitalismus. An Beispielen aus der frühen deutschen Industrialisierung, in: ZfU 24, 1979, 99–135.

24 Vgl. BEREND, An Economic History (wie 7a); WALLERSTEIN, Modern World System (wie 7a), bish. 4 Bde., 1974, 1980, 1989, 2011; O'ROURKE u.a., Globalization and History (wie 7a); LANDES, Prometheus (wie 7a); GERSCHENKRON, Economic Backwardness (wie 7a); POLLARD, Peaceful Conquest (wie 7a); O'BRIEN, Do We Have a Typology for the Study of European Industrialization in the XIXth Century?, in: JEEH 15, 1986, 291–334; Industrialisierung. Entwicklungsprozesse in Afrika, Asien und Lateinamerika, Hg. FELDBAUER u.a., 1995; OSTERHAMMEL, In Search (wie 6c); DERS., Die Verwandlung (wie 6c), 909–957; WONG, Möglicher Überfluß, beharrliche Armut. Industrialisierung und Welthandel im 19. Jahrhundert, in: Die Geschichte der Welt, Bd. 4: 1750–1870 (wie 6c), 256–409; LENGER, Globalen Kapitalismus denken. Historiographie-, theorie- und wissenschaftsgeschichtliche Studien, 2018. Die Annahmen ausgeprägter deutscher Eigenarten relativierend: Burhop, Wirtschaftsgeschichte (wie 7b), 49–65; zuletzt TILLY/KOPSIDIS, From Old Regime (wie 7b), 165–250.

Kapitel 3
Bevölkerungszunahme und Wanderungen – die Not und der Beginn ihrer Überwindung

1 Vgl. FLINN, The European Demographic System, 1500–1820, 1981, bes. 86; PFISTER, Bevölkerungsgeschichte (wie 8); KOCKA, Weder Stand noch Klasse. Unterschichten um 1800, 1990, 196–201, 282f.

2 HENNING, Handbuch (wie 7b), 772; bei anderen Autoren leicht abweichende Angaben. Dazu und zur Quellenproblematik: HUBERT, Deutschland (wie 8), 22f. (dort u. 108ff. zum Vergleich mit anderen europäischen Ländern).

3 Sozialgeschichtliches Arbeitsbuch I (wie 5), 26–33; HUBERT, Deutschland (wie 8), 13–102.

4 Genauer in KOCKA, Arbeitsverhältnisse (wie 10a), 41–53. Weiterhin KÖLLMANN, Bevölkerungsgeschichte (wie 8); LEE, Germany (wie 8); HARNISCH, Bevölkerungsgeschichtliche Probleme der industriellen Revolution in Deutschland, in: Studien zur Geschichte der Produktivkräfte. Deutschland zur Zeit der industriellen Revolution, Hg. LÄRMER, 1979, 267–339; zur Diskussion über den »Demographischen Übergang«: EHMER, Bevölkerungsgeschichte (wie 8), 118–126.

5 Vgl. Sozialgeschichtliches Arbeitsbuch II (wie 5), 15–56; HUBERT, Deutschland (wie 8), 118–134; KÖLLMANN, Bevölkerung (wie 8), 25–98.

6 Vgl. KNODEL, Decline (wie 8); VON NELL, Die Entwicklung (wie 8); MARSCHALCK, Bevölkerungsgeschichte (wie 8), 41–71; weiterführend DERS., Demographische Aspekte der Familienbildung in Bremen in der ersten Hälfte des 19. Jahrhunderts, in: Familie und Familienlosigkeit, Hg. SCHLUMBOHM, 1993, 195–215; grundlegend MACKENROTH, Bevölkerungslehre, 1953. In jüngerer Zeit: EHMER u.a., Fertilität (wie 8).

7 MALTHUS, Das Bevölkerungsgesetz, hg. u. übers. v. BARTH, 1977, 20ff.; ursprüngl. engl: MALTHUS, An Essay on the Principles of Population (1798).

8 Neben Tab. 6 vgl. vor allem MARSCHALCK, Bevölkerungsgeschichte (wie 8), 27ff., 45ff., 177; MOLTMANN, Deutsche Amerikaauswanderung im 19. Jahrhundert, 1976; WALKER, Germany and the Emigration, 1816–1885, 1964; BADE, Vom Auswandererland zum Einwandererland. Deutschland 1880–1980, 1983; DERS., Deutsche im Ausland – Fremde in Deutschland, 1992; HUBERT, Deutschland (wie 8), 77–102, 188–203; GÜNTHER, Auf dem Weg (wie 8).

9 Dazu ausführlich: KOCKA, Arbeiterleben (wie 10a), 81–140. – Vgl. RITTER u.a., Arbeiter im deutschen Kaiserreich (wie 10a), 467–536, bes. 492 (Löhne 1870–1913); TILLY, Vom Zollverein (wie 7b), 12–29; MATZ, Pauperismus und Bevölkerung. Die gesetzlichen Ehebeschränkungen in den süddeutschen Staaten während des 19. Jahrhunderts, 1980; ABEL, Massenarmut (wie 8); WEHLER, Gesellschaftsgeschichte (wie 6b), Bd. 2, 281–297; bereits: CONZE, Vom »Pöbel« zum »Proletariat«, in: VSWG 41, 1954, 333–364; JANTKE, Der Vierte Stand, 1955. – GAILUS, Straße und Brot. Sozialer Protest in den deutschen Staaten unter besonderer Berücksichtigung Preußens, 1847–1849, 1990; DERS., Food Riots in Germany in the late 1840s, in: PP, Nr. 145, Nov. 1994, 157–193; BASS, Hungerkrisen in Preußen während der ersten Hälfte des 19. Jahrhunderts, 1991; Sozialer Protest (wie 10a); TILLY, Unruhen und Proteste in Deutschland im 19. Jahrhundert (1970), in: DERS., Kapital (wie 10a), 143–174; KOCKA, Hunger (wie 10a).

10 KÖLLMANN, Bevölkerungsgeschichte (wie 8), 20; HUBERT, Deutschland (wie 8), 158, 180. Zu den sozialgeschichtlichen Folgen der Wanderungen: KOCKA, Arbeiterleben (wie 10a), 192–225; MERGEL, Das Kaiserreich als Migrationsgesellschaft, in: Das Deutsche Kaiserreich in der Kontroverse (wie 6b), 347–391; HERBERT, Geschichte der Ausländerpolitik in Deutschland. Saisonarbeiter, Zwangsarbeiter, Gastarbeiter, Flüchtlinge, ^{2}2017; GRANT, Migration and Inequality in Germany 1870–1913, 2005.

11 MARSCHALCK, Bevölkerungsgeschichte (wie 8), 50f.; KÖLLMANN, Bevölkerung (wie 8), 106–260; KOCKA, Arbeitsverhältnisse (wie 10a), 53–60; REULECKE, Geschichte der Urbanisierung (wie 8); HOCHSTADT, Migrations in Germany. An Historical Study. PhD. Thesis Brown University 1983; DERS., Migration and

Industrialization in Germany, 1815–1977, in: SSH 5, 1981, 445–468; Regionale Mobilität in Schleswig-Holstein 1600–1900, Hg. BROCKSTEDT, 1979; LANGEWIESCHE, Wanderungsbewegungen in der Hochindustrialisierungsperiode. Regionale, interstädtische und innerstädtische Mobilität in Deutschland 1880–1914, in: VSWG 64, 1977, 1–40; insgesamt: BADE, Europa (wie 8); LENGER, Metropolen der Moderne (wie 8), bes. 50ff.; DERS., Die Stadt des 19. Jahrhunderts. Heterogenität, Modernität, Konflikt, in: Durchbruch der Moderne? (wie 6c), 252–270; Enzyklopädie Migration in Europa (wie 8).

12 Generell: OLTMER, Migration vom 19. bis zum 21. Jahrhundert (wie 8); Handbuch Staat und Migration (wie 8).

Kapitel 4
Ein bürgerliches Jahrhundert?

1 MARX/ENGELS, Manifest (wie 3); MARX, Das Kapital (wie 3), Bd. 3, 892f.; WEBER, Wirtschaft (wie 3), 679–684 (Zitat 679); KOCKA, Stand – Klasse – Organisation. Strukturen sozialer Ungleichheit in Deutschland vom späten 18. bis zum frühen 20. Jahrhundert im Aufriss, in: Klassen (wie 10a), 137–165; ausführlich zur Klassenanalyse in der Arbeitergeschichte (auch zu alternativen Klassenbegriffen): DERS., Arbeiterleben (wie 10a), 22–28.

2 Vgl. KOCKA, Weder Stand noch Klasse (wie 10a).

3 Gall, Von der ständischen zur bürgerlichen Gesellschaft (wie 10a), 27; DERS., Europa (wie 6a), 111–121. Im einzelnen: HAHN u.a., Reformen (wie 6b).

4 KOCKA, Arbeitsverhältnisse (wie 10a); DERS., Arbeiterleben (wie 10a); LENGER, Sozialgeschichte (wie 10e); Die Arbeiter (wie 10a); Arbeiter in Deutschland (wie 10a); Arbeiterexistenz (wie 10a); Arbeiter im Industrialisierungsprozeß (wie 10a); MOOSER, Ländliche Klassengesellschaft 1770–1848: Bauern und Unterschichten, Landwirtschaft und Gewerbe im östlichen Westfalen, 1984; PLAUL, Landarbeiterleben im 19. Jahrhundert, 1979; SCHILDT, Landarbeiter (wie 10a); TENFELDE, Ländliches Gesinde in Preußen. Gesinderecht und Gesindestatistik 1810–1861, in: AfS 19, 1979, 189–230; RITTER u.a., Arbeiter im Deutschen Kaiserreich (wie 10a); SCHMIDT, Arbeiter in der Moderne (wie 10a).

5 WELSKOPP, Das Banner der Brüderlichkeit (wie 10a); SCHMIDT, Brüder (wie 10a); GREBING, Arbeiterbewegung (wie 10a); TENFELDE, Germany (wie 10a), 243–269; SCHÖNHOVEN, Gewerkschaften (wie 10a); EISENBERG, Frühe Arbeiterbewegung und Genossenschaften, 1985; Streik (wie 10a); RITTER, Staat (wie 10a); KUHN, Die deutsche Arbeiterbewegung, 2004; BONNELL, Red Banners, Books and Beer Mugs. The Mental World of German Social Democrats, 2021; CARUSO, »Blut und Eisen« (wie 10a).

6 RITTER, Sozialstaat (wie 9b); NIPPERDEY, Deutsche Geschichte 1866–1918 (wie 6b), Bd. 1, 414–427; NOLTE, Die Ordnung der deutschen Gesellschaft. Selbstentwurf und Selbstbeschreibung im 20. Jahrhundert, 2000, Kap. 2; Weder Kommunismus noch Kapitalismus. Bürgerliche Sozialreform in Deutschland vom Vormärz bis zu Adenauer, Hg. VOM BRUCH, 1985; GRIMMER-SOLEM, The Rise of Historical Economics and Social Reform in Germany 1864–1894, 2003.

7 Vgl. BERGHAHN, Das Kaiserreich (wie 6b), 121–204. – Protestants, Catholics and Jews (wie 10f); RÜRUP, Emanzipation (wie 10f); Antisemitismus (wie 10f); – KLESSMANN, Polnische Bergarbeiter im Ruhrgebiet, 1870–1945, 1978; BLANKE, Prussian Poland in the German Empire, 1871–1900, 1981; HAGEN, Germans, Poles and Jews, 1980. – REULECKE, Männerbund versus Familie. Bürgerliche Jugendbewegung und Familie in Deutschland 1900–33, in: »Mit uns zieht die neue Zeit«, Hg. KOEBNER u.a., 1985, 199–223; CONRAD, Vom Greis zum Rentner.

Der Strukturwandel des Alters in Deutschland zwischen 1830 und 1930, 1994; BEACHY, Das andere Berlin (wie 10f). – Land-Stadt-Spannungen: BARKIN, Controversy (wie Kap. 2, Anm. 5).

8 Zur internationalen Forschung: CANNING, Gender History (wie 10b); BUDDE, Geschlechtergeschichte (wie 10b). – Umfassende Darstellungen: BOCK, Frauen (wie 10b); SAURER, Liebe und Arbeit (wie 10b); BÜHNER u.a., Einleitung, in: Europäische Geschlechtergeschichten, Hg. Dies., 2018, 13–47; SCHASER, Geschlecht strukturiert die Welt: Die Bedeutung des 19. Jahrhunderts für die Permanenz der Geschlechterhierarchie, in: Durchbruch der Moderne? (wie 6c), 171–198.

9 Vgl. HAUSEN, Die Polarisierung der »Geschlechtscharaktere«. Eine Spiegelung der Dissoziation von Erwerbs- und Familienleben, sowie: DIES., Der Aufsatz über die »Geschlechtscharaktere«. Eine Spätlese nach dreißig Jahren, in DIES., Geschlechtergeschichte (wie 10b), 19–49, 83–105.

10 HAUSEN, Öffentlichkeit und Privatheit. Gesellschaftspolitische Konstruktionen und die Geschichte der Geschlechterbeziehungen, in: Frauengeschichte – Geschlechtergeschichte, Hg. DIES. u.a., 1992, 81–88; FREVERT, »Mann und Weib« (wie 10b), 61–132; KÜHNE, Dreiklassenwahlrecht und Wahlkultur in Preußen 1867–1914, 1994; DERS., Staatspolitik, Frauenpolitik, Männerpolitik: Politikgeschichte als Geschlechtergeschichte, in: Geschlechtergeschichte und Allgemeine Geschichte (wie 10b), 171–231; RICHTER, Moderne Wahlen (wie 9b), 547–549; BOCK, Hundert Jahre Frauenwahlrecht: Deutschland in transnationaler Perspektive, in: ZfG 66/5, 2018, 395–412; ENGELHARDT, Von der »Unruhe« zum »Streik«, in: Sozialer Protest (wie 10a), 228–252; HERZIG, Unterschichtenprotest (wie 10a), bes. 108–114; HAUPT, Gewalt in Teuerungsunruhen in europäischen Großstädten zu Beginn des 20. Jahrhunderts, in: HAUPT, Klassen (wie 10a), 173–192, bes. 180–184.

11 Vgl. GERHARD, Verhältnisse (wie 10b); Frauen in der Geschichte (wie 10b); KNAPP, Frauenarbeit (wie 10b); Geschlechterhierarchie (wie 10b); CANNING, Languages of Labor and Gender. Female Factory Work in Germany, 1850–1914, 1996; Landsknechte (wie 10b); Männergeschichte (wie 10b); TREPP, Sanfte Männlichkeit und selbständige Weiblichkeit. Frauen und Männer im Hamburger Bürgertum zwischen 1770 und 1840, 1995; SAURER, Liebe und Arbeit (wie 10b); Heimat-Front. Militär und Geschlechterverhältnisse im Zeitalter der Weltkriege, Hg. HAGEMANN, 2002.

12 Vgl. die Ergebnis-Formulierungen von GERHARD und KOCKA in: Bürgerinnen (wie 10c), 206–214.

13 Vgl. S. 89f., 95f.

14 HAGEMANN, Familie – Staat – Nation: Das aufklärerische Projekt der »Bürgergesellschaft« in geschlechtergeschichtlicher Perspektive, in: Europäische Zivilgesellschaft (wie 9a), 57–84; HAUSEN, Die Nicht-Einheit der Geschichte als historiographische Herausforderung. Zur historischen Relevanz und Anstößigkeit der Geschlechtergeschichte, in: Geschlechtergeschichte und Allgemeine Geschichte (wie 10b), 15–55, bes. 25–33.

15 Vgl. BOCK, Frauen (wie 10b); SCHASER, Frauenbewegung (wie 10b); GREVEN-ASCHOFF, Die bürgerliche Frauenbewegung in Deutschland 1893–1933, 1981; KAPLAN, Die jüdische Frauenbewegung in Deutschland, 1981; GERHARD, Unerhört (wie 10b); KERSTING, »Frauenbewegung« (wie 10b); HUERKAMP, Frauen, Universitäten und Bildungsbürgertum. Zur Lage studierender Frauen 1900–30, in: Bürgerliche Berufe (wie 10c), 200–222.

16 Vgl. Gender (wie 10b); Klasse (wie 10b); STUDER, Überlegungen zu den Kategorien Geschlecht, Klasse und Ethnizität in der Historiographie, in: Geschlecht (wie

10b), 27–38; CANNING, Gender History in Practice (wie 10b); KOCKA, Arbeiterleben (wie 10c), 186f.

17 LEPSIUS, Zur Soziologie des Bürgertums (wie 10c), 79–100; DERS., Bürgertum als Gegenstand der Sozialgeschichte, in: Sozialgeschichte in Deutschland, Bd. 4, Hg. SCHIEDER u.a., 1987, 61–80; Bildungsbürgertum im 19. Jahrhundert (wie 10c); Bürgertum im 19. Jahrhundert (wie 10c), Bd. 1 (26–84: Bibliographie); FREVERT, »Mann und Weib« (wie 10b), 133–165; GALL, Bürgertum in Deutschland (wie 10c); Wege zur Geschichte (wie 10c); Bürgerkultur (wie 10c); SEIER, Liberalismus und Bürgertum in Mitteleuropa 1850–1880. Forschung und Literatur seit 1970, in: Bürgertum und bürgerlich-liberale Bewegung in Mitteleuropa seit dem 18. Jahrhundert, Hg. GALL, 1997, 131–229; MERGEL, Die Bürgertumsforschung nach 15 Jahren, in: AfS 41, 2001, 515–538; FAHRMEIR, Das Bürgertum des »bürgerlichen Jahrhunderts«. Fakt oder Fiktion?, in: Bürgerlichkeit ohne Bürgertum. In welchem Land leben wir?, Hg. BUDE u.a., 2010, 23–32; zuletzt: Bürgertum. Bilanzen, Perspektiven, Begriffe (wie 10c); international vergleichend: The Global Bourgeosie (wie 10c).

18 KOCKA, Das europäische Muster und der deutsche Fall, in: Bürgertum im 19. Jahrhundert (wie 10c), Bd. 1, 9–75; ENGELHARDT, Bildungsbürgertum (wie 10c); NIPPERDEY, Deutsche Geschichte 1866–1918 (wie 6b), Bd. 1, 382–395; GALL, Bürgertum in Deutschland (wie 10c); Stadt und Bürgertum im 19. Jahrhundert, Hg. GALL, 1990; WEHLER, Gesellschaftsgeschichte (wie 6b), Bd. 2, 174–241; Bd. 3, 111–140, 712–72; HAUPT u.a., Die Kleinbürger (wie 10e); KOCKA, Die Angestellten (wie 10e); SCHULZ, Die Angestellten (wie 10e); CROSSICK u.a., The petite bourgeoisie (wie 10e).

19 BLUNTSCHLI, Art. »Dritter Stand«, in: DERS. u.a., Deutsches Staatswörterbuch, Bd. 3, 1858, 176–182, hier 179.

20 BUDDE, Auf dem Weg (wie 10c); WECKEL, Der »mächtige Geist der Assoziation«. Ein- und Ausgrenzungen bei der Geselligkeit der Geschlechter im späten 18. und frühen 19. Jahrhundert, in: AfS 38, 1998, 57–77; Bürgerinnen (wie 10c); HAHN, Von der »Kultur der Bürger« zur »bürgerlichen Kultur«. Veränderungen in der Lebenswelt des Wetzlarer Bürgertums zwischen 1700 und 1900, in: Armut, Liebe, Ehre, Hg. VAN DÜLMEN, 1988, 144–185; BAUSINGER, Bürgerlichkeit und Kultur, in: Bürger und Bürgerlichkeit (wie 10c), 121–142; FREY, Der reinliche Bürger. Entstehung und Verbreitung bürgerlicher Kulturen in Deutschland, 1760–1860, 1997; Der bürgerliche Wertehimmel. Innenansichten des 19. Jahrhunderts, Hg. HETTLING u.a., 2000; GROPPE, Im deutschen Kaiserreich. Eine Bildungsgeschichte des Bürgertums 1871–1918, 2018.

21 Einführend NIPPERDEY, Deutsche Geschichte 1800–1866 (wie 6b), 484–533; DERS., Deutsche Geschichte 1866–1918 (wie 6b), Bd. 1, 602–691, 860–865 (Bibliographie), bes. 676–679; KRAUS, Kultur, Bildung und Wissenschaft (wie 10f); DAUM, Wissenschaftspopularisierung (wie 10f); B. vom BROCKE, Die Kaiser-Wilhelm-Gesellschaft im Kaiserreich, in: Forschung im Spannungsfeld von Politik und Gesellschaft. Geschichte und Struktur der Kaiser-Wilhelm-/Max-Planck-Gesellschaft, Hg. VIERHAUS u.a., 1990, 17–162; KUCHENBUCH, Die Welt um 1900. Unterhaltungs- und Technikkultur, 1992.

22 Vgl. Handbuch der deutschen Bildungsgeschichte (wie 10f), Bd. 4; GEISSLER, Schulgeschichte (wie 10f); HARDTWIG, Hochkultur (wie 10f); VOM BRUCH, Wissenschaft, Politik und öffentliche Meinung. Gelehrtenpolitik im Wilhelminischen Deutschland (1890–1914), 1980; REQUATE, Journalismus (wie 10f); MOMMSEN, Bürgerliche Kultur (wie 10f); HARDTWIG, Nationalismus (wie 10c).

23 REIF, Westfälischer Adel (wie 10d); DERS., Adel, Aristokratie, Elite (wie 10d); MOSSE, Adel und Bürgertum im Europa des 19. Jahrhunderts. Eine vergleichende

Betrachtung, in: Bürgertum im 19. Jahrhundert (wie 10c), Bd. 3, 9–47; DEMEL, Der deutsche Adel (wie 10d); AUGUSTINE, Patricians (wie 10c); KAELBLE, Wie feudal waren die Unternehmer im Kaiserreich?, in: Beiträge zur quantitativen deutschen Unternehmensgeschichte, Hg. TILLY, 1985, 148–174; Adel und Moderne (wie 10d).

24 Idylle (wie 10f); BRATVOGEL, Landadel und ländliches Bürgertum. Mecklenburg-Strelitz und Oberschwaben 1750–1850, in: GG 25, 1999, 404–428; KASCHUBA, Lebenswelt (wie 10a); SPIEKER u.a., Kapital – Konflikte – Kalkül. Ländlicher Alltag in Sachsen im 19. Jahrhundert, 2012.

25 Säkularisierung (wie 10f); HÖLSCHER, Weltgericht oder Weltrevolution. Protestantische und sozialistische Zukunftsvorstellungen im deutschen Kaiserreich, 1989; BLESSING, Staat und Kirche (wie 10f); JANZ, Bürger besonderer Art. Evangelische Pfarrer in Preußen 1850–1914, 1994; HÜBINGER, Kulturprotestantismus und Politik. Zum Verhältnis von Liberalismus und Protestantismus im wilhelminischen Deutschland, 1994; MERGEL, Klasse (wie 10c); MOOSER, Katholische Volksreligion, Klerus und Bürgertum in der zweiten Hälfte des 19. Jahrhunderts, in: Religion (wie 10f), 144–156; NIPPERDEY, Deutsche Geschichte 1800–1866 (wie 6b), 403–451; DERS., Deutsche Geschichte 1866–1918, Bd. 1, 1990, 428–530. – Anregend, wenngleich überpointierend: BLASCHKE, Das 19. Jahrhundert: Ein zweites konfessionelles Zeitalter?, in: GG 26, 2000, 38–75; Konfessionen im Konflikt (wie 10f); Protestants, Catholics and Jews (wie 10f); Konfessionen in den west- und mitteleuropäischen Sozialsystemen im langen 19. Jahrhundert. Ein »edler Wettkampf der Barmherzigkeit«?, Hg. MAURER, 2013; HABERMAS, Kulturkämpfer, Wundergläubige und Atheisten: Das lange 19. Jahrhundert und die Erfindung des Säkularen, in: Durchbruch der Moderne? (wie 6c), 147–170.

26 ZWAHR, Proletariat (wie 10a); DERS., Konstitution der Bourgeoisie im Verhältnis zur Arbeiterklasse. Ein deutsch-polnischer Vergleich, in: Bürgertum im 19. Jahrhundert. Deutschland im europäischen Vergleich, Bd. 2, Hg. KOCKA, 1988, 149–186; KOCKA, Arbeiterbewegung in der Bürgergesellschaft, in: GG 20, 1994, 487–496; Arbeiter und Bürger (wie 10a).

27 Vgl. RITTER, Arbeiterkultur im Deutschen Kaiserreich, in: Arbeiterkultur, Hg. DERS., 1979, 15–39; GEARY, Arbeiterkultur in Deutschland und Großbritannien im Vergleich, in: Fahnen, Fäuste, Körper. Symbolik und Kultur der Arbeiterbewegung, Hg. PETZINA, 1986, 91–100; LIDTKE, The Alternative Culture, 1985; KORFF, Volkskultur und Arbeiterkultur. Überlegungen am Beispiel der sozialistischen Maifesttradition, in: GG 5, 1979, 83–102; KOCKA, Arbeiterleben (wie 10a), Kap. V; LIESKE, Arbeiterkultur und bürgerliche Kultur in Pilsen und Leipzig, 2007.

28 Vgl. SACKETT, Popular Entertainment, Class and Politics in Munich, 1900–1933, 1982; WELCH, Cinema and Society in Imperial Germany, in: German History, Bd. 8, 1990, 28–45; MORAT u.a., Weltstadtvergnügen. Berlin 1880–1930, 2016; Geburt der Massenkultur, Hg. PRÜGEL, 2012.

29 Zu dieser Diskussion: KOCKA, Nach dem Ende des Sonderwegs (wie 3); KOCKA, Looking Back on the Sonderweg (wie 3), sowie S. 20, 130ff., 142f.

30 GARVE, Versuche über verschiedene Gegenstände aus der Moral, der Literatur und dem gesellschaftlichen Leben (1792), zit. nach RIEDEL, »Bürger, Stadtbürger, Bürgertum« (wie 10c), 701.

31 MOMMSEN, Testament vom 2. September 1899, zit. nach HEUSS, Theodor Mommsen und das 19. Jahrhundert, 1956, 282; SOMBART, Der Bourgeois. Zur Geistesgeschichte des modernen Wirtschaftsmenschen, 1913.

32 Auf der Grundlage von RIEDEL, »Gesellschaft, bürgerliche« (wie 10c), 732–768, 739f. (Leibniz), 749 (Hume), 751 (Mendelssohn) und 756–763 (Kant).

33 KOCKA, Zivilgesellschaft in historischer Perspektive, in: Zivilgesellschaft als Geschichte (wie 10c), 29–42; SCHMIDT, Zivilgesellschaft (wie 10c).
34 Vgl. JEISMANN, Zur Bedeutung der »Bildung« im 19. Jahrhundert, in: Handbuch der deutschen Bildungsgeschichte (wie 10f), Bd. 3, 1–21.
35 Ausführlich: HAHN u.a., Reformen, Restauration und Revolution (wie 6b); BLEEK, Vormärz (wie 6b); Vormärz-Handbuch (wie 6b), 21–152.
36 LENGER, Industrielle Revolution und Nationalstaatsgründung (wie 6b), 257–341; LANGEWIESCHE, Liberalismus (wie 6b); LEONHARD, Politisches Gehäuse und ideologische Sprache des Fortschritts: Verfassung, Verfassungsstaat und Liberalismus im 19. Jahrhundert, in: Durchbruch der Moderne? (wie 6c), 218–251.
37 Vgl. KOCKA, Das europäische Muster (wie Anm. 18), 24–26; GERHARD, Die Rechtsstellung der Frau in der bürgerlichen Gesellschaft des 19. Jahrhunderts, in: Bürgertum im 19. Jahrhundert (wie 10c), Bd. 1, 439–469; BIERMANN, Von Differenz zu Gleichheit (wie 10b); HAGEMANN, Familie (wie Anm. 14); EISENBERG, Arbeiter, Bürger und der »bürgerliche Verein« 1820–1870. Deutschland und England im Vergleich, in: Bürgertum im 19. Jahrhundert (wie 10c), Bd. 2, 187–219; VOLKOV, Die Verbürgerlichung der Juden in Deutschland. Eigenart und Paradigma, in: ebd., Bd. 3, 105–133; LÄSSIG, Jüdische Wege (wie 10f); VAN DÜLMEN, Die Gesellschaft der Aufklärer. Zur bürgerlichen Emanzipation und aufklärerischen Kultur in Deutschland, 1986; HOFFMANN, Geselligkeit und Demokratie (wie 10c); GRZYWATZ, Stadt, Bürgertum und Staat im 19. Jahrhundert. Selbstverwaltung, Partizipation und Repräsentation in Berlin und Preußen 1806 bis 1918, 2003; ANER u.a., Zivilgesellschaftliches Engagement des Bürgertums vom Anfang des 19. Jahrhunderts bis zur Weimarer Republik, in: Engagementpolitik. Die Entwicklung der Zivilgesellschaft als politische Aufgabe, Hg. HARTNUSS u.a., 2010, 62–96; ADAM, Zivilgesellschaft oder starker Staat? (wie 10c).
38 WEHLER, Wie bürgerlich war das Deutsche Kaiserreich? (wie 10c); DERS., Gesellschaftsgeschichte (wie 6b), Bd. 3, 763–773. Jedoch hat die jüngere Forschung die demokratischen und modern-dynamischen Elemente im Kaiserreich stark betont. Vgl. ANDERSON, Lehrjahre der Demokratie (wie 9b); Dies., Ein Demokratiedefizit? (wie 9b); RICHTER, Moderne Wahlen (wie 9b), 445–551, DIES., Demokratie (wie 9b), Kap. 3. Dagegen mit erneuter Betonung der autoritären Grundstruktur des Reiches: CONZE, Schatten des Kaiserreichs (wie 9b), 104–134.

Kapitel 5
Nationalstaat, Integration, Krieg

1 Siehe dazu jetzt ECKERT, Geschichte der Sklaverei (wie 6c), Kap. V. und VI.
2 Das Sybel-Zitat nach: Die Gründung des Deutschen Reiches 1870/71, in Augenzeugenberichten, Hg. DEUERLEIN, 1970, 11. – Bilanz des Jahrhunderts (wie oben Kap. 1, Anm. 3), 48f.; SCHNEIDER, Nationalfeste ohne politisches Zeremoniell? Der Sedantag (2. September) und die Erinnerung an die Befreiungskriege (18. Oktober) im Kaiserreich, in: Das politische Zeremoniell im Deutschen Kaiserreich 1871–1918, Hg. A. BIEFANG u.a., 2008, 163–188.
3 Vgl. oben S. 13f., 17ff.; sowie: Writing the Nation (wie 9a).
4 WEICHLEIN, Europäische Nationalgeschichten im Wandel, in: HZ 303, 2016, 760–789; zuletzt ASSMANN, Die Wiedererfindung der Nation, 2021.
5 So noch in KOCKA, Das lange 19. Jahrhundert, 2001, 80.
6 OSTERHAMMEL, In Search (wie 6c), 21f.; DERS., Die Verwandlung (wie 6c), Kap. VIII.
7 Vgl. GELLNER, Nationalismus (wie 9a); ANDERSON, Die Erfindung (wie 9a); BREUILLY, Nationalism (wie 9a); HOBSBAWM, Nation (wie 9a). HROCH, Das

Europa der Nationen (wie 9a); LANGEWIESCHE, Nationalismus – ein generalisierender Vergleich, in: Transnationale Geschichte (wie 3), 175–189; DERS, Nationalstaat, in: Handbuch Staat, Hg. VOIGT, 2018, 339–348.

8 In der Fachliteratur besteht keine völlige Einigung über die Frage, wann der Beginn der Geschichte der deutschen Nation anzusetzen ist. Vgl. die unterschiedlichen Einschätzungen bei WEHLER, Gesellschaftsgeschichte (wie 6b), Bd. 1, 506–530, und Bd. 2, 394–412, sowie SCHULZE, Staat (wie 9a), 108ff. Eine ältere, langlebige Kontinuitäten betonende Sicht bei CONZE, Die deutsche Nation. Ergebnis der Geschichte, 1963.

9 Dazu die einschlägigen Kapitel in HAHN u.a., Reformen, Restauration und Revolution (wie 6b); LENGER, Industrielle Revolution und Nationalstaatsgründung (wie 6b), und BERGHAHN, Das Kaiserreich (wie 6b). – Aus der umfangreichen Literatur zum Thema: WEICHLEIN, Nationalismus und Nationalstaat (wie 9a); LANGEWIESCHE, Nation (wie 9a), FAHRMEIR, Die Deutschen (wie 9a); KOCKA, Probleme (wie 9a).

10 Vgl. MOSSE, Die Nationalisierung (wie 9a); Nation (wie 9a); FREVERT, Nation, Krieg und Geschlecht im 19. Jahrhundert, in: Nation und Gesellschaft in Deutschland, Hg. HETTLING u.a., 1996, 151–170; HAGEMANN, Nation, Krieg und Geschlechterordnung. Zum kulturellen und politischen Diskurs in der Zeit der antinapoleonischen Erhebung Preußens 1806–1815, in: GG 22, 1996, 562–591; GOLTERMANN, Körper der Nation. Habitusformierung und die Politik des Turnens 1860–1890, 1998; Nation und Religion in der deutschen Geschichte, Hg. HAUPT u.a. 2001; LANGEWIESCHE, Gefühlsraum Nation. Eine Emotionsgeschichte der Nation, die Grenzen zwischen öffentlichem und privatem Gefühlsraum nicht einebnet, in: Zeitschrift für Erziehungswissenschaft 15, 2012, 195–215; GEULEN, Nationalismus als kulturwissenschaftliches Forschungsfeld, in: Handbuch der Kulturwissenschaften. Grundlagen und Schlüsselbegriffe, Hg. JAEGER u.a., 2011, 435–457; ASCHMANN, »Das Zeitalter des Gefühls«? Zur Relevanz von Emotionen im 19. Jahrhundert, in: Durchbruch der Moderne? (wie 6c), 83–118.

11 Die ältere Sicht bei WINKLER, Der Nationalismus und seine Funktionen, in: Nationalismus (wie 9a), 5–48; dagegen u.a. JEISMANN, Das Vaterland der Feinde. Studien zum nationalen Feindbegriff und Selbstverständnis in Deutschland und Frankreich 1792–1918, 1992; LANGEWIESCHE, Nationalismus (wie 9a), 12; JANSEN, Deutsches Volk und Deutsches Reich. Zur Pathologie der Nationalstaatsidee im 19. Jahrhundert, in: Die nationale Identität der Deutschen. Philosophische Imaginationen und historische Mentalitäten, Hg. BIALAS, 2002, 167–194; JANSEN u.a., Nation, Nationalität, Nationalismus (wie 9a), bes. 33–81; WALKENHORST, Nation – Volk – Rasse. Radikaler Nationalismus im Deutschen Kaiserreich 1890–1914, 2007.

12 Eine sehr spitze Diskussion der Haltungen deutscher Historiker zum Problem von Nation und Nationalismus: BERGER, The Search for Normality. National Identity and Historical Consciousness in Germany since 1800, 1997; anders: KOCKA, German Historians and the Nation, in: Tel Aviver Jahrbuch für Deutsche Geschichte 26, 1997, 507–515. – Kritisch zum »deutschen Sonderweg« des 19. und frühen 20. Jahrhunderts, aber mit entschiedener Zustimmung zu einem westlich geprägten Nationalstaatsmodell: WINKLER, Der lange Weg (wie 6b); grundsätzlich kritisch gegenüber Leistungen und Gefahren des Nationalstaats: WEHLER, Nationalismus (wie 9a); kritisch zum Nationalismus im Kaiserreich zuletzt: CONZE, Schatten (wie 9a), 134–159.

13 SCHULZE, Staat (wie 9a), 168–172; LEPSIUS, Nation und Nationalismus in Deutschland, in: Grenzfälle (wie 9a), 193–214; BRUBAKER, Staats-Bürger (wie 9a); SCHNAPPER, Community (wie 9a).

14 Schieder, Typologie und Erscheinungsformen des Nationalstaats in Europa (1966), in: Ders., Nationalismus (wie 9a), 65–86; siehe auch Kunze, Nation und Nationalismus (wie 9a), 27–48.

15 Vgl. z.B. Jeismann, Vaterland (wie Anm. 11); Vogel, Nationen im Gleichschritt. Der Kult der »Nation in Waffen« in Deutschland und Frankreich, 1871–1914, 1997; Weichlein, Nationalismus und Nationalstaat (wie 9a); Ders., Nationalbewegungen (wie 9a).

16 Dazu Osterhammel, Die Verwandlung (wie 6c), Kap. VIII.

17 Vgl. Hintze, Wesen und Wandlung des modernen Staats (1931), in: Ders., Staat (wie 9b), 470–496; Anderson, Die Entstehung des absolutistischen Staates, 1979 (engl. 1974); Ertman, Birth of the Leviathan. Building States and Regimes in Medieval and Early Modern Europe, 1997; Reinhard, Geschichte der Staatsgewalt (wie 9b).

18 Vgl. Rosanvallon, L'Etat en France de 1789 à nos jours, 1992; Jansen u.a., Nation, Nationalität, Nationalismus (wie 9a), 118–143.

19 Vgl. Raphael, Recht und Ordnung (wie 9b); Weichlein, Nation und Region (wie 9b); Stolleis, Abschied (wie 9b), 14–18 (mit zahlreichen rechts- und verwaltungsgeschichtlichen Literaturangaben); Osterhammel, In Search (wie 6c), 17f.

20 Vgl. Nonn, Bismarck (wie 9b), 194–207; Green, Fatherlands (wie 9a); Föderative Nation (wie 9b); Langewiesche, Vom vielstaatlichen Reich (wie 9b).

21 Stolleis, Abschied (wie 9b), 13; im einzelnen, mit ähnlichen Wertungen: Berghahn, Das Kaiserreich (wie 6b). – Neuere Literatur mit teilweise anderen Akzenten und starker Betonung der demokratischen Elemente des Kaiserreichs: Kühne, Das deutsche Kaiserreich 1871–1918 und seine politische Kultur. Demokratisierung, Segmentierung, Militarisierung, in: NPL 43, 1998, 206–263; Sperber, The Kaiser's Voters. Electors and Elections in Imperial Germany, 1997; sowie die Titel von Anderson und Richter oben in Anm. 39 von Kap. 4.

22 Hintze, Staat (wie 9b), bes. 7–83: die beiden Aufsätze »Staatenbildung und Verfassungsentwicklung« (1902) und »Staatsverfassung und Heeresverfassung« (1906); Planert u.a., Revolution (wie 9a).

23 Vgl. Demokratiebewegung und Revolution 1847–1849, Hg. Langewiesche, 1998; Maier, German war, German peace, in: German History since 1800 (wie 6b), 539–555. Grundsätzlich jetzt: Langewiesche, Der gewaltsame Lehrer (wie 9a); auch Dipper, Über die Unfähigkeit zum Frieden. Deutschlands bürgerliche Bewegung und der Krieg, 1830–1914, in: Frieden in Geschichte und Gegenwart, Hg. Historisches Seminar der Universität Düsseldorf, 1985, 92–110.

24 Seignobos, Politische Geschichte (wie oben Kap. 1, Anm. 4), 768. – Vgl. Planert, Krieg und Umbruch in Mitteleuropa um 1800. Erfahrungsgeschichte(n) auf dem Weg in eine neue Zeit, 2009; Duchhardt, Der Wiener Kongress. Die Neugestaltung Europas 1814/15, 2014; Kissinger, Das Gleichgewicht (wie 6a); Doering-Manteuffel, Vom Wiener Kongress (wie 6a); Schulz, Normen und Praxis. Das Europäische Konzert der Großmächte als Sicherheitsrat, 1815–1866, 2009; Paulmann, Pomp und Politik. Monarchenbegegnungen in Europa zwischen Ancien Régime und Erstem Weltkrieg, 2000.

25 Vgl. The Mechanics of Internationalism. Culture, Society, and Politics from the 1840s to the First World War, Hg. Geyer u.a., 2001; Herren, Internationale Organisationen seit 1865. Eine Globalgeschichte der internationalen Ordnung, 2009, 15–49.

26 Prägnant: Conrad, Ungleiche Welt, in: Die Deutschen und ihre Kolonien. Das wilhelminische Weltreich 1884–1918. ZEITGeschichte 2019, H. 4, 2019, 14–20. Ausführlich: Evans, Das europäische Jahrhundert (wie 6a), 845–904; Paul-

MANN, Globale Vorherrschaft (wie 6a), 355–445. Vgl.: MOMMSEN, Bürgerstolz (wie 6b); DERS., Imperialismustheorien, 1977; SCHMIDT, Imperialismus (wie 6a); SCHÖLLGEN u.a., Imperialismus (wie 6a). Zum Europazentrismus des 19. Jahrhunderts, anders als im 18. Jahrhundert: OSTERHAMMEL, Die Entzauberung Asiens. Europa und die asiatischen Reiche im 18. Jahrhundert, 1998, 381–402; CONTER, Jenseits der Nation – das vergessene Europa des 19. Jahrhunderts. Die Geschichte der Inszenierungen und Visionen Europas in Literatur, Geschichte und Politik, 2004; CONRAD, Deutsche Kolonialgeschichte (wie 9a); KUNDRUS, Moderne Imperialisten. Das Kaiserreich im Spiegel seiner Kolonien, 2003; REINHARD, Die Unterwerfung der Welt (wie 6c); CONRAD, Globalgeschichte (wie 6c), 136–145 (zu Debatten über Eurozentrismus); DERS., Globalisierung und Nation (wie 9a).

27 Vgl. EVANS, Das europäische Jahrhundert (wie 6a), 904–964; NONN, Bismarck (wie 9b), 274–326; GÖRTEMAKER, Geschichte Europas (wie 6a). Die Entscheidungsvorgänge und Handlungen, die im Sommer 1914 zum Ausbruch des Weltkriegs führten, sind sehr gut erforscht. Dennoch ist kein voller Konsens über die Gewichtung der verschiedenen Ursachen und den Anteil der verschiedenen beteiligten Herrschaftseliten bzw. Länder erreicht worden. Die Komplexität der Materie und die oft unlösbaren Schwierigkeiten bei der Feststellung eindeutiger Kausalbeziehungen werden auch weiterhin in Grenzen voneinander abweichende Interpretationen ermöglichen. Siehe zu einschlägiger Literatur unten in Anmerkung 17 von Kapitel 6.

Kapitel 6
Das Jahrhundert als Epoche und der deutsche Fall

1 Vgl. BLUMENBERG, Die Epochen des Epochenbegriffs, in: DERS., Legitimität (wie 11), 531–557; Epochenschwelle (wie 11); CORNELISSEN, Epoche, in: Lexikon Geschichtswissenschaft. Hundert Grundbegriffe (wie 3) 70–72; STEINMETZ, Europa (wie 6a), 30–44.

2 »Am Anfang war Napoleon.« So der Beginn von NIPPERDEY, Deutsche Geschichte 1800–1866 (wie 6b), 11.

3 STOLLEIS, Abschied (wie 9b), 5–8, 22.

4 Vgl. SIEGRIST, Ende der Bürgerlichkeit? Die Kategorien »Bürgertum« und »Bürgerlichkeit« in der westdeutschen Gesellschaft und Geschichtswissenschaft der Nachkriegsperiode, in: GG 20, 1994, 549–583; TENFELDE, Stadt und Bürgertum im 20. Jahrhundert, in: Wege zur Geschichte (wie 10c), 1994, 317–353; KOCKA, Zivilgesellschaft in historischer Perspektive, in: Zivilgesellschaft als Geschichte (wie 10c); 13–39; WEHLER, Gesellschaftsgeschichte (wie 6b), Bd. 5, 135–153; Bürgertum nach dem bürgerlichen Zeitalter (wie 10c).

5 Das folgende teils als Bekräftigung, teils als Revision einer älteren Sicht Deutschlands im 19. Jahrhundert und besonders des Kaiserreichs, die prägende Eigenarten der deutschen Entwicklung teils überscharf von der Entwicklung »im Westen« unterschied und als langfristig wirkende Bedingungen für das spätere Scheitern der Demokratie in der Weimarer Republik und den Durchbruch des Nationalsozialismus interpretierte. Zur Auseinandersetzung mit dieser Sichtweise: KOCKA, Nach dem Ende des Sonderwegs (wie 3); DERS., Looking Back (wie 3); siehe überdies: WALSER SMITH, Jenseits der Sonderweg-Debatte, in: Das Deutsche Kaiserreich in der Kontroverse (wie 6b), 31–50. Siehe auch S. 20 und 142f.

6 Zusätzlich zur Literatur in Abschnitt 7 der »Bibliographie« vgl. KAELBLE, Der Mythos von der rapiden Industrialisierung in Deutschland, in: GG 9, 1983, 106–118; Recht und Entwicklung der Großunternehmen im 19. und frühen

20. Jahrhundert, Hg. HORN u.a., 1979, bes. 55–122; KOCKA, Großunternehmen und der Aufstieg des Manager-Kapitalismus im späten 19. und frühen 20. Jahrhundert, in: HZ 232, 1981, 39–60; DERS., Organisierter Kapitalismus im Kaiserreich, in: HZ 290, 1980, 613–631; PUHLE, Historische Konzepte des entwickelten Industriekapitalismus. Organisierter Kapitalismus und Korporatismus, in: GG 10/2, 1984, 165–184; CHANDLER Jr., Scale and Scope. The Dynamics of Industrial Capitalism, 1990, 393–592; BURHOP, Wirtschaftsgeschichte (wie 7b), 49–66.

7 Vgl. BLUM, The End of the Old Order in Rural Europe, 1978; HAUPT, Das Ende der Zünfte. Ein europäischer Vergleich, 2002; FISCHER, Das Verhältnis von Staat und Wirtschaft in Deutschland am Beginn der Industrialisierung, in: DERS., Wirtschaft (wie 7b), 60–74; KOCKA, Capitalism and Bureaucracy in German Industrialization before 1914, in: The Economic History Review, Second Ser. 33, 1981, 453–468.

8 Vgl. WEBER, The Growth of Cities in the Nineteenth Century. A Study in Statistics, 1967 (zuerst 1899), 144; PHELPS BROWN u.a., A Century of Pay. The Course of Pay and Production in France, Germany and Sweden, The United Kingdom and The United States of America. 1860–1960, 1968, 68 u. 159.

9 Vgl. mit vielen Nuancen und teilweise anderer Akzentuierung: Staatsbürgerschaft in Europa. Historische Erfahrungen und aktuelle Debatten, Hg. CONRAD u.a., 2001; GOSEWINKEL, Einbürgern und Ausschließen (wie 9a).

10 Vgl. WEBER, Parlament und Regierung im neugeordneten Deutschland (1918), in: DERS., Gesammelte politische Schriften, [2]1958, 294–431; RITTER, Deutscher und britischer Parlamentarismus. Ein verfassungsgeschichtlicher Vergleich (1962), in: DERS., Arbeiterbewegung (wie 9b), 190–221, 359–372. – SPENKUCH, Preußen (wie 6b); RETALLACK, Red Saxony (wie 6b). Vgl. DERS., German Social Democracy through British Eyes. A Documentary History 1870–1914, 2021 (im Erscheinen), 29f., 32f., 378ff.: für britische Diplomaten, die regelmäßig nach London berichteten, war das Kaiserreich kein Saatbett der Demokratie, sondern ein verfassungspolitisch konservatives, blockiertes, instabiles Land, vor allem im Hinblick auf das starke Gewicht und das undemokratische Wahlrecht von Einzelstaaten wie Sachsen und Preußen. Dagegen die Betonung demokratischer Elemente in der Politik des Reichs (Wahlrecht, Wahlkämpfe, Parteienverhalten) bei: ANDERSON, Lehrjahre (wie 9b); DIES., Ein Demokratiedefizit? (wie 9b); sowie RICHTER, Demokratie (wie 9b), Kap. 3. Zum europäischen Vergleich: Die Verfassungen in Europa (wie 9b), 37–54; GRIMM, Die Grundrechte (wie 9b); KIRSCH, Monarch und Parlament (wie 9b); STEINMETZ, Europa (wie 6a); 590–602. Siehe auch: RÖHL, Wilhelm II. (wie 9b); WIENFORT, Das 19. Jahrhundert als monarchisches Jahrhundert, in: Durchbruch der Moderne? (wie 6c), 56–82.

11 Vgl. KOCKA, Bürgertum und Sonderweg, in: Sozial- und Kulturgeschichte des Bürgertums, Hg. LUNDGREEN, 2000, 93–110; NOLTE, Engagierte Bürgerlichkeit und starker Staat. Geschichte und Zukunft eines deutschen Verhältnisses, in: Aspekte gesellschaftlicher Mitte in Europa – Annäherungen und Potentiale, Hg. Herbert-Quandt-Stiftung, 2009, 16–25; Die Praxis der Zivilgesellschaft. Akteure, Handeln und Strukturen im internationalen Vergleich, Hg. BAUERKÄMPER, 2003.

12 HINTZE, Das Verfassungsleben der heutigen Kulturstaaten (1914), in: DERS., Staat (wie 9b), 390–423, bes. 421–423: zum Wechselverhältnis zwischen innerer Zerklüftung und erschwerter, ausbleibender Parlamentarisierung. – Europäische Arbeiterbewegungen im 19. Jahrhundert. Deutschland, Österreich, England und Frankreich im Vergleich, Hg. KOCKA, 1983; Angestellte im europäischen Vergleich. Die Herausbildung angestellter Mittelschichten seit dem späten 19. Jahrhundert, Hg. KOCKA, 1981.

13 Dazu ausführlich meine oben in Anmerkung 5 dieses Kapitels genannten Aufsätze. Zur Verschiebung der Erkenntnisinteressen bei der Beschäftigung mit der Geschichte des Kaiserreichs in den letzten Jahrzehnten zutreffend: TORP und MÜLLER, Das Bild des Deutschen Kaiserreichs im Wandel, in: Das Deutsche Kaiserreich in der Kontroverse (wie 6b), 9–27.

14 WEBER, Der Nationalstaat und die Volkswirtschaftspolitik. Akademische Antrittsrede, in: DERS., Gesammelte politische Schriften (wie oben Kap. 6, Anm. 10), 23.

15 Dazu oben S. 121–123. Die Ein- bzw. Rückwirkung außereuropäischer Veränderungen auf innereuropäische Entwicklungen ist sicherlich im deutschen Fall weniger ausgeprägt gewesen als im französischen, niederländischen, spanischen, englischen oder auch russischen, wenngleich der darauf konzentrierte verflechtungsgeschichtliche Blick auch für die deutsche Geschichte vor allem des späteren 19. Jahrhunderts manches Neue zutage fördert. Vgl. mit Literatur CONRAD, Doppelte Marginalisierung. Plädoyer für eine transnationale Perspektive auf die deutsche Geschichte, in: GG 28, 2002, 145–169; DERS., Globalisierung und Nation (wie 9a); KUNDRUS, Von der Peripherie ins Zentrum, in: Das Deutsche Kaiserreich in der Kontroverse (wie 6b), 359–373, bes. 371f.; LANGEWIESCHE, Das europäische 19. Jahrhundert in globaler Perspektive: Versuch einer historischen Ortsbestimmung, in: Durchbruch der Moderne? (wie 6c), 310–328.

16 Dazu abgewogen: LANGEWIESCHE, Der historische Ort des deutschen Kaiserreiches, in: Das deutsche Kaiserreich 1890–1914, Hg. HEIDENREICH u.a., 2011, 23–35, bes. 30–35. – Zur Gesamtproblematik: GRÜNDER, Deutscher Kolonialismus: Zwischen deutschem Sonderweg und europäischer Globalisierung, in: ebd., 143–155; German colonialism in a global age, Hg. ELEY u.a., 2014.

17 Über den genauen Umfang dieses Anteils besteht weiterhin keine volle Einigung. Die deutsche Kriegsschuld betonend: KRUMREICH, Juli 1914. Eine Bilanz, 2014; die europäische Verflechtung betonend: CLARK, Die Schlafwandler (wie 9a); sehr gut: MACMILLAN, The War That Ended Peace. The Road to 1914, 2013; sowie: LEONHARD, Die Büchse der Pandora. Geschichte des Ersten Weltkriegs, 2014, 9–146. Siehe auch oben Kapitel 5, Anmerkung 27.

18 Siehe oben S. 21. Zu Kosellecks Ansatz: Studien zum Beginn der modernen Welt (wie 11); SCHNEIDER, Spurensuche. Reinhart Koselleck und die »Moderne«, in: Dimensionen der Moderne (wie 11), 61–72; KOSELLECK, Das achtzehnte Jahrhundert als Beginn der Neuzeit, in: Epochenschwelle (wie 11), 269–282; ELIAS, Prozeß (wie 11); WEIS, Absolute Monarchie und Reform im Deutschland des späten 18. und frühen 19. Jahrhunderts, in: Festschrift für Karl Bosl, 1974, 436–461; KUNISCH, Alteuropa – der Ursprung der Moderne, in: Deutschland in Europa, Hg. DÜLFFER, 1990, 21–26; WITTROCK, Early Modernities (wie 11).

19 Vgl. PEUKERT, Die Weimarer Republik. Krisenjahre der klassischen Moderne, 1987; DERS., Max Webers Diagnose (wie 11); Nationalsozialismus und Modernisierung, Hg. PRINZ u.a., 1991; FREI, Wie modern war der Nationalsozialismus?, in: GG 19, 1993, 367–387; BAUMANN, Moderne (wie 11); BAVAJ, Die Ambivalenz der Moderne im Nationalsozialismus. Eine Bilanz der Forschung, 2003; DIPPER, Geschichtswissenschaft, in: Handbuch der Moderneforschung (wie 11), 94–109.

20 BECK u.a., Reflexive Modernization (wie 11); WAGNER, Soziologie (wie 11); MERGEL, Geht es weiterhin voran (wie 11); NOLTE, Modernization (wie 11); Vergangenheit und Zukunft der Moderne, Hg. BECK u.a., 2014; NOLTE, Abschied vom 19. Jahrhundert (wie 11); ASCHMANN, »Das Säkulum der Widersprüche« (wie 11), 16f.; Unterscheidung zwischen »bürgerlicher« (bis 1900), »organisierter« und »Spätmoderne« bei RECKWITZ, Gesellschaft (wie 3), 41–46.

21 Gute, sich gegenseitig ergänzende Einführungen in die sehr breit gestreute Literatur zu Moderne und Modernisierung in der Geschichtswissenschaft und darüber hinaus: NOLTE, Modernization (wie 11) und DIPPER, Moderne (wie 11). Nolte behandelt auch ältere Theorien der Modernisierung. Dipper bezieht kultur- und bewusstseinsgeschichtliche Dimensionen der modernisierungshistorischen Diskussionen stark ein, in Richtung einer Geschichte der Moderne; siehe auch ASCHMANN, »Das Säkulum der Widersprüche« (wie 11), 17f. (»Durchbruch der Moderne«). Zur Bedeutung der Zukunftsorientierung in der Moderne: KOCKA, Historians (wie 3); BECKERT, Imaginierte Zukunft: Fiktionale Erwartungen und die Dynamik des Kapitalismus, 2018; HÖLSCHER, Zeitfiguren (wie 3). Zum Problem der Periodisierung mit dem Begriff »Hochmoderne«: oben S. 21 sowie Kap. 1, Anm. 19.

22 Vgl. German Modernities (wie 11); Ruins of Modernity, Hg. HELL u.a., 2010; Theorien und Experimente der Moderne (wie 11); PICHT, Moderne denken, in: Geschichte intellektuell (wie 3), 56–65; Orte der Moderne (wie 11); Die Anfänge der Moderne. Umbrüche in Westeuropa nach dem Boom, Hg. REITMAYER u.a., 2014.

23 GUMBRECHT, »Modern« (wie 11), bes. 96.

24 EISENSTADT, Multiple Modernities (wie 11); WITTROCK, Modernity (wie 11); APPEDURAI, Modernity at Large. Cultural Dimensions of Globalization, 1996. Ein Beispiel: Schmerzen der Gesellschaft. Jürgen Habermas im Gespräch mit Pekinger Künstlern und Intellektuellen über Menschenrechte und Marxismus sowie Chinas Weg in die globalisierte Moderne, in: Die Zeit, Nr. 20, 10. Mai 2001, 40.

25 Zur »Sonderweg«-These oben S. 20 und 130ff. sowie Kap. 1, Anm. 17 und Kap. 6, Anm. 5.

26 Vgl. Jahrhundertwende (wie 10f); Das Deutsche Kaiserreich in der Kontroverse (wie 6b); Das Deutsche Kaiserreich 1890–1914 (wie Kap. 6, Anm. 16); German Modernities (wie 11); GRABNER-HAIDER u.a., Kulturgeschichte (wie 6c); Kultur und Kulturwissenschaften um 1900. Krise der Moderne und Glaube an die Wissenschaft, Hg. VOM BRUCH u.a., 1989; JÄGER, das vernetzte Kaiserreich (wie 6b); SCHIERA, Laboratorium (wie 9b); KOCKA, Bismarck und die Entstehung des deutschen Sozialstaats, in: Francia 43, 2016, 397–408; PUSCHNER, Die völkische Bewegung im wilhelminischen Kaiserreich. Sprache – Rasse – Religion, 2001; Handbuch der deutschen Reformbewegungen 1880–1933, Hg. REULECKE u.a., 1998.

ORTS- UND SACHREGISTER

PERSONENREGISTER